"文革" 中无声的呐喊

一位思想前驱者在文革年代写下的文字

Silent Cries During the Cultural Revolution

— *The Thoughts of a Pioneer Written During the Cultural Revolution*

裘臻 著

(Qiu Zhen)

世界华语出版社

Silent Cries During the Cultural Revolution

— The Thoughts of a Pioneer Written During the Cultural Revolution

By Qiu Zhen

Published by World Chinese Publishing, New York

"文革"中无声的呐喊
——一位思想前驱者在文革年代写下的文字

裘臻 著

出　　版：世界华语出版社
邮　　箱：minellc@gmail.com
发　　行：谷歌图书（电子版）、亚马逊（纸质版）
版　　次：2023 年 7 月　第一版
字　　数：216 千字
定　　价：$38.00 美元

序

（写于 2021 年 5 月）

1966 年"文革"风云初起的时候，我是一名 25 岁的青年。同当时那个年代的大多数青年一样，我曾经满怀"革命"豪情，真诚地拥护"文革"运动的开展。1967 年两次北京之行，目睹现实形势，我开始对"文革"中发生的许多荒唐又残酷的事产生了质疑，逐渐摆脱"社会舆论一统天下"而设下的紧箍咒，仰天悲啸，认为祖国在"受难"，从此开始了冲破"思想牢笼"的艰难思考。"思想"一旦踏上不归路，我对"文革"的认识就逐渐超越了时代，忧国忧民的情怀与现实世界的反差，使我的内心世界无比悲愤，我挣扎在苦难的思想深渊而无法自拔！

1965 年 11 月 10 日《文汇报》发表姚文元文章《评新编历史剧〈海瑞罢官〉》，1966 年 5 月 10 日《解放日报》和《文汇报》发表姚的文章《评"三家村"——〈燕山夜话〉〈三家村札记〉的反动本质》，1967 年 9 月 8 日《人民日报》发表姚的文章《评陶铸的两本书》。姚文元这三篇文章是他步入政治舞台的"敲门砖"与"阶梯"，得到最高执政者的首肯与支持。可是，对我来说，姚的第三篇文章是我认识"文革"最强烈的"清醒剂"，让我彻底认清了姚文元这位"刀笔吏"的狰狞面目。我在姚的文章中，看到了文痞的"文字狱"伎俩，看到了"权力文学"的猖狂，看到了文字折射出来的"文革"运动的暗无天日！光天化日之下，中华大地在上演"指鹿为马""颠倒黑白""血口喷人""欲加之罪，何患无辞"的丑剧，让我这个小百姓心中怒火万丈。

1967 年的时代风云，让我变成一个长吁短叹、义愤满腔的忧国

I

者。我从热爱领袖，转变为对他进行无情的解剖，剖析他发动"文革"的战略战术。我从单纯、朴实、幼稚的年轻人，变化为具有政治敏感性、具有独立人格的思想者。在那个人性扭曲、不能发声的年代里，我日夜忧虑着国家的命运。"白色恐怖"让人对"政治生活"既愤怒又无奈，在草民无法救国的现实下，我无视当权者的淫威，开始用文字记录自己的思考，以此来"解脱"自己的精神枷锁，释放忧国忧民之情。

我开始思考：人类为什么需要社会？人类为什么需要国家？人类为什么需要执政者？执政者是否能够代表国家利益？人应当崇拜极权者吗？人必须对执政者歌功颂德、俯首听命吗？执政者对芸芸众生来说，真的是"皇帝圣旨高于一切"吗？人类为什么需要教育？人类为什么需要文化？人怎样去实现自己的人生价值？

在那个疯狂的年代，我不愿意做执政者的思想奴隶，我以自己朴实的感情与大无畏的勇气，写下了属于时代的文字；我以自己的洞察力，看透了统治者华丽外衣下的卑劣阴谋。

本书写出了自己对"文革"的认识，写出了自己逐渐觉醒的过程，写出了自己对现实社会的无情批判。书的价值在于这是自己当年真实思想的记录，是我在"文革"中，用文字发出的无声抗议，以此抗议高层执政者对民主法治的践踏，透视了他们内心活动的邪恶、丑陋与愚蠢。

庆幸的是，我逃脱了那个年代绝大多数敢于说出真话的思想前驱者的宿命，所以我深深地铭记着父母的恩情。

我深深地希望，后来人通过我的文字，对那个荒唐而腥风血雨的年代有个初步的了解。正直而真诚的人，永远理智地、冷静地思考着周围发生的一切，热爱国家热爱民族的拳拳之心永远和时代的脉搏同节奏。

我深深地希望，本书能够引起人们思考：我们的社会土壤究竟出了什么问题？我们必须正视"冰冻三尺非一日之寒"的社会问题——

社会土壤为什么会扭曲人性？社会为什么不让人们真诚地生活！我们应该懂得：人要活得真，这是人应该有的起码品格！能否让人活得真？这是社会土壤的问题。

我深深地希望，我们的社会，善待每一个公民，善待每一个思想前驱者，能够让他们有说话的空间，只有这样，我们国家的政治生活才是真正的文明。"思考""发声"，是人最基本的权利，"封口""禁声"，只能说明社会体制不正常。我深深地希望，思想前驱者与思想"反动者"一步之遥的现象，能够从中国大地消失，"冤、假、错案"平反的现象应该逐渐减少，直至杜绝，因为正常的社会是不应该在政治上出现"冤案""假案""错案"的。

十年"文革"，让我深切地体会到：

人是社会的组成细胞。人是社会的产物，人是可塑的，施以什么样的"教育"，产生什么样的人。"思考"是人的本能，人需要通过思考来体现自己的能力和品格。

"认识生活、认识社会、追求知识、追求真理"，这是大写的人的座右铭。

一个人从儿童、少年成长为青年，成长为一个具有自己思想方法、一个具有独立人格、一个善于思考的人，这个过程是十分艰难的。因为世界上没有一本书，能够完整地指出人应该怎样成长？人应该怎样建全自己的思想方法？每个人只有在社会生活中不断地学习、不断地思考，人才能慢慢地成熟起来！

我希望本书能够成为年轻人成长道路上的朋友。在青年时期我度过了那么漫长的探索期，所以我深切地希望今天的年轻人不再重蹈覆辙，能够比较早地具有自己成熟的思想，无论在任何社会环境下，都能够保持自己独立之人格、自由之思想。

附　录

前　言

凝视文化大革命

（写于 2004 年 9 月）

1966 年，当"文化大革命"开展的时候，我 25 岁。长期受到党的教育和政治熏陶的我，自然对毛主席和共产党的号召十分拥护，因为那时候，对社会上发生的一切政治运动，我们年轻人不可能有自己的独立思考能力，只会"听党的话，坚决跟党走"！

现实最会教育人。一个知识分子，只要他有自己的独立人格，只要他不想说假话，只要他还信仰"真、善、美"，那么，正直、正义、磊落这些人类应该具有的基本品德就要在人的身上闪光！

1967 年 1 月和 11 月，我两次到北京，在马路上，在大学里，在文化宣传部门中，看到"大字报""传单"与各种"批判材料"，我的思想突然发生了彻底的变化，开始对"文革"产生了疑问，对毛泽东等大人物的"革命动机"产生了拷问。姚文元的文章《评陶铸的两本书》更使我大梦突醒，认为他是在光天化日之下搞"文字狱"。我怒火中烧，不由自主地拍案而起，写了长篇文章批判姚，并写了"忧国血泪碎肝胆"等三首诗，我愤怒地发出吼声："果若文章长骗众，要这文字有啥用！"一个还没有自己成熟思想方法的年轻人，突然对党和国家的最高领导产生了对立情绪，思想驰骋的天地越来越远离官方控制的舆论。随着我看到的"大字报""马路传单""批判材料"越多，批判"文革"的思想越来越强烈！可是，我毕竟只是一个 26 岁的青年人，我的内心不可能没有起伏。我的想法正确吗？我能够对自己的观点深信不疑吗？我能有充分的自信心吗？我堕入了苦海！我强烈地忧国忧民，为祖国的命运担忧，"时代风云心底事，气压沉沉行路难。"全国人民都在崇拜毛泽东，中央领导没有一个人大胆地站出来敢于否定这场"文革"，我一个青年，却打破了对国家最高权威的迷信，走上了思想的"独木桥"。这条路是多么的艰难啊！从此我"寸心日比一日重"，因为周围的环境完全是"冰封雪压迫人老"，一片"红色恐怖"啊！而另一方面，我仍然对国家的前途充满信心，因为我坚信"千秋功罪谁评说？青史永在人心中！"

1967 年这一年，在强烈的苦闷中，我开始写批判"文革"的文章。在这些长短不一的文章中，写下了自己对"文革"的种种看法：最长的文章是批判姚文元写的《评陶铸的两本书》，写的字数可能和姚文元文章的字数差不多，批判他玩弄移花接木、断章取义、欲加之罪何患无辞的"文字狱"伎俩。要知道，姚写的文章是毛泽东钦定的，批判姚不就是在批判毛吗？我也写下了对"马路传单"《三审王光美》的看法，高度赞扬国家主席夫人王光美身受侮辱而临危不惧，从从容容地回答红卫兵的一系列责问。我还写下了对成语"物极必反"的体会：个人崇拜、个人迷信搞到极点就会走向反面。毛发动"文革"，打击一大片，是自己搬起石头砸自己的脚（他说过帝国主义是"纸老虎""自己搬起石头砸自己的脚"，这句话现在可以送给他自己）。毛发动"文革"的杀手锏，是发动群众起来批判"资产阶级反动路线"，我认为，如果以对群众的态度作为划分各级领导是否执行"资产阶级反动路线"的标准，那么，"资产阶级反动路线"并不是现在刘少奇、邓小平提出来的，而是在反右斗争中或者更早时期就存在了！我认为毛泽东离开北京，让刘少奇派工作队进入学校，然后对刘少奇扣上执行"资产阶级反动路线"的罪名，这是一个"请君入瓮"的大圈套。刘少奇、邓小平即使不派工作队，毛泽东也会用其它罪名扣到他们身上。我甚至认为，毛早就准备发动"文革"了，音乐舞蹈史诗《东方红》的演出、毛畅游长江就是在为他大搞个人崇拜、个人迷信作准备。我更认为，"党中央"对总参谋长罗瑞卿的判决书——"罪行材料"，是荒唐奇文！而在对罗的批判中，一些中央领导对罗瑞卿落井下石，显得极其没有人格！我还思索：彭真为什么会在某些场合说"毛自己也说过他的错误要用箩筐装"？……

现在回想起来，那时候我胆子怎么会这么大，竟会"冒天下之大不韪"，不怕杀头、不怕坐牢，勇敢地"书生空议论"。我的"忧国忧民"的悲愤情绪，到了无法自我控制的程度，只能借笔发泄自己的情绪，聊以自慰。

1967 年 12 月中旬我到桂林去玩，等到我回到家中，发现我写批判"文革"文章的笔记本没有了！从妹妹那儿终于知道父母在我走了之后，搜查我的东西，把我这些可能带来"灭门之灾"的"反动"材料烧毁了！犹如"晴天霹雳"，给我当头一击，我的精神世界忽然垮了，我在床上躺了好几天。我深爱自己写的文字，借笔寄忧国忧民之情，一旦失去这些文字，精神上一下子无法接受，我到了痛心疾首的地步，一种别人无法理解的精神崩溃！

由于我深深地爱着我的父母与亲人，家庭的爱给了我力量，让我逐渐振作精神，逐渐摆脱整日忧国忧民的愁境！如果父母当时不烧掉我的文字，那么这些文章保存到现在，对我来说会非常宝贵！如果父母没有烧，那么我就会继续写，这样，只要有一点疏忽而被社会发现，我就要赴刑场了！我的家庭将遭到毁灭性的打击！

1968 年开始，我决心从痛苦中自拔出来，买了月琴、笛子，做了一个"逍遥派"。我逐渐想通：一个小小的、最普通的老百姓，再忧国忧民，也没有力量来解决国家的大问题！如果我发出自己的心声，用大字报和传单大声地呐喊："这场'文化大革命'是对社会进步的反动！打倒一切是错误的！个人崇拜是封建迷信！'早请示、晚汇报'、跳忠字舞是封建社会的腐朽现象！搞'红色海洋'是愚昧的行为！"那么，我就是反对毛泽东、反对"文革"的"反革命分子"，一定会遭到严厉的镇压。"文革"中，国家领导人受到冲击，还逆来顺受，仍然高呼"毛主席万岁！"挨了皮鞭都不敢问一个为什么，做了毛泽东的"奴隶"还不敢说出"做奴隶的苦！"那么，我整天为国家的命运担忧，不过是"杞人忧天"、自不量力。我应该抛却苦闷、忧愁而爱惜自己的身体。我逐渐冷静下来，决心冷眼看世界，看看这些现代反动派能够横行到几时！

我逐渐不再忧愁锁心，略为达观了一些，随波逐流，无可奈何地做着"两面派"！

在父母 1967 年年底烧了我的"反动日记"以后，我整整有四年多没有留下任何笔墨！但大脑始终没有停止过对"文革"的思考。

我常常想，在真理面前人究竟是不是平等的？统治者是不是高人一等？为什么毛泽东可以为所欲为？为什么对于国家领导人的所作所为，老百姓不能加以评论？毛写了《为人民服务》，他自己是不是全心全意为人民服务？他写了《反对自由主义》，他自己是不是在犯最大的自由主义？毛究竟为什么要发动"无产阶级文化大革命"？他是不是要一箭双雕：既打倒他心中的敌人"走资本主义道路当权派"，又借此运动，为马克思列宁主义理论"宝库"添加新的"革命理论"而让自己流芳百世？

我常常想，"戴花要戴大红花，骑马要骑千里马，唱歌要唱跃进歌，听话要听党的话"，那么，"党"在哪里？社会为什么需要"党"？究竟谁代表"党"？毛泽东的话是不是就是党的话？到底什么是"革命"、什么是"反革命"？《国际歌》中唱道："从来就没有什么救世主，也不靠神仙皇帝。要创造人类的幸福，全靠我们自己。"可是，我们中国人民却为什么对毛要如此歌功颂德呢？歌曲《东方红》歌颂毛"是人民大救星"，为什么我们要整日曲不离口呢？歌曲《大海航行靠舵手》成为时代最风云的一首歌，"干革命靠的是毛泽东思想"，那么，毛泽东思想究竟是什么呢？毛发动"文革"，把我们国家搞得天翻地覆，难道这就是毛泽东思想吗？为什么要把社会的人分成三、六、九等呢？给人戴上"四类分子""右派分子"的帽子是不是一种类似于"紧箍咒"的政治手腕呢？"阶级斗争年年讲、月月讲、天天讲"，那么现在这样定义的阶级斗争永远会存在，还能够实现没有阶级的共产主义吗？共产主义是不是真像一个"插队落户"的中学生说的："共产主义是海南岛遥远的蚊子在叫，我这里永远听不到、看不见"？共产主义是不是一种"虚无缥缈"的信仰？"文革"中为什么那么多的人要挨"批斗"、写检查认罪？做了奴隶、奴才，为什么还不能深刻思考做奴隶、做奴才的苦？为什么有的人自己心甘情愿地做奴隶或者奴才，还要让别人和他一起做奴隶或者奴才？"国际歌"说"让思想冲破牢笼"，那么我们这个社会是不是一个硕大无比的思想牢笼？人民为什么不能有自己的思想呢？为什么那么多的人要痛苦地做"两面派"、要违背心意说假话呢？……醒悟到最后，我终于彻底打破了对权威的迷信、对权威的崇拜！

不断的思考，让我逐渐认识到，我应该只相信真理！"思想牢笼"禁锢不了我的思想，我从心底呐喊出我的追求：

认识生活，认识社会，

追求知识，追求真理。

从 1968 年起，我中断了批判"文革"的写作好几年。1972 年始，在我心情略为平静的时候，又开始相继写了一些文章，由于环境"冰封雪压"压抑心情，笔耕只能断断续续。这些文字，反映了我的所思所索：我已经对国家机器、统治者、权力、社会制度等庞然大物不再感到那么神秘。在严峻、残酷的"政治生活"面前，痛苦的思索、悲愤压抑的心情，有感而发，我写了五首无题"政治诗"，它们是我心声的呐喊，是我在 20 世纪 70 年代中留下的有力度的文字，是对当时"社会土壤"深刻的批判。无题"政治诗"向社会与统治者宣告，不是所有人都心甘情愿做奴隶的。在 1972 年年底、1973 年年初我写了《水涨船高》《小牧师的独白》《"社会舆论"漫谈》《人的可塑性》等文章，反映了我的觉醒，反映了我对社会问题的见解，反映了我对社会弊病的解剖。我渴望，渴望着社会成为透明的社会，统治者、权力机构都应该接受舆论的监督。我认为，任何人在法律面前是平等的，国家属于人民，不属于寡头。统治者与普通百姓的区别，只是职业的不同，人人都应有说话的权力。社会只有"一张口"的现象，是中国社会不能进步的根本原因之一。1974 年 11 月写的《论杜布切克的悲剧》和 1975 年写的《从捷克斯洛伐克的政治悲剧说起》《〈第三帝国兴亡〉阅读感》，是我读书感想，"借外讽中"，写出了对革命，对共产党政权，对社会主义制度等等问题的见解。1976 年上半年写的《不平静的一九七五年》《悼总理》《评周总理》《风云多变的岁月》《玩火者，必自焚》《春雷》《"四·五花圈运动"赞》等等，反映了时代风云，反映了我对"国事、家事、天下事"最直截了当的看法。《花圈运动颂》《咆哮吧，血的激流》两首诗是对 1976 年 4 月在天安门广场上唱响的正气歌的歌颂，"花圈运动"必须载入史册，不应该被历史忘记。

在几年的苦苦思索中，我逐渐产生了一个朦胧的愿望：我现在不能发出自己的心声，那么，将来在我退休之后，要写一本关于"文革"的书，要在这本书里揭露这场灾难。

上世纪 70 年代初，我就为还未写一个字的书起名为：《人，生活，社会——"文化大革命"给了我们什么？》。因为我希望生活在社会中的人，能够真正认识社会，理解社会。"文革"展示的一切，是一本教科书。"文革"给了我们什么？不同的人，可以从不同的视角来解剖它，读懂"文革"，既难又容易。为了这个"梦"，我开始了"文革"资料的长期收集工作，马路传单、造反派战报、批判材料、大字报材料、宣传材料、报纸时事剪报等，都是我感兴趣的猎物，将它们珍贵地收藏！

在这里，录下我在 1975 年 12 月 10 日写的一段文字：

凛冽的寒风已经刮过，冬天已经开始了。多年的心愿，终于促使我现在拿起笔，着手写这部《人，生活，社会》一书。我不知道这部

"作品"能有多厚，也不知道这产儿什么时候能够问世，更不知道这书是否能够和社会见面而得到众多的读者，给社会的进步略放些光彩。但是，信念和本能——人总是喜欢思考的，使我决心在可怜的业余时间里，从事这艰苦的文字生涯。

……我的劳动或许一事无成；也或许由于我的不谨慎，我将饱受铁窗的辛酸并连累我的亲人和朋友，因为按照现在社会的逻辑，我应该是一个"思想反动分子"，我是不能被社会所接纳的。但是，我还是要做一个冲破云雾的雄鹰！

记得离开大学走上工作岗位时，环境的骤变，使我的头脑突然开了窍，生活迫使我开始对各种问题进行思考。我对自己许下的诺言是："认识生活，认识社会！"多年来，我就是在这条道路上不断地探索着。

回忆往昔，前后对照，学校里的我和如今的我，差异多大！生活磨练人，思想和内在精神世界的飞跃，是不以人的意志为转移的。大学里的我，何等的幼稚、单纯，现在回想起来，那时候除了会念书就没有个人的思想……

如今的我，思想却是如此不合社会潮流，我竟会敢于对社会统治者制造的社会舆论发出异议，我的许多观点竟会和社会舆论格格不入。我竟会敢于在高昂的社会大合唱中，不肯湮没自己不合拍的"呐喊"。

我庆幸自己能够经历这场风云多变、波澜壮阔的"无产阶级文化大革命"。从对政治一无所知，到现在要对政治来个彻底思考，这就是"文革"送给我的礼物。

祖国的命运深刻地告诉我：自然科学和社会科学的发展相辅相成。落后的社会科学产生不了先进的自然科学，产生不了优越的社会制度。而目前，我们祖国的社会科学何等落后，社会科学操纵在少数人手里，舆论工具成为少数政治寡头欺骗人民、奴役人民的法宝，翻手为云，覆手为雨，真真假假，似似非非，整个中国已经变成了一个无声的社会。

于是，我这部从现在开始动手的"作品"（完成日期是个未知数），打算把无声的中国社会作个大概的解剖。我打算写的"作品"，既不是小说、诗歌、散文，也不是哲学著作。我希望我的"作品"通俗易懂但富于哲理，使未来的读者能够通过这部写不完的通俗读物，了解我们这一代人的复杂的内心世界，了解我们这一代人经受的苦难和迫害，从而认识生活、认识社会，破除对权威的迷信，使自己更好地为社会大众服务。

遗憾的是，在写完这段开场白以后，我却没有坚持写下去，我只断断续续地写了一些"政治散文"（我这样称呼它们）。

1976 年"文革"结束后，我的思想，在我于 1978 年 7 月写给某位知名学者的"没有回信的信"中，得到比较充分的反映，现摘录信的部分内容：

社会不能靠惯性发展。一部工作机器需要不断维修和更新零部件，需要不断给油孔添加润滑油，使机器的生命力在不断的新陈代谢中获得新力，更何况庞大的国家机器。

"文革"的惊涛骇浪，打破了中国人民对国家政权的神秘感。现在，是我们对社会发展规律进行新的、深入的认识和探讨的时候了！

人是社会的构成细胞，人是社会的产物，人的本能是活动，人是可塑的。社会的活动由人来实践，国家是组织社会活动的最高形式。哲学就是对人的活动的研究，就是对社会的研究。哲学提供人们思维的方法，使人们运用正确的思想方法去认识客观规律。

哲学不是束之高阁的理论，不是高不可攀、深奥枯燥的学问。哲学作为富有生命力的科学，它是实实在在的东西，它和社会的政治生活、生产活动、科学实验、文化生活息息相关。若是哲学脱离了社会实践活动，在虚无缥缈的理论中腾云驾雾，那么，哲学就失去了作为一门科学的实在意义。

比如说，究竟什么是政治？政治是民众的，还是寡头的？"政治挂帅""突出政治"这一类口号是否符合哲学的理论？

比如说，什么叫"党的领导"？"党的领导"究竟是由政策来体现，还是由几个人的意志来体现？把"党的领导"神化，是对社会发展起进步作用，还是阻碍与抑制社会进步？

比如说，"无产阶级专政""社会主义民主"的内容是什么？领袖和人民的关系如何？是社会分工的不同，还是应该像封建社会那样，一方至高无上，另一方俯首听命？

比如说，"社会舆论"如何产生？它同社会进步与落后的关系究竟如何？"社会舆论"与统治者的关系应该如何处理？

"社会主义"是一个制度的名称，"革命"是一个名词。制度的先进与落后、"革命"的真与假，应该由**社会的实践**来检验。**一个制度的优与劣，不完全由舆论和意识形态来体现，应该由国家的体制和法制来体现和实现。**难道哲学不应当对国家的体制和法制进行研究吗？

"文革"发动者不是白痴，他们对我们国家存在的社会问题不是熟视无睹。他们曾经抓住社会问题进行开刀：例如，在"文革"初期，他们抛出"批判资产阶级反动路线"的重型炮弹来迷惑视听，以批判"黑六论"来激起广大干部和人民群众的对立。事实上，党员和非党员、干部和群众的矛盾从反右斗争（或者说，从 1949 年 10 月以后）就开始存在了。

现在，"文革"把正义与邪恶都赤裸裸地呈现在我们面前，哲学不解剖历史、不解剖现实，那么，社会难道只需要哲学来为自己涂脂抹粉吗？

你提出要开展一个新的启蒙运动……。对此，我高举起双手，欢迎启蒙运动的到来。

但是，我依然有许多疑虑：你说的这场启蒙运动，是真正由人民来进行，还是由少数人来操纵？是彻底的，还是折中的？会不会半途而废？是波涛汹涌，还是水波涟漪？我只能拭目以待……

今天回过头来看这封信，信中提出的许多哲学问题，到目前为止仍然是禁区而不可能被讨论，很多社会问题在我们国家仍然没有得到解决。中国经济发生了翻天覆地的变化，可也产生了许多令人痛心的社会问题。为什么呢？就因为我们国家没有开始进行政治改革，我们的思想没有彻底解放。我在信中所说的"一个制度的优与劣，不完全由舆论和意识形态来体现，应该由国家的体制和法制来体现和实现。难道哲学不应当对国家的体制和法制进行研究吗？"，完全是我一介书生的空想。

在写完此信后，由于工作调动，开始新的知识积累，从1978年底到2003年的20多年，我没有写过关于"文革"的片言只语，只是收集关于"文革"的书刊，并进行阅读。

2004年5月底，我买了电脑，才开始动笔，进入写"文革"的小天地。

首先，我想到自己保存着的写于20世纪70年代的文字，它们是我心声的记录。我把这些在"文革"中写的文字翻了出来，对尘封30年左右的文字开始进行整理。这几十篇文章与"诗"，从不同角度反映了我当时的呐喊、思索，反映了时代的风云与社会生活。它们是我年轻时的最原始思想，如果让我现在来写，再也写不出当年的思考。我把它们分类为《呐喊篇》《思索篇》《风云篇》，结集在一起，本来我一直打算将书取名为《凝视"文化大革命"——那个年代"反动青春"的思想火花》，现在改为《"文革"中无声的呐喊》。

整理完20世纪70年代的文字后，我就开始新的写作。由于方方面面原因，文字耕耘仍然断断续续。如果这些文章它日能够结集得以出版，拟将原来的书名《人 生活 社会——"文化大革命"给了我们什么》改名为《"文革"拷问》）。这本书的宗旨，是让读者思考我们的社会土壤为什么会扭曲人性？为什么社会让人成为"两面派"，不能真诚地生活？

本书《"文革"中无声的呐喊》与《"文革"拷问》是姐妹篇，不了解"文革"的后来人阅读后，会对"文革"风云有个初步了解。

本书附录中的三章内容，原来是《"文革"拷问》一书中的最后三章，是我晚年之作。这三章的写作风格，与《"文革"拷问》一书是统一的。在两本书最后定稿时，我决定把这三章放入《"文革"中无声的呐喊》的附录中。

附录中的第一章"位卑未敢忘忧国"，展示了一位民间思想先驱者的思想火花，这位无名者的呐喊，在青史上应该占有一页。

附录中的第三章，由六节相互不关联的独立文章组成，并把这一章取名为"对社会土壤的思索"，以吸引读者阅读时的重视与思考。实际上，《"文革"中无声的呐喊》与《"文革"拷问》两本书，都是在对中国"社会土壤"这个重大问题进行拷问，对十年"文革"展现的方方面面社会问题进行深层次的思考。

在"文革"中，我非常欣赏曹禺在《胆剑篇》中写的诗：

一时强弱在于力，千古胜负在于理。

毛泽东和他的"战友"在"文革"中叱咤风云、呼风唤雨，使中国人民和国家领导处于水深火热中，但是欺骗不能永久，蒙蔽只能暂时，历史对邪恶是无情的、公正的，任何人都逃脱不了历史的裁判！

希望我的书属于社会，深切地希望它不被湮没！让后来人知道，在过去的那个时代不是所有人都心甘情愿做奴隶的。

希望统治者不把本书打入"另册"——当年我作为一个比较早的醒悟者，写下的这些文字反映了一个爱国青年的拳拳之心。

我把我的"呐喊与思索"奉献给社会，希望不要被"思想保守者"围剿，你们应该理解，让人说话，天不会塌下来。

希望本书出版后，我仍然能够平平静静地享受我已经非常有限的生命，这是我出书后的唯一愿望，名与利，对我完全没有价值。

2015 年 2 月 11 日，我对"我的梦"有这么一段文字诠释：

希望有一天，意识形态远离我们的"政治生活"，让人都成为真诚与朴实的人，让人都有脊梁骨，中国这个社会就真正有希望了。

我深深地希望，我们国家的"文化"能够真正的回归文化，"教育"能够真正的回归教育，让人们真诚地生活，这才是中国人民大众渴望的美丽的梦！

第一篇

呐 喊 篇

——不是诗歌的"政治诗"

一、忧国血泪碎肝胆

（写于 1967 年下半年）

一

妖娆文痞做官梦，人格尊严脑后送。

石榴裙下双肩耸，笔下生花起恶讼。

是非黑白戏作弄，浑水摸鱼图恩宠。

果若文章长骗众，要这文字有啥用！

二

中华一曲山河泪，流入肺腑透胆寒。

时代风云心底事，气压沉沉行路难。

缅怀先烈心更悲，烈火熊熊胸内燃。

革命大旗鲜血染，誓化利剑斩妖顽！

三

忧国血泪碎肝胆，伤时情感捶心胸。

冰封雪压迫人老，寸心日比一日重。

大江东去水滔滔，寒梅笑立傲严冬。

千秋功罪谁评说？青史永在人心中！

（后记：1967 年，我看了姚文元写的《评陶铸的两本书》一文后，愤怒难禁而又悲痛地写了上述"反潮流诗"，与此同时，还写了对姚文元的长篇批判文章（这篇文章，被亲人付之于火，如今无法回忆文章的详细内容）。姚文元的"文字狱"笔法，让我彻底醒悟，与毛泽东等人制造的"舆论"开始分道扬镳。祖国在经受一场浩劫，我陷入了极其痛苦而彷徨的境地。我的思想与"社会舆论"格格不入，一个热爱祖国的青年，竟会变成一个不能被社会容忍的潜在"异见者"。三首诗如果当时被社会发现，我可能就得远离红尘了。——写于 2004 年 8 月）

二、无题（一）

（写于 1973 年 2 月）

无形的绞索将奴隶们系囚，

他们挣扎着，呻吟着，有言难开口！

茫茫然，昏昏然，度过一天又一天，

不知天涯何处有方舟？

他们有智慧的头脑，

却不能为自己的命运思索，

默默地忍受着耻辱，犹如困兽，思未来愁更愁！

受着痛苦，却还要感谢给与苦难的奴隶主，颂歌声里挨鞭揍！

受着欺骗，却还要依样画葫芦！

受着摧残，却不能问个为什么？依然是长年累月窝里斗！

"理想，幸福，民主，自由，

哈哈，这算得了什么！

听我的话，沿着我划好的轨迹走，

这就是你们终身的幸福，

这，才是道地道地、不折不扣的民主、自由，

你们还能有什么希求？

要知道，为了按我的意志塑造你们的人格，

我整日整夜为之操劳、担忧！

世事我会颠倒，黑白我会混淆，

社会的一切我都能创造！

你们谁敢越雷池一步，

哼！叫他去阎王殿里游一游，

紧箍咒我应有尽有！"

奴隶主在他的宝座上呼风唤雨，

欢尽着他奴役生灵的快乐，

畅抒他主宰万物的抱负，

啊，奴隶主整日好悠悠！

在奴隶主的淫威下，奴隶们度过一天又一天。

有的心甘情愿做阶下囚；

有的自相残杀称能手。

有的透过那铁幕遮不住的窗口，看到了世间的光明，

他们决心唤回灵魂，找回人格，

他们决心把一切问题来推究：

"为什么我要被奴隶主任意宰割？

这不能有思想的岁月，长年累月我怎能忍受？

为什么明明是砒霜，我却要当它是仙丹灵方、味儿胜过桂花酒？

为什么明明是陷阱，我却要当它是光明大道、前途锦绣？

为什么明明是凶手，我却要向他顶礼膜拜、叩不完的头？

为什么明明是谎言，我却要当它是真理、还得四处去销售？

难道说，天大不如一手大，遮天只需一只手？

难道说，一呼百诺是歌舞升平，真话不能说出口？

难道说，屈死的冤魂永远是历史的罪囚？

难道说，创造文字，是为着把善良的心灵系囚？……"

醒了，做梦的奴隶醒了，

醒了，不驯服的奴隶醒了，

他们在苦难中不断思索、推究：

"啊，世间处处有方舟，

戳穿至高无上的奴隶主的画皮，

原来是个封建独裁的老朽！"

一个奴隶醒了，又一个奴隶醒了，

他们一起发出吼声，敌忾同仇：

"起来吧，不愿做奴隶的人们，

把我们的血肉，筑成我们新的长城。

中华民族，又到了最危险的时候！

我们必须发出最后的吼声！

起来吧，不愿做奴隶的人们，

团结起来，这是最后的战斗！

用我们趁热打铁制成的匕首，

斩断那封建独裁者的黑手！

为这苏醒的大地披上绚丽的新装，

全靠我们自己的双手！"

（后记：我是一个不会写诗的人，写的"无题"诗没有华丽词句，但这些不是"诗歌"的诗，属于那个年代，写出了当时社会的真实面貌，写出了我的思考、感受与忧愤，客观地反映了当年社会的政治生态环境，成为"另类"的"政治诗"。

诗是感情与思想的结晶，现在来写，我再也写不出内涵如此深刻的"无题"诗了。

写成的文字是属于社会的，没有理由看作私有财产，现在我让五首《无题诗》与社会见面，让这些当年心声的呐喊公布于社会，让社会来品评一个年轻人忧国忧民的情怀。——写于 2018 年 10 月 9 日）

三、无题（二）

（写于 1973 年 11 月）

我胸中压抑不住的怒火，

想喷薄而出；

而严酷的现实啊，

又使我压下满腔的热焰！

霸主手中钉满铁刺的沉鞭，

就在我的头上高悬，

我连心声都不能发出啊，

又怎能燃烧起为国殉身的烈焰！

我深知，自古来，

真理就是在和邪恶、残暴的浴血奋战中，

才绽放出芬芳之花，斗霜争妍！

沉默，沉默，沉默中，

我磨着剑，满腔热血凝聚在剑端！

待来朝，这剑——将和万千利剑一起，

把这社会的面纱来戳穿！
让人们都来认识这社会的真面貌吧，
为什么要把污血、肮脏、卑鄙、阴险来遮掩！
不许百姓呐喊，
只准州官黑白玩颠！
霸主尽情舞枪弄刀，
亿万的心却在无声的哀怨！
头顶华丽的光环，
包藏祸心、口吐"莲花"：
把落后说成进步；
把虚伪说成高尚；
把邪恶说成真理；
把罪孽说成功绩，
赵高"指鹿为马"的丑剧如今又重演！
寸云妄想蔽日，尺雾妄图遮天，
黄粱梦啊，休求得逞永难实现！
功和过自有时间作裁判，
张牙舞爪，不过是垂死的表现！
别看你们今日势倾中华，
看来日，你们的作为，
却是最好的反面教材——千秋笑谈！
忍耐，沉默，
忍耐和沉默终将吼发出巨雷——天震地陷，
彻底埋葬人民的苦难！

四、无题（三）

（1974 年 5 月 5 日）

社会由人构成，

可如今，构成社会的人，

却为什么不能发出自己的心声？

无可奈何地仰人鼻息？

请看，这一代人社会生活的写照：

"大庭广众，人云亦云，

　　说着社会许可的话——千篇一律；

　　夜静时，思潮起伏，

　　问号不断地出现——答案难觅；

　　亲朋相聚时，牢骚频起，

　　心怀余悸地脱下假面具——吐吐真言，

　　慷慨激昂地把国事议论一番，

　　为的是抱团取一下暖，喘喘气息！"

精神麻醉剂要使人丧失思维的权力，

习惯成自然啊，无声的社会在低泣！

啊，若是把这社会生活的面纱无情地撕破，

将会看到亘古未有的悲剧！

请看，"文革"发动者把自己的意志强加于社会、横行恣意：

"我的话，句句代表了你们的利益，

　　至高无上的圣言，谁也不能有异议，

认真执行，这就是你们小百姓义不容辞的使命！

我的所作所为，谁也不能去品评，

我行事的心机，

你们小百姓决不能说三道四、多加怀疑！

文过饰非、变化莫测本是统治者的高超伎俩、看家本领，

岂由旁人流言蜚语！

苦心经营我的江山，只为了革命史上永留英名！

今天，我要某人乘直升飞机，

管保他官运亨通，出人头地！

今天，我要某人四肢着地，

管保他嘴啃泥，还要连声叫喊'好泥，好泥！'

今天，我要把某人置于死地，

你们就要去踩上几脚，

说不定幸运者还能乘机成为我的'掌上明珠'，前途有好戏！

它日，'明珠'弃粪土，

谁去撒上一泡尿，也可能成为我的新宠儿，再唱新戏！

社会只需要我一张专吐莲花的口，

这现实社会的真谛，你们每个人千万要牢记！"

蠕动着的社会在低吟：

"愿长夜快过去，愿黎明早到来，

愿生命得新生啊，愿生命有活力！"

沉默孕育着怒吼，恭听将换来醒悟和思疑！

谁见过不散的筵席，

谁见过淫威能永盛？欺世盗名永无期？

盖棺论定谁也逃不了，

多行不义必自毙！

无声的社会是座喷薄欲发的活火山，

活火山一定会爆发，

社会的人，

请你们迎接说出心声的那一天——改天换地！

五、无题（四）

（写于 1974 年 11 月）

带着郁闷的心情，

步入熟悉的会场。

我深知，例行公事的报告，

将再一次冲击我的耳膜、使人烦燥！

报告人拉开嗓门，双目四扫，

开始那长篇累牍的报告。

东抄西袭的内容，

牵强附会地想把某个主题包装后推销！

公式化的语言前后堆积，

不过是些陈词滥调——报告人决不会感到害臊！

明明用几句话就能说明的一个问题，

却偏要口若悬河——全不顾听众累得想睡觉！

是啊，习惯成自然，

报告人都喜欢长话一套套！
似乎是，
报告越长越精彩，
套话越多越时髦，
特别是，歌功颂德的词句千万不能少，
否则别人会说报告人的水平不够高。

报告进行着，我的思潮起伏着，
我愤慨，祖国丰富的语言被人弃抛，
我悲哀，美好的思想丧失驰骋的天地，
报告人只会人云亦云，作着千篇一律的说教！

我放眼看四周，
有人在睡觉；
有人在私语，
小声浪汇成了大声浪，
已经把报告人的嗓音压倒！
我抬头看看报告人，只看见他头上微微热气冒。
啊，我真想打断你的报告，问一下：
"你的报告是不是社会的风标？
你作这样的报告，不知你心中是什么味道？
有没有口是心非，说与想完全是两条道？"
不，我不要问，
我知道，
你无可奈何地完成任务作报告，
我无可奈何地完成任务听报告。
大家消磨上几个小时，

对上面大家都好把差使交。

你、我、他，

都是货真价实的宣传工具，

一起来制造娓娓动听的舆论，

这就是社会给我们的特定使命——谁也不能来推掉！

我无聊，一边着听报告，

一边写下这小散文。

我静候报告的结束，

可悲的是，或许会后我也依样画葫芦，

把那些陈词滥调违心地向新听众去贩卖推销！

六、无题（五）

（写于 1974 年 12 月）

面临着无聊的生活，

我心中愤怒难禁、愁绪难抑！

我憎恨、厌烦的事情，为什么上级的"命令"，

非要迫使我去尽力、做出"成绩"？

明明我对此事的目的和意义一点也不明确，

可我行动上却要拿出全盘的热情、多创新意；

明明我对此事持有相反的看法，

可我嘴上却要说出一大串违反心意的话语；

明明知道我的劳动将一无收获，

可我偏要将这无效的劳动进行到底！

我不能将心中的话儿说出，

我脸色上还不能有愁容与怒色，必须笑嘻嘻！

我知道，我不过是个会说话的工具，

奉命制造舆论来束缚同伴和自己；

我知道，我不过是个会走动的木偶，

看不见的线儿牵着我逢场作戏！

现实的生活一再明确地告诉我，

人们应该忘却自己的尊严，

自尊心和自爱已成为自我摧残的利匕！

但是，我毕竟想成为一个真正的人，

我怎能永远忘却自己的尊严、欺人自欺？

于是，我只能默默地发泄着痛苦的牢骚，

让愤怒的火焰在我心底燃烧而已！

（后记一：写于20世纪70年代岁月中的“无题诗”，反映了一个有自己思考能力的年轻人的痛苦心情，字里行间充分反映了中国当时的政治生态环境——一个不能让人说话、不许人思考的社会。人真诚地生活，人不戴面具，人不说假话，人活得有尊严，这是人生存需要的最基本的社会土壤。中国的社会问题是方方面面，产生这样社会问题的原因也是方方面面，没有良好的社会土壤是重要原因之一。深深地希望后来人一起来改善社会土壤，让人真诚地生活，让人放声说话，不再出现让思想被禁锢的“无知”人来管理有思想的人，不要再让社会搞“政治一言堂”，不要再让“认知度”失聪的人成为“管理者”，不要再让政治腐败现象泛滥成灾，不要再让“政治垃圾”——“个人崇拜”充斥庙堂，那时候，中国社会才是真正的政治上的进步。——写于2018年6月25日）

（后记二：2014 年 2 月 17 日，一位朋友看了这些"无题诗"后与我的交流：

看了您的诗歌，第一感觉就是震撼！震撼于您在四十多年前那样的社会环境下能有如此的独立思考、对当时社会能有那么准确的认知！我认为您在那个年代能写出这样的诗证明您的勇气、您思维的独立性、您对事物的分析能力（那时获取准确信息的渠道和难度与现在是有天壤之别的）都远非一般人能比的。十分敬佩您！而且您也别谦虚文字。这些诗歌是时代的见证，是属于社会的财富，理应让社会共享，也可让读者明白您的文字是建立在怎样深厚的思想基础上。）

（后记三：2014 年 3 月 3 日，一位朋友写给我的文字：

发给我的诗歌认真阅读了，每次读完你的作品，都能吸取到不少新营养。

诗歌让我惊吓。我清楚记得，在当时政治环境下，有多少人就是因为说错一句话，写错一个字，被打进监狱，或是杀头。我真不敢相信，你那来那么大的胆识和勇气，你宁为玉碎，不为瓦全的精神气慨，令人敬佩。

诗歌，它是一个时代历史见证的写照，是你为人类文明和社会进步提供的一份宝贵的精神财富，理应让更多人共享。）

（后记四：2016 年 11 月 2 日，一位朋友看了这些"无题诗"后与我的交流：

这五首无题诗写得太好了，每一首都准确表达了你的真情实感，真的就是美的。

即使在当下，这五首诗所表达的思想都不过时。

　　我突然觉得很振奋，对国家的前途充满信心。因为从你的作品里，我明白在那个腥风血雨的年代里，仍然有许多像你一样的知识分子有着清醒的头脑，有着深刻的洞察力，这就是民族的希望所在。

　　在合适的时机，也许很多年以后，你的作品应该让更多的后人看到，让后人从作品中了解历史。

　　你是真正书写历史的人群中的杰出代表。）

（后记五：2018 年 10 月 21 日，一位朋友看了这些"无题诗"后写道：

在一个失控的社会里，这诗——
是冬日的春雷，空谷的绝响，
人间的大爱，历史的航向！）

七、独白

（写于 1974 年 8 月）

登上天安门城楼，
我极目眺望，
我竖耳倾听，
望着这饱含热泪、向我致敬的千军万马，
听着这响彻穹宇的"万岁"声，
我感到骄傲，感到自豪，感到欣慰，
可是，我心灵的深处，

仍难免有几丝酸痛、几多疑心！

我骄傲，

这一群一群潮水般涌来的人，

是我的思想熏陶出来的人。

你们泪水盈眶，

看见我啊，使你们感到无上荣光！

你们崇拜我，为我的思想浴血奋斗，

把你们纯洁的心灵献给了我的思想和路线！

可是，你们的热泪对我又有什么稀罕？

我需要的是你们言行一致的口和手！

你们的口应当永远唱着赞美我的颂歌，

你们的手应当永远抒写御用模子铸出的八股，

我的事业需要你们来捍卫，

我的名声需要你们来传扬，

我朝思暮想的"千古一帝"雅号就靠你们来封冕！

我知道，你们对我热泪纷流，

不是出于对我的事业的了解，

不，你们永远也不会了解我和我的事业，

倘若你们真的了解了我，

那么，我这镀了金粉的泥神，

将在血水中彻底融身！

你们对我热泪横流，

那是由于你们需要一种精神寄托，

我一手开动的社会机器，

使你们变成了世上独特的矛盾统一体。

我自豪，

我的苦心经营，终于开了花，结了果，

我的红旗，将代代迎风招展！

看一眼城楼上我的旧战友，

寸心儿不免微微地抖！

谁企图与我掀起的历史潮流作较量，绝对没有好命运：

或许被我掀起的大浪吞没，

也或许乖乖地交械，

再次投靠在我的黄罗伞下。

城楼上我的几位老战友啊，

说不定，来朝我可能还要用手指儿把你们掐一掐！

我深深地知道，人们都有他们致命的弱点，

智者千虑，必有一失！

我的奥妙和高明，

在于我善于看到并利用每个人的弱点。

我要使任何人的弱点为我的"事业"服务，

而我，

要在任何人的面前掩盖我的弱点、滴水不漏。

在任何事情上，

我只要略略胜人一筹，

我就能立于不败之地！

有多少人能有杰出的治人本领？

有多少人善于暗放毒箭、暗点鬼火，蛛丝马迹不露痕迹？

有多少人能有永远没有裂缝的雄心，勇往直前？

有多少人能没有虚荣心、妒嫉心、散漫性、怠惰性，

有多少人能胸怀宽广，不计个人恩怨？

有多少人能够不好大喜功，不骄不矜？

有多少人能够高瞻远瞩，防微杜渐？

有多少人能正直无邪，不为私心而去踩踏别人？

有多少人能够体味"螳螂捕蝉，黄雀在后"的成语？

我是个最杰出的心理学家，

我把奇妙又简易的心理学日夜揣摩：

人与人之间有猜疑，

人与人之间有真空，

人，有这么多胜不胜举的弱点，

我完全可以抓住这些真空和弱点，

大做文章，

大演"虎戏"和"猴戏"，

为我的江山呕心沥血谱淫曲！

今天，我对你说他有反党的罪行，

你为站稳"立场"或力图恩宠，

你会不遗余力、赤膊上阵，

为我马前挥戈，非要把他打下十八层地狱！

明天，或许又会轮到你，

你也成为新的"反党分子"。

我完全相信，将会有新的舞刀弄棍者，

与你划清界线，

把你打成"三反分子"，永世不得翻身！

今天，你是我的宠儿，

明天，牢狱在等着你！

今天，你扬眉吐气，

明天，你可能屈打成招、怨恨满腔剖心也难明！

我知道，你们都是散沙，

你们因为方方面面的原因，

不可能联合在一起！

待等你们都醒悟，

政治舞台上，已经没有你们联合的时机！
城楼上我的几位老战友啊，
让你们迷迷糊糊或者胆战心惊地过日子吧，
只要我还有一口气，我就要把你们捉弄到底！

我欣慰，
政治舞台上我是最佳演员！
要知道，搞政治平衡决不是儿戏，
错了一着棋，粉身碎骨是常戏！
我自己认为，我已经识透了"政治游戏"，
古今中外的弄权者，可取之处我都已在脑海默记！
我是个名副其实的体操特级健将，
政治平衡木上跃舞，我最会掌握重心！
我知道，我的江山需要豢养一批御用文人来呐喊，
让御用文人开动宣传大机器，
日日夜夜为我制造社会舆论，
把我的思想深入全国人民的心，
让他们成为不会思维的奴隶，
让"国家需要个人崇拜"这一条颠扑不破的"真理"，
如刀痕一般深深地刻在人们的脑海里！
习惯成自然，
我的指挥棒指向哪里，人们就会奔向哪里！
万马齐喑的时代必须出现，
因为社会只需要我一张"口"！
我知道，御用文人最卑鄙，
可是，世界上没有这批人格卑鄙猥劣者，
"一言掷地，万岁喧天"的社会就不会制造出来！

御用文人，心灵最复杂，

但是，在我的手下，决不会有造反者！

一旦他们敢于造反，

哼！治理他们的人可有千千万！

他们是阳光下的朝露水，

消形匿迹丝毫不用我费心机！

但是，那些勇往直前又会思维的知识者，

却令我担忧！

他们的良知，使他们不能容忍社会的一切污垢。

"国家兴亡，匹夫有责"，

使他们胆敢对我的作为有所怀疑！

芳香的杯剂，

他们竟能嗅出里面的毒味！

我施下的种种计谋，

他们能够透过重重帷幕把它点破！

可是，高超的我，自有妙计把他们征服。

我称他们为"最愚蠢"的人，

"最愚蠢"的人应该接受再教育。

让他们接受劳动人民的监督和教育，

会思维的头脑只能给他们带来痛苦、烦恼、孤独和忧虑！

他们谁胆敢发出心声，

法海的金钵我高举着！

会思维的勇往直前者，

不过是散在流沙河中的金屑，

无有淘金者把它们汇集在一起，金屑只能沉在水底！

站在天安门城楼上，

我感到骄傲，感到自豪，感到欣慰，

可是，我心灵的深处，

仍难免有几丝酸痛，几多疑虑……

千秋帝业能帝业千秋吗？

眼见着亲密战友一个一个露了底，

众叛亲离、貌合神离似乎成现实。

"钟馗像"已难把鬼来挡，

精心筑下的"捕捉思维力"的篱笆，

已经经不起狂风暴雨！

生前难知逝后事，

左思右想，心事一浪一浪翻滚！

望着城楼下饱含热泪、向我致敬的千军万马，

听着响彻穹宇的"万岁"声，

我不免长叹：

"世无英雄，遂使竖子成名！"

阮籍的诗啊，

只有我心领神会，天知地知！

（后记：在那个年代，我胆大包天地写了这首"政治诗"。当年，具有叛逆精神的我，就是这样分析毛泽东在十年"文革"中"翻手为云、覆手为雨"的政治伎俩。此"诗"，不代表我对毛泽东"政治风云"一生的评价。——写于 2013 年 5 月 9 日）

（一位读者看了我写的几首诗后，在 2014 年 11 月 2 日写了下面这些文字：

你的诗我拜读了，虽然已有思想准备，读了仍然十分震撼，你当时写这样的文字，确实大胆到不可思议，留下了珍贵的时代记录。尤

其是《独白》，你在当时的社会环境和信息、资料非常有限的情况下，凭借自己独立的思考和分析能把"他"剖析得这么一针见血，实在不一般！难能可贵！特别是对"他"翻手为云覆手为雨的政治权术、抓住对手心理弱点各个击破的战术、利用宣传机器营造个人崇拜的手段、对知识分子的担忧刻画得入木三分，最后一段尤其精彩，"生前难知逝后事"成了您的成功预言，"世无英雄，逐使竖子成名！"分明是你对"他"的无情嘲讽和蔑视。**虽然现在看来对"他"的重新评价遥遥无期，但希望你的诗有机会让更多的人看到。**

你说，"独立思考"的东西不一定符合时代潮流，我倒觉得你的诗恰恰证明独立思考比时代潮流可贵得多，而且时代潮流的对错和所谓时代的长短都很难界定。你说呢？）

（另一位读者在 2016 年 11 月 10 日写了如下的《独白》有感：

读了《独白》，感到无比震惊。作者是一位像张志新、遇罗克、林昭等一样的"文革"中敢于说真话的勇士。

《独白》是无声的控诉，控诉最高统治者对中华民族的专制统治。

《独白》是无声的抗议，抗议最高统治者对民主法治的践踏。

《独白》是一台透视仪，透视出最高统治者内心的邪恶与丑陋。

《独白》是一封宣战书，是代表正义的人民群众向邪恶法西斯统治者的宣战。

《独白》是一把燃烧的火炬，照亮了人民群众追求正义的道路。

《独白》是一台播种机，在人们心中播下弘扬真、善、美，鞭挞假、恶、丑的种子。

无法想象，在那个黑白颠倒的荒唐年代，作者能有如此的洞察力，看透最高统治者华丽外衣下内心无比肮脏、无比丑陋的本质。

无法想象，在那个血雨腥风的年代，作者能有如此的勇气，敢于写下这样千钧有力的文字。

庆幸作者能够逃脱那个年代绝大多数敢于说出真话的勇士们的宿命。

庆幸能够看到如此珍贵的历史资料，让人们对那个荒唐的年月有了更深的了解。

希望这样的文字能够让更多的读者阅读、点赞，让更多的读者思考、传播。

希望这样的文字能够让更多的中国人觉醒、呐喊，让更多的人们为自由、民主而战斗。）

（后记：这首诗是身处"文革"中的我，对毛泽东在"文革"中所作所为的无情鞭挞。当今，社会严重撕裂，也反映在对毛泽东的评论上。我始终认为，一个人一旦成为最高统治者，他就没有了隐私，他不能成为"神"，任何人都有权利评论他的一言一行。你可以无睹事实，对毛大唱赞歌，但是你无权力把批判毛泽东的人扣上大大小小、形形色色的帽子。毛泽东是中国历史上的一个"痛"，不知道针锋相对的辩论是否会永无止境！——写于 2018 年 6 月 25 日）

八、虚拟的父子对话

（写于 1975 年 11 月）

安息吧，爸爸，
现在应该是你的英灵安息的时候了！
风雨如盘的日子已经过去，

如今，面对你的遗像，
我敢放声把心底的话儿叙讲！
怎能忘，在那风声鹤唳的岁月里，
我们所经受的磨难？
那时候，茫茫大地，
忽然没有我们的容身地！
一片打倒声，
你忽然成为人民的公敌！
革命战争中浴血奋战的勇士，
忽然成为大土匪！
和平环境中的国家领导人，
忽然成为"反革命"！
昔日车水马龙，今日孤寂无依；
昔日春色满房，今日凄雾充室；
昔日花团锦簇频频举酒杯，
今日一家人泪眼相对！
冷箭从四面八方来，
旧日亲热者，都为着反戈一击卖大力！
这残酷的现实，使我们不可思议：
这场祸水从何而来？
一团乱麻啊，无从理！
我们只能在这小天地里苦苦徘徊，
苦苦思索，追根问底！

深深地记得：
在一个月明星繁的夜晚，
我与爸爸伫立在凉台上。

望着天上明月繁星，

我们心事澎湃逐浪翻。

静寂，寂静，

爸爸久久地望着明月繁星。

清风吹拂着爸爸的一头浓发，

爸爸声声叹息！

爸爸一字一字地吐出了愤怒的声音：

"明月啊，明月！

　我的心，剖胸也难明！"

"一颗心——剖胸也难明！"

犹如沉雷，打向夜空，

夜空无回话，静寂寂！

沉默长久后，

爸爸又一字一字地说出了令人心碎的话：

"我自思，一生中，

大小错误或许能用箩筐装，

可是，反党的行动我从来没有沾丝毫！

如今，天大的罪名栽在我头上！

我，我要去找他，

问一问，我究竟犯了什么罪？

问一问，旧日的风雨同舟为什么？

问一问，他搞的究竟是阳谋，还是阴谋？

共产党员，光明磊落，

他为何，拒见我们、退避幕后！

有话，我为什么不能到党的代表大会上说！

有话，他为什么不肯当面说？！

……

儿子啊，

我希望，你以后把'政治'两字识个透！"

知今日苦，

我才知世界上为何有悲哀两个字！

知今日冤，

我才知世界上有踩不完的坎坷路！

知今日祸，

我才知世界上"莫须有"三字有千斤重！

最难忘，爸爸临终前，对老战友说的一席血泪话：

"老战友，

　看来，你和我，都难以寿终正寝！

　人生自古谁无死？

　死，我不怕，

　但是，为着自己热爱的祖国受屈而死，

　死也难瞑目！

　我是'大土匪'，

　你是'大右派'，

　我们是心心相印，'臭气相投'！

　老战友，

　我心里疑团重重，

　我胸中烈火熊熊，

　有多少话儿我想出口！

　我要问问他，

　这场'文化大革命'，究竟是不是一场革命？

想当初，战场上跃马驰骋，

你和我何尝有丝毫胆怯？

而在这风云多变的政治舞台上，

我们都没有把'政治'两字来识透！

个人的恩怨可以不谈它，

山河的浩劫，令人心碎血泪流！

他究竟怀的什么心，

袖里究竟藏着什么锦囊妙计？

要知道，

这一场'文化大革命'，

是他亲自发动、领导、指挥。

你和我，成为众矢之的，

他应该全都知情！

既有如今，

何必当初他与我们马上挥鞭指长虹、谈笑风生？

当年座上客，

今日阶下囚，

老战友，

有机会，你要代我把这奥妙向他问个清！

我只希望，

他日，伴君如伴虎的悲剧，

再也不要在中国政治舞台上重演！"

爸爸，

与你分别已有五年久，

现在换来"恢复名誉""平反"纸一文。

我把文中的字句细推敲，

我的心情更觉沉痛悲伤！

说什么，当年的审查有"必要"。

好一个有"必要"啊，

令人怒发冲冠怒火烧！

说"必要"的，这个主谋却是谁？

看不见的中央空把责任担！

说什么，你是一个好同志，

忠于党的桂冠又往你的头上戴！

要这虚名儿有什么用，

更何况虚名儿仍然带污点。

这一纸空文我说它是个大骗局，

文过饰非的把戏明摆着，

为的是安抚人心再创新局！

但是，我知道，

这一纸空文得来也不易，

新贵们坚持要永远把你打翻在地！

啊，

黄河吞悲，青山含泪，

耿耿丹心，日月长鉴！

爸爸，你的遭遇，

不过是历史长河中的一个小悲剧！

你就暂且安息吧！

我深信，

你含笑安息的那一天，

一定会到来！

（后记：《虚拟的父子对话》在某种程度上道出了那个年代许多老一辈国家领导的内心痛苦。现在回想起来，我仍然为那些在"文革"中受到冲击的国家领导感到愤懑和悲哀。啊，在那个年代，有多少人生活在水深火热中？饱受磨难却还不能问一个为什么？现在，苦难已经成为历史，但是，苦难究竟从何而来？是制度孕育了悲剧，还仅仅是被一个人所造成？今后，可能将是一个探讨不完的问题。

——写于 2004 年 8 月 18 日）

九、咆哮吧，血的激流！

（写于 1976 年 4 月 8 日晨）

鸟儿的啾唱，

送走了剩余的夜色，

人们沐浴着春风，

又开始新一天的活动，一切如常。

火车在铁路线上奔驰，

大河的水蜿蜒地流淌！

望着窗外这平静的世界，

我心如绞，泪成行，怒恨满胸膛！

我多么想长出翅膀，飞啊，飞啊，

我要飞去，飞去天安门广场望一望。

碧血才染的天安门广场，

昨夜晚，四·七电波透悲凉，

鬼哭狼嚎把凶讯急忙忙嚷。

啊，纪念碑前悲歌起，

为悼英灵，中华儿女鲜血洒在广场上！

千家痛烈魂，万户吞悲声，

只见那，爱与恨的激流在咆哮，

掀起那滔天巨浪！

咆哮吧，祖国山河，

怒吼吧，中华儿女，

发出我们心声的时刻已经来到！

莫道乌云罩大地，铁蹄蹂人心，

就在这乌云翻滚的白色恐怖下，

中华民族，高举骨头，顶天立地，

发出了我们时代的最强音，

天翻地覆慨而慷，誓把奸贼讨！

多年了，

淫威为虎作伥已多年！

摧残人民高尚的政治灵魂，

耍权者，肆无忌惮，丧心病狂！

一次一次的政治大屠杀，

中国人民永远不会忘！

长年累月，社会已经百孔千疮，

人民终于识透这群中山狼！

人们忍受再忍受，低泣再低泣，

滚滚的潜流在蠕动，要把一切腐朽彻底埋葬！

滚滚的洪流，今天掀起冲天巨浪！

天安门广场上，

花如海，诗如海，人如海，

花是炮弹，诗是刀枪，

人是战士，万众一心，同仇敌忾，披肝沥胆气昂昂！

眼见着滔天巨浪，

眼见着烈火燎原势不可挡，

耍权者决心撕下伪装：

"什么党纪！什么国法？

　践踏路边的几枝花草又何妨？

　为了保住我的威望，

　对叛逆的造反者，必须撒下天罗地网！"

耍权者，大开杀戒，高举屠刀，

用"人民"把人民来扫荡！

啊，纪念碑前静悄悄，神州凄怆！

悼念总理竟会成罪状，

千古奇冤，只能告上苍！

嫁祸于人豺狼计，

可怜小平成羔羊，

迅摘乌纱变罪魁，

申辩无门再遭殃！

啊，中华一曲山河泪，

流入肺腑透胆凉！

望着窗外这平静的世界，

我心如绞，泪成行，怒恨满胸膛！

沉默，忍耐！沉默，忍耐！

我只能沉默，忍耐！

但是，我深信：

一时强弱在于力，

千古胜负在于理！

螳臂难把历史车轮当，

皇帝美梦不过是一枕黄粱！

万马齐喑的时代一定会结束，

中华民族的铁流，

将一泻千里，更加浩荡！

十、花圈运动颂

（写于 1976 年 4 月）

我的心在哭泣，

在大庭广众，我的脸却只能欢笑。

无穷的悲伤，

在我的心底激起万丈情涛；

虚假的欢笑，

在我的心底化作滴滴血泪，血泪滔滔！

啊，时代赋予我的烙印——

在惊世震球的花圈运动面前，

中华民族的我，

只能以分裂的精神面貌，

出现在大庭广众中，

"随波逐流"，

悲愤的火焰无处喷薄燃烧！
或许，我还要与大家一起上街游行"示威"，
高呼
"热烈欢呼粉碎'天安门反革命政治事件'的新胜利"的口号！

伟大的花圈运动，
一首可歌可泣的高昂战曲，
在中华民族史上，
写下了感天动地的一页，青史引以为骄！
天兵骄，刀出鞘，
面对强暴不折腰，
风雨潇潇卷春潮，
碧血涌处现人妖！
伟大的花圈运动，是现代中国报春的春雷，
炸响这无声的中国，燎原烈火照天烧！
伟大的花圈运动，是现代中国滚滚的铁流，
伟丽磅礴，怒涛冲九霄！
花的海洋，诗的海洋，人的海洋，
悲哀的海洋，愤怒的海洋，仇恨的海洋，
奔腾的巨浪要把一切腐朽吞掉！
花与诗，
是中华民族对忠魂的深切哀悼，
中华民族为捍卫真理的决心——鬼蜮难欺盗！
花与诗，
是匕首，是利剑，是炸弹，是钢炮，
狂飙一曲地动山摇，
中华民族万众一心，斗志昂扬把奸贼声讨！

花的海洋，诗的海洋，人的海洋，

在独裁者的策划下，

世界上最大的冤狱，竟会在中国首都出现，

烈魄长随丰碑绕，泪漂长安道！

我的心在哭泣：

腥风血雨漫天飘，

天不平，地不平，人心又怎平？

我的心在哭泣：

山河悲恸，民怨沸腾，

黑云压地地欲裂，

风暴何日驱乌云，喜看春晓？

我的心在哭泣：

人们为什么要说假话？

为什么要把珍贵的感情隐藏？

会钻营的，气昂昂，

说真话的，戴手铐，坐铁牢？

我的心在哭泣：

烽火中出生入死的革命家，

为什么一个个惨遭政治屠杀，历尽惊涛？

战士的功绩不许人提，

却要人聆听文痞的唠叨？

啊，

中华一曲山河泪，

长使英雄心如绞！

赤子之心何日明？

长夜漫漫待春到！

啊，人民英雄纪念碑，
您挺立翘翘！
您是中国人民可歌可泣史诗的见证，
您是万千革命烈士的血肉建造！
"人民英雄永垂不朽"八个大字金光闪，
引无数英雄竞折腰！
纪念碑啊，
面对举世无双的"花圈运动"，
我的心，在自豪，在哭泣！
沉默，忍耐，等待！
沉默，忍耐，等待！
我只能盼啊，盼啊，盼啊，
盼来朝，祖国第二次得解放。
到那时，在您的脚下，
我们一定要刻上今日伟大的"花圈运动"的画雕！
献上最美的鲜花，迎风含俏！
我深信，
撕下假面具的时刻一定会来到！
砥柱立中流，
看来朝，阴霾扫，
纪念碑下涌起新的花潮、诗潮、人潮，
万紫千红，莺歌燕舞，
胜利凯歌高！

十一、天安门正气歌

（写于 1977 年 1 月周恩来总理逝世一周年）

几曾见百姓语言如此铿锵有力？

几曾见百姓感情火一般烈？

几曾见百姓直言不讳把心声发泄？

几曾见百姓对当代领导把国事点议？

民心不死，民心难欺，

今日天安门前赤子重结集。

悼英灵，抒深情，

赞勇士，亮丹心，

思前程，尽忠言，

二百万大军慷慨激昂显神力，

撼山震地论善恶、评功罪。

评功罪，论善恶，十年是非百姓心中记！

今日扬眉吐气举史笔，

指点江山，笔下自有万钧力。

花的海洋，诗的海洋，人的海洋，

今日又重期。

忆旧年，百万赤子披肝沥胆广场集，

同仇敌忾把国贼讥，

鬼蜮横行挥屠刀，

腥风血雨纪念碑前只闻声声子规啼，

真假革命丰碑深深铭记！

看今日，

浩荡民气忆忠烈，花、诗又重祭！

斥奸贼，风雷激，

一曲正气歌，直冲九霄云外慰英烈！

青史应记取：

莫道民众愚不可及，民众的爱憎力难劈！

为人民的，伟绩千秋记，

为私利的，行径千古鄙！

自古淫威难久长，作恶多端罪难洗！

一朝树倒猢狲散，举国吼声如雷奋铁臂！

虚假的颂歌非民意，阿谀奉承本是阴谋家的常玩把戏！

三跪九拜声中的骄奢淫威，

恰如海市蜃楼空华丽，日出云散唯见青山碧！

青史应记取：

莫道民众愚不可及，

冲破思想牢笼的百姓山能移！

让民说话，青天不会塌，

蹂躏民心，繁华景里祸水积！

几曾见百姓语言如此铿锵有力？

几曾见百姓感情火一般烈？

几曾见百姓直言不讳把心声发泄？

几曾见百姓对当代统治者把国事点议？

民心不死，民心难欺，

喜看今日二百万大军指点江山"檄文"飞，

感天动地青史留辉迹！

十二、鲜花颂

（写于 1978 年 3 月 4 日）

手捧着心中的鲜花，

我们对着大地喊啊，

我们对着高山喊啊，

我们对着大海、江河喊啊

敬爱的周总理，

请把我们心中的鲜花收下！收下！

手捧着鲜花，

我们仿佛看见周总理伟大的身影

屹立在万花丛中、蓝天白云下！

浓黑的双眉、炯亮的眼神，

双手把祖国建设的宏图紧紧拿！

细细地看啊，周密地规划，

周总理的一颗红心哟，永远永远连着四个现代化！

收下，敬爱的周总理，

请把这深情的鲜花收下！

鲜花呀，如此的俏丽，

是因为总理的骨灰播撒的大地、江河把她抚育、催发！

鲜花呀，如此的娇艳，

这是总理播下的精神火花！

火花，火花，开遍中华，

向着四个现代化，

中华民族扬鞭跃马！

人们问，为什么总理生前没有留下历史巨著给后世传话？

我们说，这朵朵鲜花，

就是叱咤风云、气势磅礴的诗文——总理用巨笔写下！

人们问，为什么总理生前遭受"四人帮"明枪暗箭的谩骂，

不准写文章歌颂他？

我们说，这朵朵鲜花，

就是人民给历史功罪的回答——最高的奖赏、荣誉最巨大！

人们说，周总理勤俭一生，犹如白玉无暇，

我们说，鲜花上的滴滴露水哟，

是中华民族的滚滚泪花，

这泪花，是珍珠，举世无价——是人民对总理辛勤劳动的酬答！

鲜花，鲜花，开在中国人民赤诚的胸怀，

开遍总理骨灰温暖的山山水水、万户千家！

花与诗，诗与花，

是刻在人民心上的万丈丰碑——一代一代传下，巍然挺拔！

手捧着鲜花，

怎能忘，一九七六年的一月八，

沉雷九宵炸，万里河山冰封雪压！

长安道上哀乐低回，

黑纱，白花，泪花

敬送总理远飞蓝天白云下！

我们的丹心哟，长随总理去，

走游祖国天南地北，海角天涯！

手捧着鲜花，

难忘啊，一九七六年清明春寒举国动哀！

黄浦滩头掀妖风，

乌云滚滚天怒地怨，

决战的时刻已经到来，

中国人民再也不能犹豫彷徨、袖手等待！

天安门广场上，人潮滚滚四面八方来！

砸烂紧箍咒，冲破封锁线，

来到天安门前，让爱和恨的瀑布一泻千里啊，

汇入那纪念碑下的花海，诗海，人海！

人海花山，花山诗海，

白花汇成的冲天怒涛汹涌澎湃——要把这大地主宰！

花圈，是利剑，是雷电；

诗歌，是匕首，是炸弹，

炸响这无声的中国，

把亿万人民大义凛然的心声呐喊！

喊哪，喊哪，天安门广场发出了她的最强音：

"若有妖魔兴风浪，人民奋起斩豺狼！"

总理播下的精神火花，

使人民看见了中国的光明和希望，

希望就在这花山人海，

中国人民让人任意摆布的日月再也不会来！

手捧着鲜花，

怎能忘，一九七七年的一月八，

云破雾散，天安门广场人潮滚滚又重来！

纪念碑前，花山诗海雄伟壮丽、气象万千！

悼英灵，赞勇士，评功罪，

忠忠奸奸、是是非非人民心中都明白！
休说"四人帮"黑手能遮天，
试看今日"愚公"撑天拔地能移山！
天高地厚啊，
珍贵的民心不可拐骗！
美酒万盅长空洒，
彩虹飞天，送去人民对总理最深沉的爱！

收下，敬爱的周总理，
请把这深情的鲜花收下！
待到祖国实现四个现代化，
我们要把北国的玉兰、中原的牡丹、
珠峰的雪莲、南国的相思花全都采摘！
百花铺道迎亲人，
把敬爱的周总理请到天安门前、纪念碑下，
请你老人家再给我们语重心长地讲话！
收下，收下，敬爱的周总理，
请把这深情的鲜花全部收下！

（后记：这是我非常喜爱的一首写于 1978 年的诗。"文革"已经结束，可反映人民大众反对暴虐统治、呐喊自己心声的"天安门事件"还没有平反。我打破舆论的沉默，一腔热情地歌颂了 1976 年 4 月发生的"天安门花圈运动"。这首诗曾被同事争相传抄，在单位多次演出，听众热泪盈眶，因为它反映了当时的"民心"。基于此"诗"是一个时代民心的缩影，所以我不想割爱，而仍然把这篇诗收入了此书。此诗不能代表我现在对周恩来的全面评价，因为在历史上，周恩来将是一个倍受争议的人物！——写于 2004 年 8 月 18 日）

十三、我渴望——

（写于 1965 年 10 月 19 日）

我渴望——

我纯洁的心灵

能拨响人生战斗的琴弦；

我宝贵的生命

能谱写出嘹亮的乐曲；

我沸腾的热血

能汇入社会建设的洪流……

啊，我渴望——

我渴望紧张、热烈、火炽的生活！

我不希望使自己的生命窒息；

我不希望使自己的韶华白白地流逝；

我不希望使自己的心灵在无聊的生活中慢慢地衰老；

我不希望使自己的壮志在安逸中渐渐消磨，

啊，不能，我不能那样地生活！

我决不能丧失掉可贵的朝气，

丧失掉一颗永远向上的心！

我应当是时代的尖兵；

我应当是雷电；

我应当是破云穿雾的雄鹰；

我应当是冲向暴风雨的海燕！

啊，亲爱的祖国，
您用带血的乳浆孕育了我，
您用可歌可泣的史诗培育了我，
而我，
怎能不让我的生命，
为您迸发出绚丽的火花？
祖国啊，我是属于您的……

啊，亲爱的祖国，
我渴望，我渴望……

（后记：在 1965 年 10 月 19 日的日记里，我写了这首自由诗《我渴望——》。今日浏览此诗，觉得它在某种程度上，反映了我对国家、对工作与对生活的热爱，反映了我的人生理念与性格。这首没有水平的诗可以用来说明，"文革"第二年，我成为一个"离经叛道"的思想叛逆者，能够与执政者的思想分道扬镳，能够洞察执政者在光天化日之下所言所行背后的"二心"，这决不是偶然的。人具有的品格，人具有的思想内涵，不是一朝一夕形成的，我接受了"党文化"的洗脑，可也接受了传统文化的教育。我的品格与文化底蕴，我的家庭教育，决定了我要冲破统治者设置的思想"牢笼"。此诗可以说是对我一生中"价值观"的解读，所以把它收录在本篇中。——写于2021 年 5 月 25 日）

第二篇

思 想 篇

——不是散文的"政治散文"

一、小牧师的独白

（写于 1972 年 11 月 7 日）

我做牧师已经有好几年，足迹遍布邻近的几个乡村。我虔诚地为所有的村民祈祷和祝福。我不辞劳苦、快乐地从事着传教工作，从来对自己的信仰深信不疑。

但是，有一天清晨，当我躺在床上回忆近几天村庄里发生的一系列事情时，不知为什么原因，从我心灵深处突然冒出一个可怕的念头：人间的苦难究竟从何而来？世界上究竟有没有天堂和上帝？人死后他的灵魂究竟会不会飞上天堂？

啊，可怕，可怕！这些鬼念头真不知从何处冒出？我竟会对我多年来的信仰发生怀疑和动摇！我感到一阵阵心绞痛！我闭着眼睛又躺了一会，停会儿神，想驱除这些奇怪的念头。可是，我越想静下来，这些问题就越是盘旋在我的脑海里挥之不去。

我无精打采地起了床，糊弄着往嘴里送了些饭，心想着得赶快上阿林的家去看看他生病的儿子。可是，恍惚的神思使我提不起脚步来！我呆呆地坐在靠背椅上出神，而那些怪念头在我的脑海里似乎跳跃得更加剧烈！"牧师的说教是不是在骗人？是不是在愚弄、剥夺善良人的思想灵魂？是不是在为官方人士的宗旨服务！"这些可怕的邪念越涌越多，啊，我不敢再想下去！一个做了多年传教工作的虔诚牧师，竟会对自己的信仰发生了怀疑与动摇。我责备着自己，我这是对神圣而威严的上帝犯罪，是对自己的信仰犯罪。

我怀疑自己精神错乱！往昔的我，心灵何等平静，信仰何等坚定，而今天，我竟会想入非非！

我不停地在房间里徘徊！剧烈的心灵动荡使我走不出房门！

这样，我过了一天又一天，心灵的折磨使我感到憔悴而疲惫，我对一切都感到索然无味。我只想避开人们，只想一个人静静地呆在房间里，心灵世界的动荡又怎么能向别人说呢？整日整夜我胡思乱想着，失眠的痛苦煎熬着我，我终于生了一场大病！

一星期以后，我感到自己不能再这样苦闷彷徨下去，不能再陷在这窒人肺腑的泥坑中，我必须振作起精神来，坚定自己的信仰，驱除心中的邪念！于是，我决定到我父亲的一位老朋友那儿去，他是个已经从事几十年传教工作的长老。深受人们的尊敬和爱戴。我深信他对他的信仰一定坚定不移，到他那里去，从他那对我温顺的抚爱里，我将会得到坚定我信仰的力量，将会就此从脑海里驱除那些令人心烦意乱的邪念！

我上路了。我翻越了山岭，涉过了小河，数天后，来到一个青山环抱的小村庄。清澈见底的小河在村旁蜿蜒地流淌。我感到一阵喜悦，为就要见到我心目中美和力量的化身——敬爱的长老而激动万分！我将向他忏悔，我请求他的祝福！

沿着小河流往前走，我看到前面一棵大树下围着一大堆人，须发灰白的长老正站在一个小木凳上在向人们热诚地祈祷！我加快脚步向前走，不声不响地立在人群的外面。看吧，长老踮起着双脚，高仰着头，向着远处伸展着双手，似乎要拥抱世界，拥抱所有的人！这不是一座最美好的救世主的塑像吗！黑色的袈裟同他灰白的须发成了鲜明的对照，说明他多年来为苦难的人们花了多少心血啊！看吧，人们在谛听他的祈祷时，是多么的专心致志和深信不疑。

太阳渐渐地挂西了，长老依然在虔诚地做着祈祷，人们依然在洗耳恭听！看着这一幅令人心驰神往的景象，我得到了无比的安慰！我应当向长老学习，听长老的话，做长老的好学生！

人们带着美好的心情散去了！待人们走完后，我兴致勃勃地来到长老面前，祝福他的又一次传教成功！

只见长老伸了个懒腰，打了个哈欠，眯了眯眼睛，用手擦了擦嘴唇旁的唾沫，把我从上到下打量了一番，于是，他不慌不忙地脱下袈裟，向我说道："哦，是你呀！你父亲身体好吗？你怎么会来的？……嗳，唔，我和你父亲合伙开的那个蜡烛铺赚了多少钱？"

天啊，我不由不寒而栗！我感到一阵昏眩，泪水涌上了我的眼角！

啊，这就是我朝思暮想的长老吗？

难道说，这就是长老在滔滔不绝的祈祷后最关心的迫切问题吗？

难道说，这就是长老在救苦救难的画皮背后赤裸裸的真面貌吗？

人面前还有谁比他更道貌岸然呢！

人面前还有谁比他说得更娓娓动听呢！

人面前还有谁比他更关心人呢！

人面前还有谁比他更重视道德呢！

人面前还有谁比他对自己的"为着大众不辞劳苦"的信仰更坚定呢！

但是，当他脱下袈裟后，还有谁比他那个"为钱奋斗"的信仰更坚定呢！

我没有什么话可多说，我只是在心里喃喃地说着："这就是信仰，这就是信仰……"

我好不容易地张开了口，对长老说道："我是路过此地，不期在河旁遇着你在热诚地向人们做祈祷，……我受到一次深刻的教育……"

我告别长老，向着归程开步！我感到双脚无比沉重，寸心无比沉重！

已是黄昏，太阳将从地平线上下去！萧瑟的秋风横扫着落叶，乌鸦呱呱地飞叫着回窝。我的牧师外衣被秋风吹鼓着，沙、沙、沙的声音似乎令人感到这件牧师外衣将被秋风撕裂！我感到透心地凉！

　　心和脚步一般沉重，我挣扎着向前慢慢地走着……

　　好不容易地回到家，等待着我的是又一场大病……

　　朋友，你看了我这篇心灵世界的独白，有何感想？试问，世界上这样的长老究竟有多少？

　　（后记：当“文化大革命”开展第二年即 1967 年时，我才 26 岁，我突然对“文革”有了和社会不一样的看法，我竟敢对“伟大舵手”毛泽东产生怀疑，认为“文革”是一场不流血的政变。我忧国忧民到了无以复加的程度，痛苦万分，思想深处产生了这样的观点：国虽未破山河依然，大地却在遭受灾难。我艰难地度过了那几年的岁月。1972 年我在在《列宁回忆录》里看到列宁和牧师加邦交往的一段经历。其中写到这么一个小故事：“牧师加邦曾经发生了信仰动摇，于是决定到克里木去寻找他信任的一个长老，想在他那里取得力量而坚定自己的信仰。但是，牧师加邦遇到长老后，长老只焦急地问起他们所开的蜡烛铺赚了多少钱。”我看了以后，不知怎么产生了许多想法，就仿照小牧师的口吻写了这么一篇心灵独白。那时候，我在看了这个小故事后曾经写下了一段体会：

　　一旦剥下那些至高无上的被崇拜的偶像的画皮，不过是一些赤裸裸的权力狂。他们的“行道布法”全是假话，他们的说教全是欺骗。他们用他们的法术索去了人们思想的自由，向人们的头脑里灌进了他们制造的信仰，但是在他们冠冕堂皇行动的背后，却有他们自己的自由。有人把“说教”当成职业，把崇拜“上帝”看成为理所当然；有的人愿意接受“说教”，愿意对“上帝”崇拜。于是，就形成了社会的种种悲剧。人们应该睁开眼睛，对一切道貌岸然者作一番认真的解剖，这样，人们就不容易上当受骗了。

　　“文革”那个年代人们精神上的痛苦，可能是后来人无法理解的。对一个有自己人格和思想的青年人来说，要度过那个岁月，非常之艰难，因为他在统治者制造的强大的社会舆论面前，是非常弱小的。这篇"散文"，是我冲破"思想牢笼"、砸碎"洗脑"紧箍咒的轨迹的记录，虽然没有文学价值，却是青年人在"黑云压城城欲摧"的岁月里苦苦挣扎时真实心情的写照

希望信奉宗教的人，不要误会这篇文章的内涵，我决不是在贬低宗教。——写于 2004 年 8 月 14 日）

二、水涨船高

（写于 1972 年 12 月 4 日）

2018 年 7 月 4 日，与我相处 50 多年的知友看了《水涨船高》一文后，写给我下面几句话：

在全方位封闭的环境下，写出这样的文章，了不起。虽然，近几十年来，已有太多的类似文章，但最初吃螃蟹的人毕竟是非凡的。

20 世纪 60、70 年代时，我是一个对社会科学没有进行过任何研究的青年。"文革"的开展，目睹社会上发生的种种"难以忍受、难以理解"的现象，活生生的教科书让我思考了许多事关国家治理的问题。1972 年，我阅读《资治通鉴》，从中吸取了"善为民者，宣之使言"的民主思想，写下了这篇不是哲学论文的碎片感想。文章的特色是通俗，却含有许多"政治学"阐述的理念，这些理念应该被所有的公民接受。

水涨船高，这是个很普通的自然现象。河水上涨了，从岸上的人来看，在河流中行驶的船也就升高了，这种自然现象无有什么非常深奥的问题可研究。但是，这个最普通的自然现象，却使我想到"国家和社会的治理"这个人类生存的大问题。

一个国家的人民好比日夜在流动着的水，他们用自己的双手为国家创造财富，而开动国家机器的最高统治者（集团），好比那在河水中行驶的大船，他们运用自己手中掌握的权力统治着人民，治理着社会。人民各方面的水平（特别是政治思想与对社会的诉求）提高了，就必然向治理国家的统治者提出更高的要求。倘若说，统治者能适应社会潮流，相应地提高治理社会的水平，那么，社会就会进一步发展。反之，人民的水平已经提高，统治者却要逆其道而行之，那么，这种统治必然摇摇欲坠。古人说：水可载舟，亦可覆舟。统治者应该明白其中深刻的哲理！

打破一切神秘的传统观念，冲破二千多年封建社会习惯势力对人们思想的束缚，国家的最高统治者不过是组织人民更好地建设生活的社会工具。

统治者不是超人，不是至高无上的庞然大物，不是神圣不可侵犯的孤家寡人，而"统治"这两个字也无可怕之处。人类需要一个集团运用国家机器来组织社会，否则社会将是一盘散沙而不可收拾，当然这里说的统治不是指淫威、独裁。人们向社会推荐出自己的统治者，那么，统治者就应该运用自己的智慧和才能、运用人民大众赋予的权力，充分调动社会的一切积极因素，摧毁一切腐朽的制度和势力，使社会向前发展，使人类进入光明、幸福、公平、公正、民主、自由、正义的社会。

营业员、炼钢工人、煤矿工人、水手、教员、演员、作家、科学家……，人们从事着不同的职业，这是社会的分工和需要。那么，最高统治者——权力的操纵者，对其个人来说，也是在从事着一项职业，只是这种职业比起普通的职业来，对社会起着一般职业不能起的作用。

在封建社会里，统治着人民的是帝王将相。封建道德的伦理作用，使人民接受了这样一种观念——父子代代相传为一国君主，江山乃是他们一家的江山，百姓乃是他们一家的百姓。谁打下了江山，他的子孙就能世袭皇位。只要他是皇帝的长子，不管他怎样愚昧、无能、残暴，他就可能被立为太子，就可能登上一国之主的宝座。普天之下的百姓对着皇帝表示效忠，皇帝的话就是圣旨，谁都不能违反，无论这条圣旨何等荒唐，普天之下都得执行。"君叫臣死，臣不得不死"，封建文化大张旗鼓地向百姓灌输这种残暴的观念，一大批文人为这种强大无比的"社会舆论"鸣锣开道。于是，在封建社会的政治舞台上，演出了一场又一场荒谬的戏剧，"二、三岁的孩子、十三、四岁的儿童成为国家的最高统治者"的悲剧，一再在中国政治舞台上出现。

君王是真龙天子，人人要对他顶礼膜拜，人人要为这一家的天下效忠，这种愚昧落后的封建秩序竟能绵绵不断地延续两千多年，为什么呢？这是因为在封建社会中，人们接受的文化的局限性。所以在这样的水中航行的社会大船，尽管这船的驾驶者（掌舵者）不断更换，却依然一再航行着。

随着文化与科学的发展，人们渐渐醒悟，渐渐从封建文化的桎梏中看到了真理的光芒。浩荡的河水上涨了，颠簸着的船也渐渐起着变化。中国社会进入到现在这个时代，船与水的关系再明确不过。

我们来一个通俗的"类比"：

一个顾客要做件衣服，他自然可以随便挑选一家服装店去做，他的心理状态必然希望挑选一家做工好、信誉好的服装店来做他心爱的衣服。当这件衣服做好后，他自然可以实事求是地评论这件衣服做工的好坏、裁缝师傅技术的高低。而裁缝师傅从事着他自己擅长的职业，为广大的顾客服务，他必然要经受广大顾客的挑选。倘若他一再糟蹋顾客的料子、一再偷工减料，或者经常把顾客的衣服做坏，那么，他当然要从自己的岗位上被淘汰下来。人民同统治者之间的关系不正同顾客与裁缝师傅的关系一样吗！

统治者从事着"管理国家"这个职业，他行使权力的好与坏，自然应该由人民来下结论。统治者不应当是权力的戏弄者，应当是脚踏实地的孺子牛。社会需要繁荣、生产需要发展、生活需要改善、文化教育需要提高……，这千斤重担放在统治者面前，统治者应该以自己的劳动来完成他的历史使命。

统治者不是超人，不是万能的社会巨匠，那么，他运用权力的过程为什么不能在光天化日之下公布于众，让人民群众来加以充分的评论呢？

裁缝师傅决不会在暗室里秘密地裁剪、缝纫，因为他认为自己没有见不得人的勾当。所以，在现代社会，名为"全心全意"地为人民服务的统治者又何必向人民隐瞒自己的种种活动呢？裁缝师傅做完了衣服，爽爽快快地把衣服拿在手中，在众目睽睽之下，毫不害羞地让众人评论，那么，统治者为什么又不能让人民来评论他运用权力的好与坏、是与非呢？事物客观存在，一件衣服做得好与坏，顾客心中最有数，裁缝师傅用不到对衣服做工的好坏定下框框。同样，统治者又何必在人民群众面前对自己的作为定下"对与错、是与非"的框框呢？有什么理由要求人民同自己的声音必须雷同呢？裁缝师傅只有在自己的长期工作中，虚心接受广大顾客的意见，他的信誉才会越来越好、他的技术才能精益求精，同样，统治者只有接受广大人民群众的监督，他对权力的运用才会越来越好！

"善为川者，决之使道；善为民者，宣之使言。"高明、正直、一心一意为人民服务的统治者，他一定善于使人民充分发表他们的心声、他们对社会的要求、他们的爱憎。这种来自人民的心声，将对统治者更好地运用手中的权力进行最好的鞭策。

亿万人群中有无数有才能的人，他们在条件许可的情况下，都可以成为出色的科学家、文学家、艺术家、思想家、政治家。只是因为客观条件的不同，有的人被社会淘汰，有的人被社会选中而成为富有才华和获得成就的国家栋梁、一代人才。极大多数的人只能作为社会的铺路石而默默地耕耘，他们也即文学中、历史上所说的"芸芸众生"。但是，生活在社会最基层的人民大众，他们对自己的切身利益最敏感，他们对社会存在的矛盾最清楚，社会的阴暗面逃不过他们的眼睛。一个人除了不断地发挥他自己特长以求得生存外，必然地会关心国家大事。作为真正想为社会的进步作出贡献的统治者，应该善于引导广大的人民群众更好地参于政治，使广大人民群众的政治上进心越来越强，使他们对社会问题的识别力不断提高；使他们对新生事物的接受力不断增强；使他们对社会矛盾的思维力不断发展；使他们监督国家领导行使权力的政治水平日益上升；使他们乐于坦率地说出自己心中的话；使他们对社会善于提出更高的要求。这种热烈、紧张、严肃、活泼的政治局面一旦形成，国家机器就犹如一部日夜都在不断更新的机器，将会运转得越来越好！

历史的演进，文化的进步，让人们认识到：

国家是人民的国家，不是一个人或者几个人的国家。统治者只有生活在群言堂之中，国家的权力才能充分运用好！

由于客观条件的限制，只有极少数人可能被推上政治舞台，成为国家权力的操纵者。但是应当想到，统治者是时代的人，他们的工作能力虽然超过一般人，可是，他们仍然不可避免地具有人的弱点，他们对社会、对事物的认识会有局限性，他们的性格、品质、作风会有不足之处。统治者由于种种原因，常常容易成为推行"孤家寡人"政策的专横跋扈者，常常会从个人利益出发来治国、治人、治物，因此，他们在执政过程中，使国家机器运转产生许多弊病（甚至陷入泥潭）。而消除这种弊病的唯一方法，就是让人民大众来参于国家大事的管理，让人民充分行使"监督国家机器的运转、监督统治者的作为"的权利。

倘若真正地而不是形式地让人民大众充分发挥当家作主的权利，那么，一切专横跋扈的野心家、阴谋家的狼子野心就不可能得逞。因为此时，国家大事要在亿万人民面前接受他们的判断、解剖，一切人都要接受人民的考验和评论，谁还能把自己驾凌于众人之上呢？

如果执政者在执政过程中，不让人民群众发表自己的政见，不让人民群众对国家大事提出尖锐的批评，于是，国家机器就会完全被操纵在有局限性的人手中（谁也不能逃脱的局限性），这个国家机器久而久之将会臃肿庞大、运转迟缓而"老"得不堪设想，偏离社会进步的方向。另一方面，执政者的执政理念不能循序渐进，就好似国家机器上陈旧失灵的零件得不到更新，油孔得不到新油的添加，那么，陈旧的零件因为没有新油的润滑，它们之间的摩擦力就会越来越大，从而，国家机器运转的效率就会越来越低。

人民群众是历史的见证人，历史的功罪归根结底要由人民群众来下判断。一手遮天和粉饰功过的局面只不过是过眼云烟，这种局面产生的悲剧迟早会结束，人民群众一定要撕开假象而还历史的本来面目。

历史的发展让人们明白：

如果人民大众的精神面貌意气风发，政治思想水平不断地得到提高，这样的潮流将对国家权力的操纵者产生巨大的挑战与积极推动，把他们的统治水平推向一个新的台阶。浩瀚的海水上涨了，海面上的形形色色的船都应该随着海平面上升。"水涨船高"这个极普通的自然现象，不是包含了一个极其深刻的社会哲理吗！

可是，现实社会的统治者，却往往不是如此。

他们对人民不是"宣之使言"，而是硬把自己的"哲学"强加于人，使人人都成为盲目跟从的受蒙蔽者。他们认为"朕即天下""我说的话都是真理""谁反对我谁就是反革命，就是篡位，就是搞阴谋，就是搞分裂"。他们认为一切人都应该绝对地服从他们，都应该步着他们策划好的路线走。他们不希望人民成为出色的独立思考者，而是希望人民都成为发出一个声音的人云亦云者。他们从来不接受人民的监督，一切事物的是非功过往往都由最高统治者下判断并且定下不能破越的框框。

最高统治者要人民崇拜他，对他歌功颂德。他把功劳归于自己，把错误推给别人。他树立山头，尽一切卑鄙手段打倒反对者。他以自己的好恶来衡量别人的作为而大结死党。他在社会上大搞统治平衡，用人人相互牵制的手法维持自己貌似强大的统治。他千方百计地维持自己的一家王朝，给自己权上加权，使他的自由王国日益扩大，而人民却被他索去"言论自由权"和"人格独立权"。他剥夺人民的思想灵魂，钳住人民的口，使他们日益麻木消沉，只关心自己的油盐酱醋。他给自己的祸心披上华丽的外衣，在那动听的词句后面磨着杀人的利刀。

啊，河水在呜咽，在悲泣。但是，在河水中隐藏着的激流，来朝一日一定不可避免地会掀起怒滔，那破烂不堪的危船将会被怒涛覆没。

历史的进程告诉人们：

社会需要进步。真正为人民谋福的统治者应该通过各种制度和途径使滔滔河水上涨，而不是运用各种手段、权力来制止河水上涨。

人需要天天吃饭，才能维持生命；人们要使自己的精神面貌焕发，就需要精神粮食。劳动人民创造了文化，但是文化——承担社会舆论的制造与宣传，如果被操纵在统治者手中，作为用来维持统治的工具，那么，这样的文化失去了它的真正意义。当统治者认识了自己的历史使命——使国家机器更好地为人民运转，并且愿意完成这个使命，那么，他们一定会把文化还到人民手中，使人民在吸取精神粮食的养料中，视野日益开阔，立足点日益增高。

历史的进程又告诉人们：

统治者应该来自于人民之中。世界上从来就没有上帝指定某个人应该成为统治者，某个人应该成为平民百姓。在成为统治者还是百姓这个问题上，人人都是平等的。只是因为庞大而复杂的社会，它只需要极少数的人成为统治者，于是，经过社会种种的选择和淘汰，使极少数的人荣幸地登上政治舞台。

统治者应该是人民之中出类拔萃的人物，他们有非凡的政治才干，他们有咤叱风云的气魄，他们光明磊落、心胸开阔，他们勇于走新路、勇于修正自己的错误。他们眼光远大、虚怀若谷，他们具有普通人应有的品质——正直、真诚、朴实、坦率、果断，他们不专横跋扈、不目空一切、不夜郎自大、不弄虚作假、不耍阴谋、不惟我独尊、不搞一言堂，他们踏踏实实、兢兢业业地为社会的发展而贡献自己的一切，他们会致力于社会体制的建设。

而统治者一旦落后于社会的要求，成为社会发展的阻力，那么，他们就应该被淘汰。统治者不应该运用自己的权力来垄断统治地位，不应该制造舆论为自己涂脂抹粉。统治者应该通过竞争而产生，让人民从他们的所言所行来考察他们是否具有当统治者的资格。社会统治者的被选择，决不应该由某个人说了算，或者由某几个人凭藉伎俩来产生。

在现实社会中，对于统治者与被统治者之间的关系，人们在认识上都有局限性。数千年的习惯势力牢固地束缚着人们头脑的思维，顽固地用有色玻璃遮住人们的视线，使社会的发展缓慢。政治文明的时代，看来还需要等待，包括知识分子都需要来个思想启蒙运动！

深信，飞跃一定会到来！

愿社会不断地向前发展，愿人们的思想境界越来越高尚。人们从实践中应该深刻地认识到国家是人民的，谁都应当为社会的进步而贡献出自己的才智；谁都有权利和义务，让社会和人民来选择自己——能否成为崇高职业的从事者。

社会要前进，虽然是障碍重重。

万马齐喑的悲剧一定会一去不复返。

破除迷信！破除崇拜！破除幼稚！

人们要从大地上真正站起来，为开创一个富有生气的新天地而战斗！

（后记：1972 年对《资治通鉴》的阅读，竟然让我接受了一个简单的民主思想："善为川者，决之使道；善为民者，宣之使言。"我对"文革"的残酷与执政者的倒行逆施，进行了思考而写了此文。这不是一篇哲学论文，因为我没有这方面的知识积累。此篇文章只是当年一个 30 岁左右的年轻人，对当时社会政治问题的碎片思考与抨击，文章的语言幼稚却朴实。这篇文章所说明的一些普通哲理，要被社会所接受、被统治者所采纳，看来是阻力重重，因为保守的习惯势力如铜墙铁壁。深深地盼望此文中的一些简单的哲理被人们思考，被人们普及，被体制以法制来实现。哲学不是深不可测的理论，它是我们认识社会的工具。喜欢用意识形态作为统治工具的统治者，常常把哲学搞得深奥而不可知，并且把解释权牢牢地掌握在自己的手中，让人民大众接受他们的洗脑。盼望着中国人民的思想得到真正的解放，彻底砸碎统治者所恩赐的精神枷锁。——写于 2004 年 7 月 11 日）

（2013 年 10 月 10 日，一位朋友看了这篇《水涨船高》后写道：

认真看了你这篇写作时间和我同龄的文章，我的第一感觉是震惊和敬佩！首先是为你在那样的时代、那样的社会环境、那样的社会舆论中，有这样独立、民主的思想（我很惊讶你的民主思想如何发展起来的，因为那时根本看不到这方面的书籍、资料）并有勇气把它记录下来而震惊和敬佩！其次也是为你文章本身视角独特、逻辑严密、文辞犀利而震惊和敬佩！就算放在 41 年后的今天，这篇文章也熠熠生辉。按照文章的哲理，目前我国社会的现状不尽人意，民众的素质水平尤其是民主意识依然低下……当然，如果硬要用现在的思想来吹毛求疵的话，我觉得您这篇文章未提到宪政民主（即未进一步指出统治者究竟应如何竞争产生）、对统治者的个人素质尤其是道德水平有些理想化而未充分重视制度的重要性（我觉得真正民主的制度远比领导人的个人素质来得重要和牢靠）。也许值得商榷，不知您以为然否？）

（一位朋友写于 2018 年 7 月 1 日的感言：

读了这篇文章后的第一感受是无比惊讶。"文革"中大多数人，对"文革"是盲从的，清醒者寥寥无几。即使是清醒者又有几个敢记录自己的真实想法？1972 年正是文革如火如荼的疯狂年代，他敢于写下在当时执政者看来是大逆不道、反动透顶、惊世骇俗的文章，这需要多大的勇气与胆识。

第二感受是钦佩。在那个全民疯狂的荒唐年月，他竟然有如此超前的民主思想。这种思想即使在当今研究民主政治的学者们又有几位能有如此深度呢？我猜想他不仅仅是读了许多这方面的书，更多的是痛苦而深入的思考。

第三是失望。他写的这篇文章近半个世纪了，但如今知识界日渐从"批判型"知识分子的立场后退，甚至以此为借口放弃操守，这是多么惊心的灵魂大崩溃啊！

但愿在我的有生之年能够看到他文中设想的政治文明的种子能在中国大地上生根发芽。

看了他写的第三点"感受"，许多话从我心底飞出：

中国的社会，不知道什么时候竟然变化成为一个金钱社会，连大学都已不是清静的象牙塔。知识分子应该是社会进步的助推器，可我忽然发现部分知识分子出买灵魂，没有脊梁骨，热衷于歌功颂德，露出了奴才相。"文革"中出现的许多大批判文章是"奉命之作"，如今，部分干部与知识分子又无视灵魂的可贵，"奉命之作"又泛滥成灾！

当代的知识分子群中，有不少出类拔萃的思想家，对社会问题的批判站到了相当的高度。但是，他们或者被"禁言"，或者在自己微信公众号上发布的部分文章被屏蔽。北京大学张千帆为"宪政梦"鼓与呼，他的命运是被"禁言"。孙立平是当代受到大众欢迎的社会学家，写的文章说理透彻，可就是这样的"民主与民生"的呼吁者，他发在自己微信公众号上的文章常常被屏蔽，不得不让他去掉敏感词后重新发表，此时已经加工的文章仍然会有两种命运：发表或者被"斩首"。说他是"委曲求全"，这是贬低了这位高贵的思想家。为什么连孙立平这样有声望的知识分子，都会遭遇到"不让发出心声"的待遇？为什么会出现如此的社会土壤？没有思想的"网警"作为工作，来管理有思想的人，这样的悲剧一再上演，谁之过？

在未来的历史长河里来评论当代，这种"不让发声"的异常现象的出现，这种"歌功颂德"个人崇拜现象的泛滥成灾，是不折不扣的政治腐败。从"文革"中再次拾起被人民吐弃的"政治垃圾"，不能不让人义愤填膺！——写于 2018 年 7 月 1 日）

三、从"孔雀开屏"想起

（写于 1972 年 11 月）

从小到现在，在动物园里我只看到过一次孔雀开屏。只见那孔雀高昂着头，挺着张开的五彩缤纷的尾屏，从不同的方向向人们示美。看着，看着，一种想法在我心头浮起：孔雀为什么常常要开屏夸耀着自己的美丽呢？是本能呢？还是在这二十多分钟中，孔雀的虚荣心得到了满足？

我不是动物学家，对动物学没有什么研究，不能对孔雀为什么开屏发表见解。但由此，我却想到了人的虚荣心问题！

虚荣心，是我们前进路上的绊脚石！败事有余，成事不足！

尽管人们认识到虚荣心的危害性，现实中，很多人还是在日常工作之中，不同程度上时时表现出来。对于有地位、有权力的统治者来说，他们的虚荣心，对社会的危害和损失就更加巨大！

统治者的虚荣心，常常会使他们认为自己最聪明。他们认为自己看问题和处理事情是任何人的典范，唯我独尊、唯我独“革”、唯我最正确！他们的“自信心”似乎到了百分之百，事实上却往往与虚荣心连在一起。

统治者的虚荣心，常常会使他们在工作中家长式地发号施令。他们认为自己神圣不可侵犯，谁敢对他们提出反议，那就是逆龙鳞、伤了他们的威严。

统治者的虚荣心，常常会使他们在工作中故步自封，满足于取得的点滴成绩。因为那些点滴成绩，已经有人在替他们大吹大擂，于是，他们情不自禁地飘飘然起来！

统治者的虚荣心，常常会使他们在工作中乐意被人吹捧。听到一切恭维的话，就手舞足蹈、心花怒放。无论这些恭维词怎么肉麻，他们都能够听得进去，并且给予歌功颂德者奖励。

统治者的虚荣心，常常会使他们在工作中，用人唯亲，为保持自己的山头而不遗余力，因为山头主义是虚荣心能够不断得到满足的最好保证。

统治者的虚荣心，常常会使他们在工作中，对那些善于见风使舵、逢迎拍马的人大开向上爬的绿灯。这些惯于阿谀谄媚的小人，曲意迎合自己的上级，凡事都与上级的意见雷同。混淆是非、颠倒黑白，只要能够博得上级的欢心，溜须拍马者连起码的人格都可以不要。可怕的虚荣心，为虚伪、浮夸、作弊打了强心针。

啊，有地位、有权力的统治者的虚荣心，对社会进步的损失无法估量！

随着社会的进步，人们对社会的要求应该是越来越高。愿人们在社会的飞跃中，不断识破那些道貌岸然的人，撕破他们的假面具，抛弃一切虚假的东西，只有这样，我们的社会才能飞跃地进步！

四、《第三帝国兴亡》阅后感

（写于 1975 年 5 月）

《第三帝国兴亡》是一部资料非常丰富的史书（作者：［美］威廉·夏伊勒），我有幸阅读了这部现在不能公开出版的书。在当前，想要看一些有价值的书实在太难了！

匆匆地浏览了这本书，种种问题在我心头联翩浮起。希特勒从一个奥地利的街头流浪汉，一跃成为德国的元首，给世界带来了毁灭性的灾难。这里面有什么惨痛的教训可供我们吸取呢？我认为，一切愿意为社会作贡献的政治家、历史学家、哲学家、教育家，都应当好好地研究这段历史，为社会铸下警钟。

思潮难禁，写下下面一些感想。

论"革命"

历史发展到近代，"革命"两字变成最吃香的字眼。各类政治人物、各界学术代表人物都喜欢用这个字眼。希特勒与他的狐群狗党在自己的演说与文章中，似乎也对"革命"两字情有独钟。

希特勒在《我的奋斗》中写道：

这位教员使历史成了我最喜欢的课目。事实的确是这样，虽然他并无此意，我却正是在这个时候变成了一个年轻的革命者。

当邪恶的天才希特勒就任为德国总理时，戈培尔在日记中写道：

……新帝国诞生了。十四年的辛勤工作终于得到了胜利的结果。德国革命已经开始！

希特勒之流自我标榜为革命者，口口声声要革命，以"革命"这两个铮铮有声的字眼来迷惑人民。但是，历史是无情的，历史终于给他们正义的判决。希特勒不是流芳百世的革命者，而是一个疯狂的独裁者。第三帝国的崛起，不是德国革命的开始，而是一场血腥镇压人民的酷剧的上演，给全世界人民带来巨大的灾难。

历史明确地向我们闪亮了红灯：具有美好名词的事物，并不一定美好。

革命，从它本身的定义来说，是革旧事物的命，革腐朽事物的命，革反动派的命。

但是，社会中进行着的往往是由统治者命名的"革命"，其实质未必符合革命的内涵。

正因为革命这两个字如此美好和响当当，因此，蛊惑人心的统治者都喜欢拉"革命"这张虎皮作大旗，给自己的言和行助威。

形式是如此容易地迷惑人，形式是如此地被虚伪的统治者玩弄，那么，要识破贴着"革命"标签的事物的真面目并揭露它，这不正是思想先驱者应该做的事情吗？

愿那些想为社会进步作贡献的人少玩弄形式、少贴标签；愿那些孜孜不倦追求上进的人们，透过那华丽字眼播下的假象去认清事物的真面目。

"高喊革命口号的人，不一定是革命者；戴上'革命'桂冠的事物，不一定是新生事物。"——请人们记着这条朴素的警言吧！

论"纳粹"

"纳粹"（Nazi）是德文 national（国家的）和 sozialistisch（社会主义的）缩写的音译。

看了这本书以后，我才知道纳粹党是国家社会主义德国工人党的缩写。

"纳粹"与"法西斯"一样，现在在我们心目中是邪恶的同义词，意味着暴虐和独裁。但如今我才知道，"纳粹"原来曾经有过这样一个美好的全名词：既有"国家"，又有"社会主义"，又有"工人"。啊，我不能不从心底里呐喊出如此心声：名词的美与恶，原来是人们舆论的硕果。

社会主义是美好的名词，而纳粹两字让人闻到了血腥气。可见，邪恶的名词，起初也不邪恶，它当时也许是风云一时的新生事物而使人迷醉。

愿人们知道每一个事物的来龙去脉吧！愿人们不要被当代名义上"美好"的事物所蛊惑，或许将来它意味着罪恶！愿人们清楚地记住：官方的"是非标准"，往往是统治者意志的表现，是他们一手制造的舆论的产物。

希特勒的"求知艺术"

希特勒在《我的奋斗》中详尽地介绍了他读书的艺术：

所谓"读书"，当然，我的意思也许同所谓"知识界"的一般人有所不同。我也认识一些大量"读书"的人……但是，我并不认为他们是"博学"的人。不错，他们有大量"知识"，但是他们的头脑不能组织和整理他们所吸收的知识……另一方面，一个掌握正确读书艺术的人……从本能上立刻就能辨别出什么东西符合他的需要，或者因为一般值得知道……读书的艺术、求知的艺术是：去芜存精……

只有这样的读书才有意义，才有目的性……由此看来，我在维也纳的日子特别有意义，特别有价值。

希特勒的一生，是邪恶的一生，反动的一生。但是，不能说他一生中所说的一切话都是反动的，都是没有价值的。上面这一段话就具有一定的科学性。希特勒能驾驭他的狐群狗党，比他们棋胜一着，就在于他有类似这种"求知艺术"的诀窍。

要研究希特勒的独特的思想形成之原因，倘若多从他身上找些"求知艺术"的诀窍，那就能比较深刻地解剖希特勒复杂的头脑。

一个人在生活过程中是不知不觉地形成自己的世界观，潜移默化地产生自己思想的飞跃。同是一个环境，受同样的教育，读同样的书，接触同样的人，但是不同的人，在同样的条件下吸取着不同的养料。这是因为人的思维力、观察力、理解力、判断力、模仿力的不同。同一件事，不同的人可以从不同的角度去观察它，从而得到不同的结论。

看来，希特勒的思想从黑格尔、尼采、瓦格纳、张伯伦的作品中都吸取了自己感兴趣的东西，经过自己头脑的消化，形成了他独特的反动世界观。

黑格尔认为国家是"世界精神"的最高表现、国家"对个人有至高无上的权力……"

这类观点可以引伸出马克思的"无产阶级专政学说"，也可以助长希特勒称王称霸的权力欲望。

希特勒的亲密朋友、忠实信徒、私人秘书鲁道夫·赫斯在一篇得奖的学术论文《领导德国恢复旧日光荣地位的人应当是怎样一个人？》中，写了这样一些赤裸裸的话：

独裁者在广大群众中间扎根越深，他就越能了解在心理上应该怎样对待他们，工人们也就越不会不信任他，他在最活跃的人民阶层中也就会得到越多的支持。他本人同群众并无共同之处；像一切伟人一样，他有伟大的人格……必要时他不会怕流血而退缩。重大问题总是由血和铁来决定的……为了达到他的目标，他不惜践踏他最亲密的友人……立法者必须严酷无情……必要时，他可以用他的军靴踩着他们（人民）前进……

当希特勒看到这段话时，他一定频频地点头，他的一生就是上述这段话的实践（可能有许多"领袖"都是这样）。希特勒是位出色的心理学家，他以血和铁造就了他的第三帝国。

所以，美好的知识，可以产生邪恶，也可以孕育英雄。

例如，一个真正的革命者也可以从鲁道夫·赫斯的话中吸取丰富的养料：社会的先驱者应该以血和铁来开路，决不把自己降到一般人的水平——成为统治者制造的社会舆论的奴隶。

罪恶与美德这一对矛盾，往往是同一环境培育出来的。尽管世界上像万花筒似地向我们展示了英雄和无赖，但是，研究他们世界观的形成，却并不是一个非常复杂的问题。

话说回来，希特勒的"求知艺术"却是一切希望有作为的人值得借鉴的。事实上，一切有作为的人也必定是这样做的，不过希特勒把它作了笔头总结。

厚厚的一本书，使我们感到兴趣的或许只是几行话、几段话，它们值得我们深思并镌刻在脑海中，而对于书中其它的内容，不过是过眼云烟。

人的精力有限，人的记忆力有限，在汪洋大海般的知识领域中去芜存精，是获取知识的捷径，是健全思想方法的诀窍。让我们追求知识、追求真理，百尺竿头，更进一步。

屠夫的乐曲

希特勒在《我的奋斗》第二卷结尾中写道：

重挖刚刚收口的疮疤，是没有好处的；……重提那些在心底里也许都同样热爱国家而仅仅不了解共同道路的人的过错，是没有好处的。

这段话说得何等的冠冕堂皇，真是屠夫的乐曲。可是，这位独裁者，在他行动的时候，就忘却了自己的墨言。"言"是为了博取社会舆论对他的信任，"行"是为了实现他自己的罪恶目的，言和行能否一致，希特勒从来不放在心上。"信誓旦旦"不过是书生意气，在希特勒之流看来，要想在政治舞台上有所作为，就要翻手为云、复手为雨，凡能实现自己目的的言和行就是正确可行的。

希特勒在他娓娓动听的言辞中，声明不愿重提那些同他一样热爱国家而不了解共同道路人的过错，这在他没有发迹的时候，颇能迷惑一些人，使人以为他是一个胸怀豁达的高尚人。可是，一旦他得志，希特勒不但没有放过那些不了解他的道路的人，连那些与他同邪恶共患难、在共同道路上相依为命的人，也都成了他的网中鱼、笼中鸟，遭到各种悲惨下场。

希特勒的所作所为在历史上并不罕见。统治者为了达到自己的目的，需要网罗一批人，一旦目的得逞，狐群狗党常常成为绊脚石，为实现自己的独裁，只有把一切貌似"野心家"的战友都心狠手辣地一一摆平。独裁者的心胸深不可测，在他们那小小的脑袋中，瞬息万变的诡计一般人不容易揣摩得出。于是，"明枪易躲，暗箭难防"，君臣之间演出了各种悲剧。

"狡兔死，走狗烹；飞鸟尽，良弓藏。"中国封建社会总结出了这条君对臣的血的规律。范蠡是个真正的政治家，识透了最高统治者的心理活动，于是，在政治舞台上实现自己的抱负以后退出血肉践踏之地；而浅见的文种，尽管在治国治政上与范蠡一样有才华，但在识君上却比范蠡差一筹，从而惨遭横死。"狡兔死，走狗烹"，是社会制度孕育了这种悲剧，决不能怪范蠡明哲保身。要铲除"狡兔死，走狗烹"这种现象，必须变更独裁制度，但是，要彻底杜绝这种悲剧，不是一般制度能达到的。

从希特勒这一段短短而动听的话语中，可以发现，希特勒是一个才思敏捷、思维开阔的人，什么样的问题都会在他头脑中思考。不能否认，希特勒这段话的确说得言之有理。是的，和自己一样热爱祖国的人，即使和自己有一样远大目标的人，未必会和自己走共同的路，未必理解自己的事业。因为，同一个目的地，要达到它，是可以走不同的路的，说只有一条路正确，那是封建正统观念在作祟。那么，如何对待和自己有一样的目标、却要走不同路的人，这是一个历史上永远在探讨的问题，谁也难以回答。问题在于一旦你对政敌慈仁，政敌反而可能会咬死你，这就给回答上面这个问题蒙上阴影。

我不由想起屠格涅夫，他反对农奴制度，但是他反对用鲜血来进行革命。那么，主张用鲜血来进行革命的人，非要把屠格涅夫置于死地吗？看来，大动荡时期，一切事物是不能以事先定好的框框来死套。我只希望，随着制度的进步，邪恶的事物将逐渐扫进垃圾堆。

淫威与羔羊

希特勒兵不血刃地征服了奥地利、捷克斯洛克以后，即把他的矛头对准波兰。希特勒的野心如此地赤裸裸，但是，为什么他狂妄的野心能够步步得逞呢？现在看来，如果当初被他侵略的所有国家的军事力量都加在一起，摧毁德国非常容易，但是他们一个个在看着别的国家被希特勒侵略时，并不以为下一个就是自己。结果是，它们一个一个都先后遭到希特勒铁蹄的蹂躏。

世界上一个国家或者一个人所遭遇的灾难告诉我们，一旦淫威已经露出狰狞面目的时候，可惜的是许多明哲保身的大小人物，首先想到的并不是去反抗淫威，而是只想到如何不成为淫威血盆大口的羔羊。只要自己的利益不被侵犯，无论淫威怎样肆无忌惮，都不敢指责淫威丝毫。更加卑鄙和悲哀的是，甚至还要向淫威求媚拍马，在已经遭遇宰割的羔羊身上踩上一脚。"明枪易躲，暗箭难防。"淫威者的暗箭胸有成竹，而鼠目寸光的人在淫威面前交械，只满足于一时的甜头，却没有想到暗箭在对准自己。对别的人、别的国家在耍阴谋的狂妄者，它日自然也会对自己耍阴谋，可惜浅薄的人却往往考虑不到这一点。

希特勒以他锐利的政治攻势，一个一个地吃掉了弱国，就在于一盘散沙的弱国沉睡在梦中，一旦醒过来时，自己已经成为虎口之羔羊。希特勒这个邪恶的心理学家，抓住弱国统治者的心理缺陷，使自己登上淫威最高峰。在淫威面前，不是挺身而出为真理而战斗，就必然成为淫威的羔羊。国与国是这样，人与人之间也是这样。历史一再向我们敲响着这个警钟，但是人们还是很健忘！

历史不断地在重演着，悲伤和感叹都无济于事！社会由人构成，人有弱点，而狂妄者由于善于抓住别人弱点而使自己胜人一筹。所以人世间悲剧的发生在所难免。

名词与现实

希特勒说（1922 年 7 月 28 日演说）：

任何人只要准备以民族事业为己任，再没有高出于民族福利之上的理想，只要了解我们伟大的国歌《德意志高于一切》的意思是，在自己心目中世界上再没有任何东西高出于德国、德国人民和德国土地之上——这样的人就是社会主义者。

看来，从马克思创立了共产主义学说之后，社会主义、共产主义成为新生事物之后，无数的煽动家在自己的政治演说中，都喜欢用这个新名词，给自己的事业披上红色外衣。

希特勒也来赶时髦，也对社会主义来下个定义。他以民族事业作号召，来唤起人们对于他所宣扬的事业的崇拜和热爱。说穿了，他的德意志高于一切，实在是"我"高于一切、领袖高于一切；他的社会主义，事实上是个人独裁一切。只不过当社会主义这个词儿刚刚出笼，在广大人民还没有对这个词儿充分了解前，他拾起这个人民心目中美好的词儿，为自己涂脂抹粉、笼络人心。

希特勒善于抓住群众的心理欲望和爱憎。他深知，富有号召力的新生事物在群众的心地中生气勃勃。社会主义使备受统治者压迫的群众感到人间有新的希望，因此，这位邪恶的心理学家，便处处以社会主义者自居，把自己打扮成为救世主！既然他是为德意志奋斗一切，按照他的逻辑，他不就是天下第一号社会主义者吗？从某一角度来看，爱国主义是最能蛊惑人心的，爱国主义常常是统治阶级实现自己意志的嘹亮的军号。希特勒抓住这个历史经验，大肆宣扬民族狂热精神。正是以民族狂热精神为立足点，希特勒给社会主义者下了上述定义。

社会主义这个美好的名词，可以被希特勒盗用，难道就不可以被他人盗用吗？可以被希特勒这样肆意解释，难道就不可以被他人肆意解释？可惜，这个活活生的教训不容易被人接受和深入研究。一旦人们陷入统治阶级设下的陷阱以后，往往都难以自拔。人们被虚假的名词迷惑，难以识别真和假。名词与现实之间被划上等号，从而演出了种种社会悲剧。

马克思建立共产主义学说，这是一次社会史上的理论革命。它的核心思想主要有以下几点：生产资料公有化；消灭贫富悬殊；消除等级差别；改造人们的思想；使人人都具有高尚的品德，使社会成为一个忘我的社会——这个忘我，不是湮没人的本性，而是克服人的自私性和狭隘性这些弱点。这个理想是人们从有文化以来就为先驱者神望和探索，不过，马克思把它理论化了！马克思的发明创造在于指出社会不平等的起源——生产资料的私有制。

但是，统治阶级真的是以马克思主义作为自己行动的指南，还是盗用马克思主义的名义，作为实现自己野心的红色外衣？那可是一个变幻莫测的大问题，其中的奥妙无穷无尽，政治家、历史学家大可以作深入探讨。即使统治者真的信仰马克思主义，那么对马克思主义的解释也表现了统治者的意志。统治者可以从各国历史上暴虐的独裁者那儿吸取养料，也可以从中国富有魅力的孔孟之道里面拾取垃圾，然后结合自己的性格、品质、作风，运用贯通，演出各种各样的政治游戏！

如今，社会主义仍然是个美好的词眼，世界上无数标榜先进和革命的国家都喜欢用这个词眼，于是，就有了各种牌号的社会主义国家。可是，名词与事实之间能否划上等号？愿各国的理论先驱者作认真的探索吧！

我深深地希望，有思想有品格的人，不要跃入"社会舆论"的大海洋！我们应该冷眼向洋看世界，任何问题都应该多问一个为什么？请大家努力做到吧！

五、论杜布切克的悲剧

（写于 1974 年 11 月 3 日）

杜布切克的悲剧震动了全球，我无法对杜布切克的行动来个全面评价，因为我手头没有什么有关他的个人资料。而对于来自官方的消息，我多半要打上一个问号。世界上，对杜布切克的行动，有人赞美，说他给布拉格带来春天；有人愤慨，责备他进行资本主义复辟。我不愿意步这些舆论的后尘，仅仅在这儿写些不合时代潮流的个人见解。

我认为，杜布切克的行动虽以悲剧告终，但他的悲剧将在世界历史上、捷克斯洛伐克历史上，写下光辉而磨不破的一页，将会有无数的人像老师改考卷一般，对这出人类的悲剧写下各种批语。

　　我认为，杜布切克是一位失败了的了不起的英雄，他的悲剧令人深思。我说他是英雄，并不是说他十全十美、崇高非凡，而是指他敢于冲决藩篱，大胆地将自己的心声付之行动，这就是名副其实、令人敬仰的英雄！别人布设下的铁幕，咒骂它、推倒它，都需要常人所没有的非凡勇气。虽然有的人在推倒铁幕以后，自己也会给别人布设下新的铁幕，但是他的前一个行动总是英雄的行动，而新的铁幕，将会有新的英雄来推倒！世界上从来就没有超世脱俗的人物，评价历史和现代人物，采取"有功就褒，有罪就贬"的态度，这是普通常识。

　　在苏联军队入侵捷克斯洛伐克以后，杜布切克愤怒地说：

　　我以共产党员的名誉起誓，做梦也没料到有胆敢对我们采取这么卑鄙手段的家伙！

　　短短的血泪话，道出了杜布切克悲剧的实质。

　　看来，杜布切克的失败，部分原因是牺牲于自己思想方法的"幼稚"和"狭隘"！

　　一位富有政治斗争经验的政治家，大祸临头时说出这样的话，他的悲剧的意义就更加深刻！牺牲于社会舆论之手，历史和现代的许多"大人物"都蹈此复辙！杜布切克是现时代的人，他的话自然显露了现时代的特征！

　　"我以共产党员的名誉起誓"，为什么要以共产党员的名誉起誓呢？这个问题值得我们认认真真地作深入探讨！

　　杜布切克时刻记住他是一位共产党员，认为共产党员是人类美德的化身，共产党员都应该是正直、光明磊落、不搞阴谋诡计的人，他完全接受了他这个时代的社会舆论的教育！于是，他"做梦也没料到"和他同为共产党员的人，胆敢对他和他的国家采取这么卑鄙的手段！

　　看来，杜布切克没有懂得"共产党"这个名词的真正含义，他和无数的人在这个问题上都应该得零分。

共产党，我现在认为不过是个社会政治斗争、生产斗争的"组织工具"！（请特别注意"工具"这个名词的分量）马克思为实现自己的学术理想，创建了起名为"共产党"的理论工具。事实上，这个"工具"他本来也可以称呼为 ABC 或者 DEF 的。"共产党"对组成自己这个实体的每个分子提出要求——要具有人类的种种美德，同时，开动一切社会舆论工具，让人们认为构成这个共产党实体的每个共产党员分子都具有人类最美好的品德！日积月累，无数的善良人就接受了这个观念——共产党员具有人类的一切美德。在社会主义国家里，社会舆论的教育还产生了另外一个苦辣的硕果：党内党外的人都潜移默化地接受了如此的信条——要听党的话、要跟党走、要热爱党、要维护党的利益、党就在我们的身旁、党时刻在关怀着我们……。这是多么难以揭露而分析不透的社会悲剧啊！社会舆论的长期教育，使人们逐渐忘记"共产党"是一个让政治家说话的"平台"，是"政治斗争和生产斗争"的工具这个最普通不过的道理，而人云亦云，高颂着口号："忠于党！听党话！跟党走！"从而把党达到神化的地步！

人们再也不会去思维：党究竟是不是一个看得见、摸得着的实体？"听党话"这号召谁发出？不"听党话"又该如何解释？"反党分子"的桂冠究竟由谁来恩赐？人们很少想到，他热爱的党是否会操纵在某几个人手里？他听从的"党的话"，是否是某几个人的"圣旨"？党是否和某几个人划上了等号？人们沉醉在社会舆论的大海洋里，连一些最普通的道理都忘却了！我常常想：马克思在天之灵，无论如何想不到他的学术理论，竟会产生如此硕果！竟会成为人们的精神枷锁！他如果活到现在，他可能会受不了，或许他也会成为一个"反党分子"！

共产党的创始人给共产党员定下这样的基调——共产党员应该具有人类一切美好的品德。但是，舆论是舆论，理论是理论，事实是事实，参加共产党的人未必都具有人类的美好品德！可哀的是，人们难以透过社会舆论的纱幕去看政治斗争的实质！尽管历史一再告诉我们：高喊口号的人，实际行动中并不一定接受自己所高喊着的口号。在社会舆论的宣传支配下，这教训往往被人们忽略或者忘记，也可能让人们失去了本来属于自己看问题的思想方法。

苏联的一小撮统治者是共产党员，但是苏联共产党已经沦落为他们手中玩弄的工具。杜布切克怎么能因为他们和自己一样被称为共产党员，就认为他们和自己一样光明磊落，而失去应该有的警惕并对他们存在各种幻想呢？

马克思创建了共产党学说，他无论如何也不会想到，"共产党"这个他心目中最美好的字眼会被别人玩弄！马克思做梦也没有想到，他认为的光明事业竟会有它的反面——"共产党"这个名词和这个组织成为玩权者欺骗人民的盾牌！

杜布切克和历史上的统治者一样，是社会舆论的鼓动者和制造者；同时，也和历史上的某些统治者一样，牺牲在自己制造的社会舆论的棍棒下！貌似强大并且能动量深远的"社会舆论"，有多少人能洞若观火般地识透它！历史的悲剧一再在重演着，无数的政治家、革命家、军事家、哲学家、历史学家、文学家……都向"社会舆论"低下了头！

具有美好名词的事物，并不一定真正美好！

和自己标榜为同类项的人，并不一定是自己的同类项！

识破一切假象，认清事物的本质，这是人们应该努力做到的！

破除迷信，不犯"崇拜偶像病"，这是人们应该努力做到的！

砸碎一切高不可攀、咄咄逼人的偶像，从现实斗争中吸取力量，为社会的进步鞠躬尽瘁，这是正直的政治家们应当努力做到的！

六、从捷克斯洛伐克的政治悲剧说起

（写于 1975 年 5 月）

捷克斯洛伐克于 1968 年所发生的政治悲剧，值得当代政治家与历史学家作一番认真的解剖。在这幕悲剧里，我们可以充分看到霸权主义倒行逆施的滔天罪行。挂着社会主义的招牌，干着无赖的勾当，勃列日涅夫及其同伙在这一页上成为历史的罪人。

类似于捷克斯洛伐克的政治悲剧还会在国际政治舞台上重演，这是因为干涉他国内政和入侵他国竟被披上"国际主义的无私援助"这件漂亮的外衣。

波兰犹太人欧文·魏特的著作《目击者——哥穆尔卡译员的自述》值得一读。书中"给杜布切克的最后通牒"一章，作者向我们揭露了于 1968 年 7 月召开的华沙五国首脑会议的内幕，给我们提供了一定的历史资料。

看完这一章以后闭眼沉思，勃列日涅夫、哥穆尔卡、乌布利希、卡达尔、日夫科夫等人的卑鄙形象就浮在我的脑海里。华沙五国首脑会议上他们的一举一动，赤裸裸地反映了这些当代政治人物的丑恶本质，反映了这一"社会主义"集团的致命弱点。

苏联头目是这次会议的指挥者，如何对待捷克斯洛伐克国家领导，在会议前他们已经胸有成竹。不过他们还需要在会议上将自己起草的"圣旨"，与走卒们协商、讨论一番，从而披上联合行动的外衣。勃列日涅夫骄横跋扈、气势汹汹，在"原则问题"上他不会有丝毫让步和妥协。

而哥穆尔卡等人因为这一次挨整的羔羊没有轮到自己，所以奴性十足——这些苏联卫星国的首脑，在会议上表演了奴才的角色，胆颤心惊、谨小慎微，唯恐违背主子的主意。

明明会议决定每个领导人发言应该包括两部分内容：形势分析和行动建议，可是，第一个发言的波兰的头头哥穆尔卡，有意略去了第二部分，他不愿意在别人没有摊牌前对应该采取的措施承担责任。

作为共产党员，在兄弟党的会议上发言，本来是不应当躲躲闪闪、有所顾忌，阐明自己的观点是自己应尽的职责。但是，长期来，在共产党集团的政治生活中出现了这样一种悲惨状况：无数意志薄弱、私心重重、缺乏胆略的共产党干部（包括大小头目），在多年的政治生涯中，在一种无形力量的控制下，已经心甘情愿地成为两面派。只要事情不涉及个人，那么顺着主子的思路说话，是明哲保身的最好处方。很多人，在还没有弄清楚要做的事情的真相以前，就已经仰着主子鼻息，亦步亦趋，争当货真价实的打手。可是，历史一再告示：今天是主子的打手，明天可能就是挨整的羔羊。可惜这些健忘又缺乏灵魂的人，在充当打手时，忘了当羔羊的滋味，而卑劣的本性，却决定了他们声嘶力竭地要当好打手这个角色。反正今天挨打的是别人，怎样打法都与自己无关，重要的是自己如何表现坚定的立场。

哥穆尔卡之流在这次会议上的表演，完全是他们国内政治生活的重演。不过，在国内他们是主子，别人是奴才；而今日，却委屈地当奴才。

匈牙利的头头卡达尔这回当了奴才中的英雄。他在发言中指出：

同意写信给杜布切克，但是任何超越写信的行动，将会给整个共产主义运动和捷克斯洛伐克国内带来严重后果。

应该说，卡达尔的发言非常婉转并且语气温和。但是，即使这样的发言，其它奴才也认为越出雷池一步。东德的头头乌布利希马上对其进行谩骂和攻击，他认为，把布拉格的形势说得越严重越好，耸人听闻的言论是完全不必顾及事实真相的。应声虫、保加利亚的头头日夫科夫说得更干脆：

对捷克斯洛伐克不排除"给以军事援助"。

因为卡达尔的发言不合主子的口味，所以会议休息期间，为了表明自己站稳立场，其它国家代表都远离匈牙利人，似乎卡达尔是个麻疯病人。

想到这幕情景，令人悲愤难禁。这些小国的大人物，竟如此懦弱、自私、残酷、糊涂，完全暴露了自己的最大弱点。此时此刻的他们，心中想的只是不要挨主子的棍棒，若是与卡达尔表示亲昵，就会显得自己的立场不坚定，将会遭到主子的疑心。啊，国际政治活动在共产党集团内达到这种不能令人容忍的程度，无怪乎一幕一幕的悲剧在社会主义阵营内演出。

这些卫星国的头面人物，在国内是大巫，但是，在勃列日涅夫这个巨巫面前，却是个洗耳恭听的小巫。哥穆尔卡卑躬屈膝地说：

苏联在社会主义阵营中起着领导作用，因此它也就有权拥有一定的特权。

奴才的捧场，使主子的开腔有了台阶。勃列日涅夫认为自己的说讲是：

以两亿苏联公民的名义，不，两亿以上苏联公民的名义，以全世界所有优秀共产党人的名义，以我们星球上一切进步力量的名义。

"我即进步人类"是勃列日涅夫采取一切行动的挡箭牌；"凡是对我们事业有利的事情都是正当的"是勃列日涅夫的处世哲学。

主子与奴才，一唱一和，一吹一捧，相辅相成，狼狈为奸，演出了个人的滑稽剧，演出了人类的悲剧。

勃列日涅夫在华沙五国首脑会议上泛泛而谈的讲话，正如他在国内政治活动各种场合讲话一样信口开河。公式化的语言，是他的家常便饭；八股文，在他的政治百宝箱里取之不尽、用之不完。

欧文·魏特的话真是画龙点睛：

　　这些（听报告）的高级官员必须有一个训练有素的屁股，必须遵守不成文的礼节，必须以"极大的兴趣"倾听兄弟党代表的发言，当讲话人只要大声说完一句话而后停顿片刻时，听众要给予"暴风雨般的掌声"。

　　这种政治弊病，在这些国家里泛滥成灾，人人都感到厌恶，人人又都习惯，人人又都在重演，这是共产党国家的时代悲剧。

　　勃列日涅夫无有新内容的发言，已经使听者生厌，即使是各国首脑，他们也具有人的生理症状。日夫科夫感到疲劳，放下听筒开了小差。勃列日涅夫立刻像教师般瞪了日夫科夫一眼，于是，日夫科夫赶紧抓上听筒，成为全神贯注听训话的小学生。

　　勃列日涅夫作报告，日夫科夫听而生厌，训练有素的屁股自然难免发痒。此时，日夫科夫尝到了听八股文报告的苦；而当日夫科夫在国内作报告时，小奴才们也得锻炼自己的屁股。

　　疲惫的一天终于结束，戏演到了剧终：五国首脑在俄文本的最后通牒上签字。

　　试问，哥穆尔卡等人对这份通牒的全文认认真真地作过仔细推敲了吗？他们预料过自己的行动将会带来什么后果吗？不！他们不过是完成了充当打手的任务。可曾几何时，挨整的羔羊轮到了哥穆尔卡、乌布利希。

　　共产主义本是美好的理想，但是这些又是主子又是奴才的所谓共产主义信徒，他们登陆的彼岸并不是善良的人们心目中的共产主义。他们登陆的彼岸是法西斯独裁的孤岛。他们挂起金光闪闪的招牌，给自己披上五彩缤纷的袈裟，使幼稚的人们对他们顶礼膜拜。可是拙劣的伎俩掩盖不了他们致命的弱点，历史将会给他们下判断。

　　感谢欧文·魏特写的下面一段文字记录：

　　在六十年代初的一次两国政府会谈中，乌布利希向哥穆尔卡介绍了一种权术斗争策略："我们发动了一场大的运动，即使这是毫无根据的。我们运用了所有宣传工具来攻击我们的反对派。三个月后，我们使运动停了下来，一个字不再提它了。但是，受了攻击的人，身上沾点泥浆，这对我们是非常有用的。"

这是一段能使政治上幼稚的人们擦亮眼睛的招供词，无数的国家统治头目就是在演着乌布利希的把戏，制造迷魂阵，欺骗善良的人们，以使自己愚昧残酷的统治能维持下去。

欧文•魏特的书，能引起我们对许多问题的思考，他从某一个角度反映了世界中存在的极不正常的政治生活。

欧文•魏特本是一个马克思主义的忠诚信徒，他是一个共产党员并且担任波兰记者协会党组织书记，同时是上层领导的高级翻译。他从不愿意参加党组织生活开始，到离开生活了数十年的祖国，叛变了自己的信仰，这是一个痛苦的、迈长的、复杂的过程。愿未来的历史学家在解剖这个年代国际政治风云的同时，也多多注意像欧文•魏特这样的人的变化吧！**请记住，社会是由人构成的，人离不开社会。**

（后记：今天，回过头来看这篇文章，不由人感叹万分：从 1949 年"新"中国建立起到"四人帮"垮台前，中国政治舞台上演出的许多悲剧和这篇文章中的情景有许多相似之处。极端不正常的政治生活使我们国家许多领导人噤若寒蝉，不敢以人民利益为重而发出自己应有的心声。淫威却越来越嚣张，终于导致人类历史上史无前例的"文化大革命"的悲剧发生。我已经忘记写这篇文章时前后的内心思想活动，但是，现在看来，我认为自己当时是切中时弊的。如果这篇文章当时被别人发现，我想，这篇文章完全可以被按上"借外非中"的罪名，而将我投入黑暗的牢狱之中。——写于 2004 年 7 月 27 日）

七、人的可塑性

（写于 1972 年 11 月 18 日）

我深深地爱着我的母亲。她是中国千百万劳动妇女的一个典型，在她身上集中反映了中国劳动妇女的优秀品质——勤劳、善良、热情、坚强、朴实、真诚。她在工作岗位上是一位出色的工人；她在家庭中是一位慈爱善良的母亲；她在同事中是一位正直无私、助人为乐的好人。

随着社会的变化，母亲的精神面貌不断地在起着变化。从母亲身上潜移默化的变化，以及"文革"中我所看到的各类人的变化，使我深刻地体会到了我们社会中存在的一个最普通的现象——**人的可塑性**。"人的可塑性"最集中表现在：**对人施加什么样的教育，便会在其精神面貌上发生什么样的变化！**

记得在我少年时代，母亲还是一个非常"迷信"的妇女。例如，使我感到一件非常有趣的事情是：在我们兄弟姐妹小的时候，每天吃完饭以后洗脸，母亲一定要我们先洗脸（请现在的读者不要发笑，那时候，讲究节约，一家人合用一盆水洗脸），然后她才用我们的洗脸水洗脸，说什么如果她先洗，对孩子不利。我们听了以后，感到很好笑。比如，母亲每天要吃早素，说这样对孩子成长有好处。

社会进步了，母亲的精神面貌发生深刻的变化，这一套旧的陋习也就被彻底打破。

1958 年母亲走上工作岗位，对工作无比热爱。记得在我读高三时，母亲出了一次工伤。母亲做冲床，机器把她的大姆指压伤。那时，工厂里正在展开竞赛：谁的生产小组有人报了工伤，那么，这个小组就不能够评上红旗，就拿不到奖金。为了不影响小组的荣誉，母亲忍受痛苦，坚持上班（用这种竞赛来刺激人的积极性，明明出了工伤，领导闭着眼睛让工人上班，是完全错误的行政管理）。

为什么同是一个人，前后的精神面貌差异会如此大呢？归根到底，这一切完全是社会教育的结果！

朴素、善良的劳动人民，最容易接受统治者和社会加于他们身上的教育。

例如，在"文革"前，人们普遍认为，领导代表组织、代表党，他们的意见就是组织和党的决定，谁反对领导，谁就是反对党（进一步就是反革命）。这种观念使很多人成为领导的驯服工具。

例如，"文革"初期对资产阶级反动路线进行了猛烈的抨击，使人们对领导与被领导的关系、"革命"与"反革命"的关系等许多问题进行了深入的思考！

例如，"文革"前，在单位里，积极分子、骨干等称号是令人羡慕的；而"文革"中，"革命造反派"忽然变成一种光荣的称号，"老保"变成可耻的名称。谁都希望自己被人列入"革命造反派"的行列，而不要被划入"老保"的圈子。戴人高帽、抄人家庭、砸"保守派"组织、让人"坐喷气式飞机"、挂人牌子……，成为某些"革命造反派"的荣耀。

例如，"文革"中，忽然出现了封建社会才可能有的社会现象：每天早晨职工上班的第一件大事情，就是向毛泽东像请示：手捧"小红书"、读"效忠书"、祝福"万寿无疆"、行鞠躬礼、跳忠字舞。人人都得这样做，不管你心里是否逆反。

例如，"文革"中，有一段时期曾经大搞"红海洋"，把工厂的围墙、商店的门市都油漆得红红的，认为唯有这样才是突出政治（因为毛泽东思想是红彤彤的）。谁不搞"红海洋"，谁就是对毛泽东不忠。学校里、工厂里、机关里、教室里、办公室里、家庭里、马路上，到处都是毛泽东的像和语录，似乎只有这样，才能表达对毛泽东的热爱。有一个时期，连窗子的玻璃上都要贴上带有"忠"字的红色窗花。

诸如此类的种种社会现象，能够在社会上风云一时，能够变成社会的一种潮流（无论这种潮流的动态是否正常），为什么呢？就因为人是社会教育（社会舆论）的产物，就因为**人是可塑的**！

所以，统治者历来非常重视社会教育（社会舆论），社会教育（社会舆论）的得和失，足以影响统治者政权的强和弱。

社会一定要进步，旧的社会教育不可避免地要被新的社会教育所代替。从量变到质变，不断地发生飞跃。

倘若现实的统治者扼制社会教育（社会舆论）的进步，那么，社会的发展就要缓慢，人民的精神面貌就会受到束缚，可怕的思想僵化就会出现，人云亦云、随波逐流、口是心非、浮夸虚假的社会通病就得以泛滥。所以，想推动社会发展的统治者，千万不应该把控制社会教育（统一社会舆论）的大权肆意糟蹋、随心所欲。倘若对控制社会教育（统一社会舆论）的大权进行独霸，那么这些统治者必定走向历史的对立面！

只要人们还有思维的能力，只要人们还有爱国心，只要民心不死，那么，人们就要对现有的"社会教育"进行独立思考。历史无情地告诉我们，思想的自由驰骋、"社会教育"的真正进步，是任何反动力量阻挡不了的！

（后记："文革"是一场灾难，社会教育（社会舆论）被彻底异化。如今，权力、人脉、金钱成为社会的一个硕大无比的网，任何人都难以冲破这个网！一切向钱看，人成为金钱的奴隶，成为社会负面现象。这些年来人的精神面貌的变化，再次使人深刻地体会到：人是可塑的！——写于 2004 年 8 月 4 日）

八、"社会舆论"漫谈

（写于 1973 年 2 月 15 日）

"文革"十年中，左右社会的"舆论"，不是真正的"舆论"，它完全由最高统治者随心所欲地运用权力来制造，是"权力舆论""强人舆论"，"伪舆论"。"思想牢笼"囚禁着人的思想，我却没有畏惧地写下了此文，对统治者的"权力舆论"进行了思考。

赫胥黎着的《进化论与伦理学》一书中，有这么一段话：

只需要观察一下我们的周围，就可以看出，对人们的反社会倾向的约束力并不是人对法律的畏惧，而是对他的同伴的舆论的畏惧。

这段话，说明了一个深刻的社会哲理。

法律由统治者制订，用来国家的治理和维护社会的秩序。但是，有多少个普通人对国家的法律进行过常识性的学习呢？人们只知道"杀人、放火要杀头，要坐牢"这些最普通的法律常识，而左右人们行动的最大社会力量，却往往是看不见、摸不到的社会舆论，其产生的能动量甚至无法估量。在某种程度上，社会舆论产生的能动量比统治者行使权力还厉害，法律见了社会舆论甚至有时都会逊色三分！

举一个古代的例子吧！李世民是我国古代帝皇中，一个以善于纳谏、知人善任著称的政治家。他以非凡的才智、豁达的胸怀，开创了唐朝生气勃勃的盛世局面。

他年轻时，前后历经数十战，出生入死，为唐朝的建立立下了汗马功劳。由于他不是长子，所以李渊的接班人只能是长子李建成，而李世民仅仅被封为秦王。

　　李世民的兄长李建成、弟弟李元吉，妒忌李世民功高盖世，屡次想杀害李世民。天长日久，李世民与他的幕僚都感到被李建成暗算谋害的大祸已经迫在眉睫。于是，李世民的亲信劝告他先下手为强，可是，李世民总是犹豫不决，认为李建成的阴谋还不够明朗，如果自己先下手杀人，将来要被千秋责罚，社会舆论将会给自己扣上一顶"弑兄篡位"的罪名。李世民的亲信们议论开了："使舜浚井不出，则为井中之泥；涂廪不下，则为廪上之灰，安能泽被天下，法施后世乎？是以小杖则受，大杖则走，盖所存者大故也。"李世民仍然犹豫再三，命卜之。幕僚张公谨自外来，取龟投地，说："卜以决疑，今事在不疑，尚何卜乎？卜而不吉，庸得已乎！"

　　李世民经过剧烈的思想斗争，终于下了决心，与亲信们定下计策，在玄武门发动事变，杀了李建成、李元吉，得以继承大统。

　　李世民敢于带兵反对隋朝，而对"杀兄登位"的行动却为何如此犹豫彷徨呢？使他畏惧的就是那强大的社会舆论——他不是长子，不是正统的继承者。

　　又比如汉朝王莽登基，颇费一番心机。他先是笼络太后，立襁褓之帝，自谓摄皇帝。进而改称假皇帝，后来再借神符等巧妙手段废除幼帝，自立为帝，改国号为"新"。在幼帝出宫时，他亲执孺子手，流涕唏嘘，哀叹良久，说："昔周公摄位，终得复子明辟，今予独迫皇天威命，不得如意。"为什么王莽要如此"披善衣假惺惺"呢？不也是在那根深蒂固的正统观念面前低下了头吗？

　　"文革"初期，"资产阶级反动路线"猖獗之时，许多无辜的人被打成"牛鬼蛇神""黑帮"，而被押上"审判台"，挂牌示众、挨批挨斗。那时，一批自认为阶级斗争立场最坚定的运动骨干，大写批判文章，大做高帽子，对着一些"牛鬼蛇神"开炮，美其名曰："经受阶级斗争的洗礼！"此时此地左右人的社会舆论是：必须和"牛鬼蛇神""黑帮""反革命分子"划清界限，谁同他们往来、谁对他们表示同情，谁对他们批判不力，那就是敌我不分、阶级立场不稳。于是，许多人为了表明自己对敌斗争的坚定性，就远避这些"牛鬼蛇神"。即使平时和"牛鬼蛇神"十分亲近的同事、朋友，在路上遇到他们也不敢和他们讲话，形同陌路，即使胆子大一点的人，敢于同他们说上几句话，也要看看周围有没有运动的骨干在附近。强大的社会舆论左右着人的行动。

可是，正在"资产阶级反动路线"甚嚣尘上的时候，突然，相逆的运动来了，"资产阶级反动路线"受到了自上而下的批判。无数无辜受害的群众得到"平反"。他们向"资产阶级反动路线"进行血泪的控诉，工作队、当权派成为执行"资产阶级反动路线"的被批判者，原来运动的一批骨干和积极分子，现在被人称为执行"资产阶级反动路线"的打手和知情者。放在他们面前的任务是起来揭发、批判"资产阶级反动路线"。运动的锋芒转向当权派、工作队和知情者。一反常规，大大小小的当权派都成了被批判的对象，成为过街老鼠。群众责问他们"几年来整了哪些群众？是否隐藏黑材料？……"群众要他们交代罪行。此时的社会舆论转变了方向：谁起来造当权派的反，谁就是光荣的"革命造反派"，"革命无罪，造反有理"的口号传遍全国。而原来那些执行"资产阶级反动路线"的人，若是不肯反戈一击，那就要被"革命造反派"冠以"老保"的帽子。这样一来，在社会舆论的鼓动下，"老保"变成令人厌恶的称呼，"革命造反派"变成响当当的牌子。谁都不希望自己被人称为"老保"，拼命地表白自己是一个响当当的"革命造反派"。此时此地，每个人都远离当权派、工作队头头，认为他们是走资本主义道路的当权派，和他们接近会被"造反派"说成是"保皇派"，说成同走资本主义道路的当权派勾勾搭搭。

"文革"在不断的进行着，"清队运动"来了，又有无数人被各种罪名揪了出来：特务、叛徒、假党员、黑手、小爬虫、两面派……。于是，造反组织中的骨干开始担忧，不知道自己何日也会被关进学习班？而原来的"老保"们却又兴高采烈活跃起来。

"文革"中，无数的人就这样始终被社会舆论所左右着。他们的思想动态忽然左、忽然右，随着社会舆论的动荡而上下起伏。

啊，人们为什么会如此容易地被社会舆论所制约呢？包括大大小小的执政者、当权派、知识者在内。即使意志刚毅、富于洞察力的人，也往往会被潮水一般汹涌的社会舆论迷惑。

社会舆论干扰着人们对各种问题的思考，制约着人们的行动，决定着人们的是非观念。社会舆论无孔不入地起着伦理作用。

我永远不会忘记这样一件事情："文革"初期，大破"四旧"。人在马路上行走，凡是被"造反派"认为"怪发型"的人，都会被"造反派"剪掉头发去掉"发型"。有一位女青年在理发店刚刚理好发，长波浪的，很漂亮。理发员得知外面马路上学生正在破"四旧"、大削"包头"，就劝告她不要出门，要给她在店里把头发重剪，女青年坚决不肯。她一走出店门，学生就包围上来，一定说她的头发是怪发，必须剪掉。她坚决不答应，说这是人身自由。于是，在马路上，你挤我攮的，一个要剪，一个不肯。人群越聚越多，挤啊，挤啊，正巧挤到法院门口，女青年朝法院里面一走，要求法院里的同志处理这件事情，但是，法院里的同志回答说，现在法院不管这类事情。最后，女青年的头发被剪了。按照法律，理什么头发是人身的自由，可是，在当时的社会状态下，在那种风起云涌的"社会舆论"面前，此时的法律已经是大大逊色了！

仔细地观察一下，生活中的大量例子，充分向我们说明了社会舆论在人们日常活动中的导向作用。

面临着"威力无穷"的社会舆论，我们应该如何对待呢？

说社会舆论都是积极的吗？说社会舆论都是落后的吗？

说人们应当蔑视一切社会舆论吗？说人们应当俯首听命于社会舆论吗？

正直、坚强而理智的人，善于对社会的大小问题进行独立思考，在社会舆论面前是巨人，不让自己的命运被社会舆论操纵！他们看问题、处理事情，都是从理性出发，以理性来衡量是和非。坚持真理，修正错误，人应当有权掌握自己的命运。积极的社会舆论，我们应该支持、接受、宣传；而对那些束缚人的精神面貌的社会舆论、千百年来遗留下来的落后愚昧的社会偏见，则应该坚决抵制、反对。

手中有真理，就不必向咄咄逼人的社会舆论屈服！历史上许多思想先驱者，就是叛逆了时代的社会舆论，为历史写下了不朽的篇章！他们在当时或许是"乱臣贼子"，但是，历史会给他们纠偏，还了他们的真实面目。

社会的统治者，千方百计地利用社会舆论，让社会舆论为巩固自己的统治服务。统治者掌握着宣传机器——报纸、书刊、广播、戏剧、电影、音乐、美术……，这些宣传机器就足够他们用来为自己所需要的社会舆论鸣锣开道，让社会舆论纳入自己所需要的"理论轨道"。他们明白，社会舆论一旦冲破他们设下的藩篱，那会是洪水猛兽，将大大不利于自己的统治。

统治者一方面有一批忠诚的信徒为他们摇旗呐喊，为他们制造社会舆论，妄图把人民群众当作阿斗，永远听命于他们的指挥；另一方面，他们又充分利用手中的大权，钳住那些顽驯不羁的"叛逆者"的口。小小老百姓胆敢逆浪而行，敢于与当权派唱对台戏，那么，一批御用文人将会和他们大打出手，监牢将在等待着逆浪而行者。

文章写到此，虽然意犹未尽，但由于水平有限，准备收敛了，让我以下面几句话来作结尾：

怎样使社会舆论真正掌握在人民群众手中，为推动社会的飞速进步、为提高人民的思想觉悟与开阔视野而服务，不再为统治者的一家私利而开路？

这是社会科学的一个大问题。让我们更好地研究历史和现实来回答这个问题吧！

（后记：在"文革"年代，面对统治者制造的强大的社会舆论，当我对种种问题的见解与统治者的意志背道而驰时，我的内心世界不可能没有矛盾，我陷入痛苦的思想深渊。当时，我看了赫胥黎着的《进化论与伦理学》，就对"社会舆论"的产生与作用进行了思考，当时想破除对执政者运用权力一手制造的"社会舆论"（如今我称它们为"权力舆论""强人舆论""伪舆论"）的迷信，写了这篇肤浅的杂文，表示了自己对"权力舆论"的蔑视与批判。今日来看此文，觉得自己没有这方面的能力来写这样的理论文章。要把众多社会问题联系"权力舆论"作深刻解剖，我有点自不量力！犹豫再三后，我并没有把这篇文章从本书中删去，保留了这篇论说幼稚的文章，因为在当时的时代背景里写这样的文字还是需要勇气的，它毕竟有点思想火花！——写于 2004 年 7 月 31 日，2021 年 6 月 9 日修改。）

九、曹雪芹为什么写了《红楼梦》

（写于 1972 年 11 月）

有一天，我出了一个题目给一位朋友："曹雪芹为什么写了《红楼梦》？"他对我的问话感到很突然，就反问我："你说呢？"

这件事情早已经过去，而这个问题却一直荡漾在我的脑海中。

曹雪芹呕心沥血，以毕生的精力写成了与世永存的文学巨著《红楼梦》。那么，他是本着什么目的写了这本书呢？

无尽的思索带我进入了曹雪芹的那个世界——

西北风狂呼着，似乎要把大地上的一切都抛上半空；雪花不断地下着，白茫茫的一片。在昏暗的孤灯下，曹雪芹正在挥笔疾书。纵然已经是深夜，远处梆声已敲二更。可是，曹雪芹却依然精神抖擞、神采奕奕。他的手已经感到有些麻木，膝盖感到透骨地寒，但是，他脑海中文思滚滚，感情的波澜使他停不下笔来。

　　春风给大地带来无限生气。艳丽的花朵沐浴着温暖的阳光欢乐地微笑，嫩绿的柳丝拍打着微风轻轻地荡拂，小鸟高亮着甜润的歌喉尽情地雀跃，好一派春色啊！可是，春色却唤不起曹雪芹的兴趣，写啊，写啊，撕一页，又写一页。

　　骄阳以它那强烈的日光热晒着万物，炎热的天气使人感到窒息。但是，曹雪芹仍然在屋里挥笔疾书，汗水从他的脸上直往下淌，有时滴在文稿上，使墨迹发生了模糊。

　　时光耗尽了曹雪芹的精力，他的衣带越来越宽。但是，饥寒、贫困却永远夺不去他那充沛的创作精力，曹雪芹不将自己的产儿问世他决不罢休！

　　曹雪芹在一生的辛勤中与世长辞了！他一生心血的结晶《红楼梦》却永远流芳百世！

　　试问，曹雪芹在生前有没有想到他的《红楼梦》能够世世代代流传下去？

　　试问，曹雪芹写此书，是感到自己的锦绣才华无处寄托而借文字露才，还是因为飘泊的一生备尝艰难而借书诉不平？

　　试问，曹雪芹写此书，是为了让这些血与情交织而成的文字来教育人们，让人们深刻地认识世态的炎凉、人生的冷暖？还是感到人间的趣事太多，在百无聊赖中写下这些故事？

　　曹雪芹以他的盖世才华、辛勤劳动为后代留下了宝贵的文学著作。但是，他究竟是自觉还是不自觉地写了这本书，恐怕难以用几句话来作概括。

　　不平则鸣。曹雪芹一生不得志，于是，借文字写出了自己的爱和憎。他写道："满纸荒唐言，一把辛酸泪。都云作者痴，谁解其中味！"他不可能期望自己的著作会世代流。从这个意义上来说，曹雪芹是自觉地写了这本书。

　　而从另一个角度来看呢，曹雪芹是一位大文豪，满腹锦绣才华，需要借"物"表现出来。他需要精神寄托，需要艰苦的劳动。人的本能就是活动。在曹雪芹看来，整日无所事事是人生最大的痛苦。所以，他心甘情愿地年复一年从事文字生涯，他是不自觉地写了这本书。

一个人要使自己有丰富的知识，只有日积月累、持之以恒，才能使自己学富五车、满腹文章。一个人再用自己的知识来开花结果，那就需要付出更加艰巨的劳动。这种劳动只要半途而废，那么，往日的心血就会付之东流水而一事无成。曹雪芹以他非凡的毅力完成了他的劳动。《红楼梦》的每一个字，都浸透了曹雪芹的血和汗，我们在阅读《红楼梦》时，除了要为曹雪芹的才华喝彩，更应该为他春蚕吐丝般的艰苦劳动而击掌。

人，都可以平平庸庸、舒舒服服地度过他的一生。但是，人类因为有一批对理想和事业"鞠躬尽瘁、死而后已"的不平凡的人，社会才会向前发展着。

前人以他们辛勤的劳动和非凡的品质为人类创造了财富，让我们步着他们的后尘，为社会、为历史自觉不自觉地创造财富吧！

曹雪芹不朽！一切成名、不成名的社会巨匠不朽！

十、战斗吧，可爱的人们！

（写于 1972 年 11 月 10 日）

人们在生活的大海里漂流着，茫茫无边，上下沉浮！浪花不断地翻滚着，想把人们吞吃！但是，只要人们还有生命力，他们决不会被浪花吞没！他们搏斗着，坚持着，他们深信，他们一定会到达自己理想的彼岸！

崎岖的路在人们面前伸展着，漫漫长长！走不完的坎坷路，踏不完的铁蒺藜！但是，只要还有那至高无上的爱在鼓舞着他们，人们只要还有思维的能力，就不会在崎岖曲折的路途上停顿下来！他们决不会退缩，走、走，走下去，直至生命的最后一分钟！

狂风呼啸着，暴雨倾打着，黑黑沉沉，昏昏暝暝！风撕雨鞭，苦难不断，但是，人们只要还有那永不磨灭的理想在召唤着他们，他们就要迎着狂风暴雨向前迈步挺进！向着黑暗势力战斗！后退没有路，向前才能有希望！

宝贵的生命——自然界孕育的生灵，一旦降临于世，啊，你们就只有在这充满残酷斗争的大地上为自己开路！路，必须由你们自己去踩踏，没有天赐的幸福在等待着你们去享受尘世间的快乐！

战斗吧，可爱的人们！

（后记："文革"是中国人民的一场灾难，在那个年代生活过的人，深刻地体会了人世间的苦难！阶级斗争把人们折磨得精神变形扭曲，灾难随时随地都可以来到你的身边。后来人无法深刻理解那个年代人们经受的精神创伤。

在乌云密布的当年，有感而发，写了这篇散文。当年原文写得散与长，经过压缩和删减，只保留了《战斗吧，可爱的人们！》初稿的内涵。

我认为，人世间只要有深沉的爱，人们就能生存下去，人们就会去迎接战斗。我深信，乌云遮不住太阳，胜利一定会属于人民。我明白，"白色恐怖"什么时候能够结束，是一个未知数，也许只有等待国家最高统治阶层里面出现"开明君主"发动"政变"，才能结束民族苦难。文章没有华丽的文采，但充满一腔热血。——写于 2004 年7 月 22 日）

十一、血颂

（写于 1973 年 1 月 10 日）

滴水汇成河。那长河，过千山，绕重岭，浩浩荡荡，一泻千里！

人血不是水，但是人血也能汇成那奔腾湍急的长河，浩浩荡荡，一泻千里！

血，如此的殷红，因为这是思想先驱者身上的血！为了探索真理、宣传真理、捍卫真理，他们勇敢地向法西斯统治者宣战，他们不惜流尽那身上的最后一滴血！

血，如此的鲜艳，告诉人们：真理是颠扑不破的！胜利一定属于人民！

人血汇成的长河，后浪推前浪，一浪高一浪，如此的富有生命力！"借问长河那得力如许？为有源头活血来！"任凭法西斯统治者伪装得如何道貌岸然，思想先驱者识得透、分得明！前人倒，后人继，叛逆者永远斩不绝、杀不尽！

战斗吧，可爱的人们！让我们的热血化成那长河中的一滴、百滴！我们决不做法西斯统治者的奴隶，决不做没有思想、任人宰割的睁眼瞎！

听吧，看吧！那人血汇成的长河，奔腾着，咆哮着，浩浩荡荡，一泻千里！

（后记："文革"中文字狱遍地而起，"莫须有"罪名四处飞扬，有许多人为捍卫真理而牺牲了宝贵的生命。在那"革命无罪，造反有理"口号喊得震天响的岁月中，一切有良知的中国人，苦苦地思索着这一场"文革"究竟是不是革命？等待啊等待，盼望啊盼望，什么时候才能解开社会的谜？在压抑的心情中，我写了这篇不是散文的"散文"。我痛苦、迷惑、彷徨、徘徊，我想不通，我的思想为什么竟会和社会格格不入？我犹豫，不知道为什么我竟然大胆地对最高统治者发出异议？我清楚地知道，人血不是水，但是，社会的进步需要勇士的血。我们决不要忘记那些为了探索真理、捍卫真理而流血的英雄。所以，我喜欢这篇没有什么深层次思想的"政治散文"而不想舍弃它。我把原来当年写的《血颂》经过大大的压缩和删减，只保留了《血颂》初稿的最主要的思想和感情。本文与《战斗吧，可爱的人们！》是姐妹篇。——写于 2004 年 8 月 19 日）

十二、也谈"天才"

（写于 1972 年 12 月 20 日）

"天才"问题在一个时期，突然成为我们国家人人都在议论的一个大问题。报纸上刊登长篇文章对这个问题进行讨论，对"天才史观"作了猛烈的批判。现在的社会舆论一股风地认为不存在"天才"。

回忆几年前，"文革"刚开始不久，有些人却大肆吹捧"天才"，把"天才"说得神乎其神，可是，"司马昭之心，路人皆知"，他们吹捧"天才"是为了达到他们不可告人的政治目的。他们把亿万群众当作群盲，随心所欲地左右社会舆论。可是，当时有谁敢驳斥他们？没有人敢明目张胆地和他们公开辩论（社会也不允许），因为他们手中有权，社会的舆论工具完全掌握在他们的手中。

而现在又走向另外一个极端。因为政治的需要，把批判"天才史观"作为一个重大任务来运动社会舆论，似乎根本就不存在"天才"，谁说有"天才"，谁就是中了"天才史观"的毒。

事实上，关于"天才"问题的一场政治游戏完全是政治斗争的需要。至于究竟存在不存在"天才"，这是一个极其简单而又普通的问题。

我们说，某一个人是天才，是赞扬他在某一方面的才能超越了一般人，或者是钦佩他在某一方面为社会做出了卓越的贡献。

例如，曹雪芹，我们赞扬他是一个天才的文学家，因为他写出了文学巨著《红楼梦》。

例如，唐太宗，我们说他是封建社会中天才的政治家，因为他的才能，使唐朝在这个时期的经济、文化出现了封建时代的最高峰。

应该承认，在科学、哲学、文学、医学、戏剧、艺术等各个方面为社会作出非凡贡献的人，他们是社会的天才。

这些天才，他们的天赋必然胜过一般人。所谓的天赋，就是他们在童年或者青年时代就表现出来的、超越一般人的创造力。在他们成长的过程中，又接受了学校、老师、家庭、社会、环境、书本……的教育。他们在接受教育的过程中，对某一门知识的非凡的接受力、敏感力、创造力就渐渐表现出来。他们以自己的品格、意志和毅力，经过自己的辛勤劳动，为社会作出了杰出的贡献。于是，社会嘉誉他们为天才。

天才之所以能够成为天才，在于他们有非凡的毅力，在于他们能够持久不懈地坚持他们的劳动。在长年累月的劳动中，只要他们因为各种原因半途而废（例如，玩物丧志、生活挫折、经济贫困、疾病侵袭……），那么，他们就会功败垂成、一事无成。他们非凡的毅力，需要有内在的力量来支持。他们不断地辛勤劳动，不断地积累知识，他们终于使自己的才能开了花、结了果。

"天才"能够对社会开放出绚丽的火花，需要一定的客观条件。"天才"在没有以他的成就震动社会以前，谁会去注意他们呢？更令人惋惜的是，社会环境常常扼杀"天才"，因为环境不知道他会成为"天才"，所以环境不愿意为他创造良好的条件而赋予他好命运。

一批树苗种在土地上，可能有几棵树苗能长成参天大树。可是，土地的主人并不爱惜这几棵可作为栋梁的大材，而是派来用作家具或者小木凳了！能够抱怨世上没有栋梁之材吗？树的命运不完全操纵在主人的手中吗？"天才"需要社会来栽培、来爱护，因为社会的进步需要"天才"。

"天才"来自于民众。无形的竞争、无形的淘汰，使无数的本来能够成为"天才"的天才，默默地被社会湮没。社会没有选中他成为幸运儿，于是，他只能成为社会的铺路石。又有什么可嗟叹的呢？因为他的身上本来就没有标志能够说明他是一个"天才"。在"天才"没有被社会认识前，他不过是一个平凡的人。或许周围的人根本就不理解他，或许还会指责他、谩骂他，说他的劳动一无所取，更有甚者，说他是社会的"叛逆"。所以，愿人们都高抬贵手，不要扼杀"天才"。

曹雪芹，若是没有人把他的书流传开来，或者偶然地他的著作付于一场大火，他又怎么能够成为社会的"天才"？

唐太宗若是迟疑一步，让他的兄弟先下了手而把他杀死，那么，他又怎么能够成为一代政治家？

马克思若是被政府关进监牢而折磨死，那么又怎么能够有他的学术著作？

统治者在他们当权时，掌握着社会的一切，掌握着被统治者的命运，而"天才"是和社会的命运息息相关的。

"天才"是社会的明珠，他们的劳动推动了社会前进，为社会创造了硕果供社会享受。但是，"天才"又是平凡的，不过是社会在人类中仅仅选出了这么几个幸运的、出类拔萃的人物而已。不必崇拜"天才"，不必没有尺度地歌颂"天才"。

愿社会成为培育"天才"的土壤。随着社会的发展，希望土壤越来越肥沃。

（后记：写这篇文章的时代背景是："文革"中林彪吹捧毛泽东

是"天才"，个人崇拜到了令人厌烦的程度；另一方面，当时的现实社会却又扼杀人才，要求人人都做一颗螺丝钉，党指向哪里，就应该奔向哪里；人不能够对社会问题进行独立思考，人不能够具有自己的思想，人不能够表里一致地表述自己的爱憎，使现实社会万马齐喑。

如今的社会已经改革开放，但是，令人叹息的是，一切向钱看，社会变成金钱的社会，教育成为"产业"，被金钱捆绑，怎么又不叫人悲哀呢？——写于 2004 年 8 月 1 日）

十三、对《重印说明》的思考

（写于 1973 年 4 月 8 日）

社会的种种动态，是时代的产物。这句话在一般情况下并不引起人们的注意。可是，经历过"文革"的中国人民，应当深刻地理解这句话所包含的意义。

我们这一代人，将永远不会忘记这种情况：随着"文革"的开始，无数的书籍杂志、电影戏剧、绘画雕塑……遭到了禁锢和捣毁，灿烂而丰富的祖国文化被无情地蹂躏和破坏。

高喊着"历史是劳动群众创造"口号的当权者，垄断了文化。他们以自己的爱憎以及政治目的的需要，来决定人民文化生活的内容。在"相信群众、尊重群众、依靠群众"华丽词句的掩盖下，剥夺了人民享受文化的神圣权利。一年又一年充斥着文化市场的是千篇一律的政治商品。这些政治商品是社会的典型产物，充满着陈词滥调，令人望而生厌，可是，当权者硬把它们强加在中国人民身上，为的是把他们的政治观点灌输到千百万人民的头脑中去。

创造了文化的中国人民，没有权力享受文化硕果，文化成果的生死大权完全操纵在政治舞台上霸主的手中，这真是亘古未有的一场悲剧——啊，令人记忆永新的一场悲剧！

随着当权者自身沉浮的变迁，慢慢地一些"幸运儿"获得再生：少量的书籍重印出版，如《红楼梦》《西游记》《三国演义》《水浒传》《中国通史》……；绚丽多彩的工艺品重新问世，如雕刻《嫦娥奔月》《牛郎织女》《郑成功》……；具有民族风格的绘画得印以刷，如徐悲鸿的《马》，连环画《孙悟空三打白骨精》……。这些产品的再生，受到广大群众空前未有的欢迎，禁锢后的"小开门"，使人感觉到清香的新空气。

在提倡多学一点历史知识的口号下，《世界通史》一书再版。本着猎取各类知识的目的，我把此书借来随手翻阅了一遍。出乎意料之外，这本书首页上的《重印说明》引起我强烈的兴趣。主编者在一九七二年五月写的这篇文章，使我浮想联翩地想到许多问题。

倘若有一位高水平的学者把此文来解剖一番，那他将会从此文中发现当代的一些典型问题。我深信，将来自然会有人来解剖这类当前社会孕育的典型文章。《世界通史》这类书将来或许会再版，若那时形势起了变化，我猜想主编者一定会收回这篇《重印说明》，并且为现在写了这篇《重印说明》而感到好笑、羞耻和无奈。

时代孕育了这类文章，主编者将来是不应当受到任何责备的。

现在让我们一起来看看《重印说明》吧！

这篇文章事实上不是一篇说明，而是作者因为以前编著了《世界通史》一书而作的一篇检讨。

主编者首先说：

由于当时修正主义教育路线的影响，编写中没有很好贯彻马克思列宁主义、毛泽东思想，没有彻底批判资产阶级唯心主义史学观点，因此在指导思想、体系结构以及具体论述中，都存有严重错误和缺点。

接着，作者就开始检讨自己存在的错误。作者说自己存在的第一个错误是：

因袭旧史学体系，没有很好地贯彻奴隶们创造历史这一历史唯物主义观点，把剥削阶级及其活动当作历史的主体。上古、中古部分的论述大都以帝王将相为中心，近代部分突出资产阶级及其代表人物，对于各个历史时期广大人民群众英勇果断的斗争所起的巨大作用，没有充分的论述。

具有丰富历史知识的史学家竟写了这么一段话，这在将来会令人不可思议。可是，现实生活却残酷地把所谓的"历史唯物主义"分析方法强加到知识分子身上，因此就产生了上述这类观点。

面临着现实的流行病，不免使人的思想变得糊涂——到底什么叫历史呢？

以前谁都明白，历史就是一个国家在各个领域（政治、经济、军事、文化）的经历和活动。一个国家的历史是前人写下的，是客观地存在的，是今人无法改变的。劳动人民以他们的智慧创造了灿烂的文化，以他们的勤劳使社会得以发展，可是因为具体的时代背景，活跃在政治舞台上的只能是极少数的统治者。统治者进行了各种表演，知识分子客观地记录了当时统治者的表演，评论了他们的功罪，论述了他们执政的措施，反映了当时的社会面貌，这是知识分子的天职。

说奴隶们创造了历史，但是又有那个历史学家能有能力来描写"奴隶们"中每一个体的历史呢？又有那些史料详细地记录众多无名英雄的事迹呢？就是现实生活也不可能详细记录"现代奴隶们"的历史吧！任何社会，描写奴隶们所思所为所言，那是文学家的事情。

因为是奴隶们创造了历史，作为历史书，就不能描写每个历史时期统治阶级在政治舞台上的活动，那又何称为历史呢？只能描写"各个历史时期广大人民群众英勇果断的斗争"，那么，历史还可以剩下多少史料呢？历史学家客观地反映那个时代的政治斗争状况，这又有什么错误呢？让人们通过历史教材知道每个年代政治舞台上政治、经济、军事和文化的概况，这又有什么错误呢？

不应以帝王将相的活动史为历史著作的内容，是对历史的反动和无知。说穿了，这种论点的首倡者有其不可告人的政治野心。即使后来人描写现代社会的历史，只会记录下当前政治舞台头面人物的活动，而决不会一一记录众多无名百姓的日常活动。

更令人啼笑皆非的是在我国竟流传过这样一种谬论，说要打破历史书是编年史的框框。提出这种论点的人，不是幼稚可笑到极点，就是虚伪到极点，把历史两字的含义完全抛到脑后。

作者认为自己存在的第二个错误是：

在反动的"让步政策"论的影响下，往往把社会经济的繁荣与统治阶级的措施联系起来，夸大甚至歌颂这种措施所起的作用。对统治者在人民革命斗争打击下所采取的欺骗手法，缺乏应有的分析批判。

这种论调在"文革"前两年已经开始流行，依仗着某种势力，这种论调现在更占了上风。

历史明确地告诉我们，每个朝代有各自的具体情况及执政措施，最高统治者也具有不同的个性、观念。统治者从他本身利益出发或者在某种社会舆论的压力下，制定了适合社会经济繁荣的一些措施，如今的历史学家如实地描写这些措施，难道说，这就是对统治阶级歌功颂德吗？改朝换代，统治阶级代表人物中的杰出者，能够客观地注意到社会的现实而对老百姓做出一定让步。在写历史教材时，为什么一定要回避统治阶级所推行的让步政策的客观作用，一定要抽象地说一下"阶级斗争是推动历史进步的动力"呢？难道说，因为历史学家描写了统治阶级对老百姓的让步政策，他就非要被扣上"站在反动阶级立场看问题"这顶破帽子而挨整挨批吗？

高唱着"社会经济繁荣的根本原因是因为劳动人民的创造"论点的人，在现实中却把社会的成绩归功于一个人，归功于一种无形的思想、一条路线，真是自相矛盾。

写到这儿，我不由想起一九七二年出版的历史读物《秦始皇》。根据现实的需要，作者歌颂这个历史上有名的暴君，把他打扮成为厚今薄古的英雄；把他的暴政描写成为"厚今薄古"与"厚古薄今"两条路线的斗争，何等的荒唐！啊，原来写历史书是这样地"借古为今"！请问，为什么写《秦始皇》这本书时，他们又抛弃了"奴隶们是创造历史的主人"这个自己信奉的伟大观点呢？

写到这儿，窗外传来了"毛主席革命路线是胜利方向"的歌声，更使我感到现实与他们理论的矛盾。

作者承认自己存在的第三个错误是：

刘少奇一类骗子散布的各种唯心主义谬论，特别是地主资产阶级人性论的影响，在本书中也有反映。书中对各时期文化的论点，往往重艺术，轻政治，用人性论观点代替阶级斗争观点。

不知道历史学家在写他们的著作时，是否真的接受过"刘少奇一类骗子"的教诲？当前的潮流似乎是这样：把一切错误事情都与"刘少奇一类骗子"联系起来，无论这件事情以前的背景如何，反正"刘少奇一类骗子"是死老虎；把一切成就都与毛主席革命路线挂起钩来，不管这个成绩如何取得！

一个人倒了下去，就把一切国家大事中的过错一古脑儿往他身上推，这是否是有力量的表现？难道说，在政治活动中真的没有什么真诚可讲吗？咒骂"骗子"的罪恶，可自己却在不断的自欺欺人，这说明了什么？

作者说他轻政治、重艺术，叫人哭笑不得。试问，用什么样的"秤"来秤这种抽象的轻与重？难道也要用现实生活中的政治标签来对古代事物分门别类吗？泛滥成灾的形式主义在现实生活中造成的恶果，现在还要在历史事件上重演吗？

作者还检查了其它错误，不再一一细举。

　　类似《重印说明》一文的文章，在现实中少吗？深入研究历史的人，却写出违背历史的文章，这究竟是为什么？我不由深深地悲哀、长长地叹息！多年来，学术研究一直在那种无聊而反动的八股文场中兜圈子，耗费了无数人的精力，消磨了无数人的棱角，摧残了无数人的心灵世界，这究竟是为什么？这一切，究竟是谁造成？责任在谁？

　　《重印说明》这篇文章很好地反映了现实生活的一个侧面，它说明我们的学术研究走入困境。让我们都来对这样一类小小的社会问题深思再深思吧！

十四、"形式主义"的恶果

（写于 1975 年 11 月 1 日）

　　"同志们，星期四党总支举行群众歌咏会演，我们技术科支部要参加演出，我们一共要唱三支歌。这是一次政治任务，我们要认真地对待、出色地完成它。唱一支革命歌曲，就是上一次生动的路线教育课，就是一次毛泽东思想的大普及，可以促进我们的思想革命化，使我们进一步认清当前大好形势、进一步明确今后的战斗任务，使我们跟上时代的步伐！我们要做跃进时代的人，唱跃进时代的歌。歌唱得好不好是水平问题，而唱不唱是态度问题。希望全体同志都要参加。"

　　上星期二上午，技术科支部书记为了要大家参加机关党总支开展的群众文艺活动，在科室会议上作了战斗动员，特地说了上面一段话。星期四就要演出，星期二才开始练习，为了突击把歌唱好，支部书记政治挂帅，发号施令，作一番所谓的战斗动员。这个动员令，正是这个时代的缩影！从中，我们可以看到形式主义、文牍主义造成的恶果，时代把政治生活庸俗到了何等地步！竟把一次普通的群众歌咏

114

小活动提高到路线教育这个"纲"上来！事实上，这恰恰是对路线教育的极大讽刺。遗憾的是，这个时代的大小干部都已经习惯说这样的套话、习惯于这样的政治生活！

"毫不利己破私念，专门利人公在先。有私念，近在咫尺人隔远；立公字，远在天涯心相连。"在一个农村的文艺活动的新闻报道中，竟唯心地说：一唱革命样板戏《龙江颂》中上述唱段，社员的思想觉悟就立刻大大提高，立刻就能"破私立公"了！这是现代版"天方夜谭"，何等的荒唐！

有什么办法呢？人，是时代的人，生活在这个时代的人，就得习惯这个社会的一切。就说上面这位年轻的支部书记吧，他本来是一位技术员，按理来说应该有实事求是、尊重客观的思想方法，可是，他一旦成为政治干部，在作报告、写文章的时候，自然而然地套上"八股文"的框架。这只能说是社会的悲剧！

一个单位的技术科为了参加"革命"歌曲比赛，专门突击练习两天，为此把工作也停了下来。试问，演出后，技术员们是否真的接受了一次深刻的"路线教育"？——人人心照不宣！

后来人看到这一段故事，一定不会理解我们这个时代的人的所作所为与所思所说。但愿后来人看到这篇文章，不要笑话我们这一代人！

十五、"中国成语"的哲理

（写于 1975 年 12 月）

中国成语宝库非常丰富，一篇文章中用上几个言简意赅的成语，能为这篇文章增色不少！

115

事实上，"成语"这笔宝贵的文学遗产，它的功能何止在写文章时可以起润色作用，更为重要的是成语宝库中蕴含许多有哲理的学问。作为一个社会的人，若能认真把"成语"宝库深入研究，那么，他一定得益匪浅。认真学习成语，能使我们获得"观察、解剖社会现象与人"的思想方法；能使我们明确人怎样才能更好地生活在社会之中；能使我们知道许多社会发展的客观规律。所以，在空余时，我们若是能够经常拾几个成语来细细推敲，将会受到许多启迪。可惜有人（包括统治者）在写文章时，搜肠索肚，用上几个成语，但是在实践中，却往往会把成语中包含的哲理抛到脑后，反其道而行之。

"物极必反"，意思是：事物发展到极点，会向相反方向转化。这是一个人人知晓的成语，这四个字就含有不少学问，说明了不少客观规律。比如，人丰满一些是好事，可是一旦身上膘过多、过分肥胖臃肿，便会使人的心脏负担加重、行动不便。比如，人们都爱吃肉，可是天天让人吃上一碗红烧肉，那么久而久之，这个人一看到热气腾腾的红烧肉就感到恶心。又比如，把一件事物天花乱坠地吹到顶，人们反而对此事物要细细推敲，想一想究竟是否真有那么美好！这一来，人们就看到事物的阴暗面。事物吹捧者预期的美梦破产，失败的原因是自己的愚蠢！又比如，要使别人尊敬自己是可以的，但是一旦发展到要使别人崇拜自己的程度时，人们对他却往往会从崇拜的顶峰一下跌到厌恶的深谷。这其中的奥妙不言而喻。犯"要别人崇拜自己"这个绝症的人，不难从"物极必反"这个成语中找到药方。

"防微杜渐"这个成语，人们也常常在嘴上说着它、笔头写着它。不是嘛，胖子在略微发胖时，就应该马上节食并加强运动，一旦成为大胖子，挺着肉肚就积重难返了。成为社会偶像的统治者，一旦社会对它的颂词铺天盖地飞来时，还是从颂词的天地中走出来为好，好好地思索一下，为什么颂词这么多？颂词多，是否是好事？免得攀登上偶像的最高峰以后，跌下来粉身碎骨、令人不齿！

"叶公好龙"，是对言行不一致的人的绝妙写照！不是嘛，有的人口口声声说："应该多听听反面意见，应该善于团结同自己意见相反的人。"可是，这种道貌岸然的人，实际生活中却往往对反面意见仇而恨之。虚荣心、功利心、权欲心，使这些人成为叶公式的人！人们赞美"反潮流"的英雄，可又常常成为扼杀"反潮流"英雄的刽子手！（我这里指的潮流是阻挡社会发展的潮流）"叶公好龙"这个成语把社会现象挖掘得何等深刻！

"智者千虑，必有一失。"历史上无数的智者都曾经陷入过"一失"的泥沼地！自以为锦囊妙计万无一失的阴谋家，最终逃脱不了"搬起石头砸自己的脚"的命运。"一失"现出他们的真面目，"一失"就把他们的瞒天过海的韬晦计成为教育群众的反面教材！

所以，越是把社会生活解剖得多，就越感到中国成语宝库的珍贵！温故而知新，社会的悲剧、喜剧，种种社会现象，往往都是在按照成语的寓意再次上演！

我为祖国有如此丰富多彩的成语宝库而自豪！我忠诚地希望大家联系社会实际把成语宝库好好地探索一番！我更希望领导者们好好地学通一些成语所告诉我们的哲理，使自己变得聪明、理智一些，免得重蹈古往今来阴谋家的覆辙。

（后记：1967 年初北京之行让我开始质疑"文革"，因为"打倒一切"与泛滥成灾的"个人崇拜"，让我想到"物极必反"这个成语。"文革"真的是一场革命吗？

高举"革命"大旗的"中央文革小组"，对有不同意见的发声者（真正的思想先驱者），毫不留情地对他们扣上"反革命"的帽子，试问："革命"与"反革命"的"分水岭"究竟在哪里呢？"文革"的发动者不正是"叶公好龙"吗？

"文革"的发动，充分说明：毛泽东这个举世无双的"智者千虑者"，看来要失在"文革"这着棋上了。

1967 年，这几个成语在我脑海里翻滚，面临社会现象，我开始思考"文革"，开始解剖毛泽东发动"文革"的手段，与社会舆论渐行渐远。当时，我使用这几个成语写了文章，批判"文革"与它的发动者。1967 年底我写的所有文字被父母付之一炬。1975 年 12 月我写了这篇短文，是凭记忆来叙述 1967 年构思的"成语剖析"文章。由于当时的背景，本文的锋芒，自然不如 1967 年我刚刚开始用笔"解剖文革"时写的文章那样血气方刚、咄咄逼人。但是 1975 年写的这篇含沙射影、旁敲侧击的文章，如果当时被社会发现，尽管文章锋芒收敛，后果恐是不堪设想的！不知道今日的读者能够读懂本文吗？
——记于 2018 年 10 月）

十六、禁锢与开放

（写于 1973 年 10 月 15 日）

一群小朋友欣赏着他们众多的儿童读物，他们从来没有想到会失去它们，所以不十分珍惜它们。突然，有一天，阿姨发暴怒，说："你们这么顽皮，一点也不听我的话，今天，我要把书统统没收。"书全部给收了起来，遭到了彻底的禁锢。幼儿园小朋友们再也看不到心爱的儿童读物，此时，他们才感到那些给人以知识和乐趣的儿童读物是多么的宝贵。

失去了的东西，越发显示出它们的宝贵；失去了的东西，越加想得到它们。"什么时候我们才能重新得到它们呢？"小朋友们整日想念着它们。

现在，小朋友们只能另外寻找快乐——打弹子、玩刮片，可是，这能代替书籍带给他们的快乐吗？小朋友们想念着每一本书，啊，让我翻上几页也好啊！

　　日子久了，阿姨终于发了慈心，对小朋友们开放了几本书，以此来奖励他们近来的听话和驯服。她深知，要是长期禁锢这些书，将会使小朋友们厌恶她，使自己处于孤立的地位。

　　真奇怪，开放的几本书竟会像珍宝一般地吸引小朋友们的注意，你争我夺地抢阅这些书籍，即使是以前最不惹眼的书，如今也受到小朋友们的宠爱。禁锢后的小开放，使小朋友们体会了读书的快乐，使小朋友们明白了生活中的一些道理。

　　幼儿园里发生的事情，在我们社会生活中是否存在呢？这种现象的内在哲理值得令人深思。

　　"文革"暴风雨前，我们曾经尽情地享受古今中外的一切文化硕果，人们从这些"文化享受"中既得到娱乐又得到教育。因为从来没有失去过它们，所以纵然珍爱先辈的遗产，但是却没有真正体会过它们存在的价值。

　　"文革"的疾风暴雨，使古今中外的文化硕果遭到一场浩劫，绚丽灿烂的文化硕果忽然被彻底禁锢。文学、戏剧、电影、绘画的产儿因为各种罪名，一一被送进冷宫。或者是"借古讽今"，或者是"反时代精神"，或者是"反党、反社会主义、反毛泽东思想"，各类作品都被扣上这些"莫须有"的罪状而遭枪毙。

　　旷古未有的非常时期！

　　你在火车上看《三国演义》吗？立即遭到没收。

　　你爱看电影《青春之歌》《林则徐》《杨门女将》吗？这是大毒草，应当统统割掉。

　　你喜欢齐白石的国画吗？应该立即在画上打上几个大叉，由"破四旧"队伍拿来示众。

　　你们小朋友喜爱看《小白兔》《马兰花》吗？不行，这些童话剧是修正主义的砒霜。

　　你爱听小提琴协奏曲《梁山伯与祝英台》吗？不准！那可是麻痹斗志的靡靡之音。

激烈的社会动荡冲击了每个人！当人们失去了这些自己最熟悉的东西时，才体会到生活中原来不可以缺少它们。

禁锢！人们忍受着禁锢带来的痛苦！

暴风雨渐渐小了，乌云密布的天空露出了些微阳光。禁锢后的小小开放，使人们尝到了小小的快乐！

四部古典著作的发行，受到人民热烈的欢迎，人们排着长蛇阵，争先恐后地购买它们。

一本连环画《孙悟空三打白骨精》，如珍宝一般受到人们的喜爱。

小朋友的演出，打破舞台上的沉默和单调。一曲儿歌、一场舞蹈、一出童话剧，使小朋友们笑得嘴巴合不拢，连成人也看得兴趣盎然！

杂技《狮子舞》、民乐《百鸟朝凤》《二泉映月》的粉墨登场，使舞台别开生面！

花鸟画、山水画的"出笼"，给人间带来春色！

无锡泥娃娃的"福相"，令人忍俊不禁；像雕《嫦娥奔月》、贝雕《天女散花》中美女的婀娜多姿，使人想到古代一个又一个天姿国色！

种种内部著作的出版（苏联翻译小说《人世间》《多雪的冬天》以及世界政治人物传记等等），人们千方百计地想借来一饱眼福！

这是不以统治者意志为转移的规律：在禁锢前人们并不注意的事物，在禁锢一个时期后再开放，人们会比以前加倍地去注意它！

禁锢与开放是绝对的对立！无有禁锢的痛苦，便无有开放后的狂热！

看来，应该感谢"文革"决策者，他们使中国人民体会了"禁锢与开放"的深刻意义！

十七、当你看这几部电影时

（写于 1973 年 3 月 12 日）

《中国乒乓球代表团访问美国》等四部电影的放映，给中国人民的文化生活添上罕有的色彩。电影所展示的大洋彼岸的几个国家的风貌，给观众留下了深刻的印象。这些国家对我们这个时代的人来说，是多么的陌生和遥远啊！

中国人民以罕见的兴趣，热烈地欢迎这四部电影的放映，男女老少争前恐后地观看这些在中国电影放映史上别具一格的新影片，唯恐失去观赏的机会。人们带着强烈的好奇心，欣赏着电影的每一个镜头，使电影院里的气氛显得异常活跃。观众们带着各种心情走出电影院，各自回到自己的小天地谈论着自己对电影的感触。这种兴奋的心情任何人都无法掩盖，只是在公开的场合，人们不得不收敛自己的感情，免得被戴上一顶"崇洋"的帽子！

说实话，坐在电影院里，我的心情一直不平静。无数的感触，随着那快速镜头的跳跃，从我的脑海联翩浮起。"每个观众将从这几部电影中得到些什么"这个问题，自然而然地从我的脑海中跃出。

每个人是以什么样的观点来看这几部电影？每个人是怎样认识这些以前对他们是如此陌生和遥远的异国他乡？要知道，在社会舆论中，美国曾经是我们的头号敌人，而且是垂死的、腐朽的、没落的资本主义。

人们谈论着那具有各种几何形状的高楼大厦，谈论着那整洁而宽广的街道，谈论着那在马路上穿梭不停的漂亮小汽车，谈论着那披着各种长发、穿着鲜艳服装、富有情感的异国人，谈论着那具有高度机械化的大工厂，谈论着那换了一套又一套服装的谈笑风生的中国运动员，谈论着尼克松及各国大小官员接见中国运动员时的形象……啊，种种光怪陆离的镜头在观众心中留下了新奇的印象。

飞溅的加拿大瀑布、灿烂的墨西哥壁画、精巧的秘鲁文物、宏美的美国大城市、令人惊讶不已的鲸鱼表演……这一切不由人不发出“啧、啧、啧”的赞叹声。如果说，我们经常爱讲“祖国山河处处美”“祖国的文化灿烂辉煌”，那么，世界各国的山河同样处处美，世界各国的文化同样灿烂辉煌！

多年来，中国人民与世界是如此隔绝，视野是如此狭窄。孤立、隔绝、淡漠，使中国人民对别的国家一无所知，社会舆论使某些资本主义国家除了引起中国人民的仇视、憎恨、猜疑、蔑视外，还能够有什么呢？可是，如今几十分钟的电影，使中国人民略略知道了其它一些国家的实际风貌，这将使中国人民的视野开阔起来，将会使某些人去掉一点夜郎自大的遗传病。

我思索着，少年儿童和小青年将从这些电影中得到什么？

我思索着，有着孩子的父母亲将从这些电影中得到什么？

我大胆地思索着，一些有地位有权力的人将从这些电影中得到什么？他们中的大多数人不也和我一样没有见过什么大世面吗！

每个关心国家大事的人，应该从这些展示世界风貌的小镜头中，认识到这样一个重大问题——如何虚心学习别国的长处？如何建全我们国家的制度？如何把我们的祖国建设得繁荣富强？如何充实并开阔我们的精神世界？如何丰富我们的文化生活？

我们有勤劳的双手，有智慧的头脑，有伟大的中华民族精神，那么，别人能够做到的，我们为什么不能做到呢？为什么我们要落在别人后面一大截呢？

国家是人民的国家，中国人民应该进入正视客观现实的时候了。祖国的大地辽阔广大，世界的大地更加辽阔广大。一个人在一天、一月、一年、十年中可以做无数的事情，万人、亿人在一年、十年、百年中更加可以做无数的事情。肥沃的土壤只要有辛勤的园丁，一定能栽培出芳菲的花朵。让我们抛弃自卑感，唾弃夜郎自大、固步自封的坏作风，踩着时代的新车轮，正视正前方，向着社会提出更高的要求吧！

（后记：中国已经改革开发，我们已经同大洋彼岸恢复往来，再也不必害怕"资本主义""帝国主义"。祖国的经济发展一日千里，祖国的面貌日新月异。再也不用羡慕别人的高楼大厦，因为上海就有更加漂亮的高楼大厦；再以不用羡慕别人穿着的艳丽，因为我们现在的社会更加五彩缤纷。应该感谢邓小平，他在经济政策上冲破了种种枷锁，开阔了中国人民的视野。但是，政治改革上的滞后、制度建设的不建全，使我们国家免不了产生了许多严重的社会问题，恐怕又是一个积重难返的新问题。——写于 2004 年 7 月 29 日）

十八、点名

（写于 1973 年 4 月 22 日）

每一个成年人都会清楚地记得，在少年时代学校里念书时，上课前老师常常拿着点名簿点名。老师接连地喊着学生的名字，学生接连地回答："到！"顽皮的学生有时还要怪叫几声，引起哄堂大笑。

随着学生时代的结束，人们很少再碰到这种点名的有趣情景。

可是，随着时代的进步，点名的趣景却在我们工厂出现。

当"文革"进入"稳定"阶段以后，工厂的领导，又开始凭借各种"措施"来维持工厂的生产秩序，希望再次出现"文革"以前的"辉煌"局面。可是，如今的工人似乎学"坏"了，不再那么听话，领导以前得心应手的一些措施，现在似乎失去灵效。

怎么办？各个车间的大小领导，挖空心思，绞尽脑汁，想出各种办法来抓生产纪律。试看 A 车间的领导抓纪律的"妙方"吧！

A 车间的领导发现，"文革"以后，工人们对政治学习不再有兴趣，每天七点到八点的学习时间都用来谈"山海经"，从家庭琐事到马路新闻、国家大事，应有尽有。迟到、缺席的现象，司空见惯。

这可怎么办？因为在政治干部看来，宁可饭不吃，政治学习却无论如何马虎不得，要知道，不认真学习的话，人可就要变"修"啊！

为了把"政治学习"抓起来，为了不断"提高"工人们的政治思想觉悟，A 车间的领导决定采用"点名"的办法来加强纪律管理。

于是，每个生产小组发一个《点名签到牌》，上面写了这个小组的每一个人的名字。每个人每天清晨到车间的第一件大事，就是到小组《点名签到牌》上去签到——记录自己是几点几分到车间的。然后每个月月底统计在政治学习中谁迟到几次、谁缺席几次，并且张榜公布。A 车间的领导利用人有自尊心的心理状态，采用"点名"的办法来抓政治学习出勤率。

过了一段时间，领导发现这个办法有漏洞：有许多人叫别人代签，有许多人乱填时间。看来，这种"措施"只能吓唬老实人，于是，善于创造发明的领导又开始另想高招。

有办法了：每天清晨全车间人员进行排队，然后由专人负责点名，甲、乙、丙、丁地一个一个过堂，这样，谁到谁不到，一目了然。同时，领导还对每个小组的学习出勤率每月加以评分，以小组的荣誉感来推动政治学习。出于荣誉感，出于人的种种心理因素，这种措施在一定时期内起到了一定的作用。

学习出勤率确实大大提高。但是，政治学习会上，工人们究竟谈些什么呢？能够起到学习的作用吗？这些，领导就不再作深入的考虑了！但是，令领导万万臆想不到的是：仍然有些目无王法的人，在点完名以后，溜之大吉，走出工厂大门办个人私事去了！

目睹这种情况，有什么话可多说呢？很多具有很高领导艺术水平的干部们，为什么不仔细地多想一想：人们为什么对政治学习如此不感兴趣？事实上，干部们自己对政治学习的兴趣又有多高？心照不宣。

在这儿，我想写上一段小插曲，这是我在 1970 年 4 月 15 日写的日记：

今天下午 B 车间的全体团员开了个学习班，目的是在日常工作中如何发挥青年人的朝气？车间党支部书记也来参加了会议并作了讲话。他的讲话是大实话，很有意思，现在我把这段讲话引录如下："现在国家还很穷，不可能多给你们物质上的东西，就多给你们精神上的东西。我想不明白，在无产阶级文化大革命以前，大家听领导作报告，都认认真真听，还要仔仔细细地记笔记。小组会议上发言，大家都争先恐后、积极性非常高。有的人发言时心扑扑跳，面红耳赤、感到害羞，生怕自己讲话讲错，发言前都要写好提纲。在单位里，青年人被领导当作积极分子就感到非常高兴，如果业余时间开会有自己的名字，心里就会非常欢喜，觉得是领导信任自己。可现在却为何情况相反呢？开会冷冷清清，或者谈谈山海经。都不愿意当积极分子，下了班就想往家里跑，业余时间开积极分子会就想找理由溜。你们青年人工资虽然只有四十元一角，但是想想插队落户的小青年呢，有的人一年出工 260 多任务，除去口粮，只拿到一元八角，所以你们不要不满足。你们希望工资高，那么就要靠大家努力。林彪副主席还记得我们 8 级工呢，说什么要当 8 级泥瓦工呢！……"

这段日记值得令人深思，它说明"文革"开展几年以来，人的思想起了很大的变化，对当积极分子、在政治上要求进步等等都有了新的价值观念。

特别对每天都要进行的政治学习，大家已经失去了兴趣，"文革"以前的一套工作方法已经失灵。一本正经地坐下来，一本正经地一个接一个发言，一本正经地开展民主生活、开展批评和自我批评，一本正经地暴露活思想，一本正经地"斗私批修"，一本正经地学习马克思、列宁、毛泽东著作，一本正经地谈学习体会，这种正襟危坐的情景随着"文革"的深入开展而消逝了！人们对政治已经不那么迷信，人们对形式主义的政治学习已经从心底里感到厌烦和无聊。于是，在政治学习会上，有人闭目养神，有人干私活，有人打趣作乐，有人拍买新闻，完全成了变相的茶馆店！可是，领导干部自上而下，都异口同声地说：对待政治学习的态度，就是对待毛泽东思想的态度，就是对待思想革命化的态度，那么，谁又敢明目张胆地敢说：每天一个小时的政治学习实在没有必要！何况多年来，每天坚持一个小时的政治学习是工厂对外面推广的宝贵经验，谁又敢指出它的弊病呢？

现在，回过头来再说点名这件事。点名的花样还很多。有的车间把每个人的名字写在小木牌上面，挂在车间的考勤大牌上（每天下班后有人整理，把小木牌空白的一面朝外）。每天清晨，谁到了车间，谁就把写了自己名字的小木牌翻到正面。这时，旁边还有人看守着，监督那些试验图弄虚作假的人。

我对这些情况的如实写照，是反映了这个时代人们日常工作和学习的真面貌！我们可以看到，形式主义泛滥成灾，可是，大家又都在为形式主义推波助澜。

文章应该结束了，可是，笔儿还没有尽兴，再添上一个尾声吧！

一天，车间 A 领导在车间全体人员排队点名结束以后参加了我们小组的政治学习。

绰号叫大炮的 B 师傅冲着 A 领导说："点名，这是管、卡、压！"

"不！这是抓纪律的革命措施！"A 领导理直气壮地辩道。

"那你在文化大革命初期是怎么向我们作检查的？" B 师傅顶上一句。

"那是你们要我作检查，不检查我就不能解放！"

"那你立场不够坚定！"B 师傅有点发火。

"唔，是立场不够坚定！我需要不断地接受锻炼和考验，不断地提高无产阶级革命路线觉悟！"

"你要当心第二次文化大革命！"

"下次文化大革命不会像这次运动一样搞法了！"A 领导胸有成竹地回答道。

争论就在半开玩笑半作真中告一段落。

小组学习快要结束时，A 领导又开腔了："像现在光靠表扬也不是一回事！应该再来些其它办法，工厂上层领导正在考虑！"

"来两张大团结吧！"C 师傅立即说道。

"什么大团结？"D 师傅问道。

"你连这个也不知道啊！就是来两张印有大团结画面的钞票！"A 领导笑眯眯地回答。

"哈、哈、哈……"小组政治学习会到此结束。

真希望国家高级领导也能够多来参加这些生动活泼的小组政治学习！

多年来，我们国家的基层干部就这样把无数的心血化在没有效果的工作上。试问，无孔不入的形式主义是如何"壮大成长"的呢？众所周知，繁琐哲学、形式主义、官僚主义、个人崇拜已经成为我们社会政治生活中的大害，可是，我们无法抗拒它们，这正是我们民族的悲哀！

（后记：那个时代的政治生活离开当代已经是非常遥远的了！现在的年轻人可能不会理解我们那时的精神生活。但是，现在金钱的诱惑实在太大，道德在远离人们，我不知道社会将怎样去呈现新风貌、新气象？中国何时能够踏入文明社会？世界上没有世外桃源，矛盾是永恒的，我只能这样理解。——写于 2004 年 8 月 3 日）

十九、当领导向上汇报时

（写于 1973 年 4 月 22 日）

A 书记心血来潮，今天突然来我们小组参加我们一个小时的政治学习。他大概是为了摸摸下面的情况，或者是为了树立自己经常深入群众的形象，免得将来"整党"时，群众提意见，说他不深入群众。

可是，我们每天热闹非凡的一个小时的政治学习，因为 A 书记的到来，忽然变得鸦雀无声，沉默得使人感到难受。

目睹此景，A 书记不免发急："今天，为什么你们都鸦雀无声了？平时我走过你们门前时，只听见你们房间里面笑声不断，每个人都争先恐后地发言。现在，请几个健谈者带头发言吧！"

心直口快的 B 师傅应声道："A 书记，我们平时的所谓发言，是上不得你的学习总结材料的。倘若我真的像平时一样带头发言而信口开河，你将来怎么向上级领导实事求是地去汇报呢？"

C 师傅立即批评 B 师傅："你真傻！A 书记写总结汇报时，一定把我们车间各个小组的政治学习情况写得好好的，一、二、三、四地列出我们学习的收获和得益。他那里会把我们平时的热闹场面傻瓜似的向上汇报呢？A 书记，你说，我说得对不对？当我们的厂长再向上汇报时，也一定把我们工厂广大群众政治学习的总结材料写得棒棒的！"

"哈、哈、哈……"小组的同志们被 C 师傅的高论逗笑了。而 A 书记却沉默起来，脸上感到有点火辣辣，笑也不是，怒也不是，他只能在心里面埋怨 C 师傅："谁要你如此多嘴，非要说出大实话！"

二十、只有……，才能……

（写于 1973 年 4 月 22 日）

五年级的王老师，在期终语文考试题中，出了这样一个造句题："只有……，才能……"

当王老师批阅试卷时，看到了这样两张答卷："只有开后门，才能办事情。""只有父母掌大权，才能使我有前途。"

王老师感到啼笑皆非，她不知道如何批改这两张卷子。说这两个同学句子造错了吧，可是在文理上他们没有错；说他们答题答对了吧，似乎他们在政治上有些……。

打"×"，还是打"√"，王老师举棋不定。她感到惘然和困惑："是什么原因，使这两个学生把现实生活搬上了试卷？"

王老师不敢擅自批改这两张试卷，就决定把矛盾上交，她把试卷交给了学校领导徐老师，让学校领导来决定学生答题的对与错吧！

徐老师看了这两张试卷，摇了摇头，叹了叹气，若有所思地沉默着，王老师只好在旁静候着徐老师发落这两张试卷。

最后，徐老师费力地张开嘴唇："你自己去作主吧！来问我，实在是多此一举！"

卷子回到了王老师的手中，她思而再三，觉得还是不敢打分。若是说学生答对了，那么自己以后在政治上会不会被人家说……。

同志，倘若你是王老师，你将如何打分？

若是你说很容易，那么我出两个问题请你这个聪明人来回答：

为什么这两个学生会做了这样的造句？

为什么王老师对这两张试卷感到如此辣手？

我希望你能够得到满分。

二十一、小说《高老头》不应该被打入冷宫

（写于 1973 年 9 月 24 日）

当我合上巴尔扎克写的小说《高老头》的最后一页时，我给全书下了这样一个结论——暴露文学中一部批判现实社会的出色著作。

文学家的可贵，在于他以他的作品真实地反映了社会；在于他使读者看了他的著作之后能够深刻地理解社会。一部出色的文学作品，对改造社会所起的作用可能会胜过政府下命令条文而产生的影响。

社会由人构成，伴随着高尚生活的同时，就必然有污秽，就必然有人们所不能容忍的负面事物。不揭露社会中存在的负面东西，不让人民去认识负面东西并解剖它们，那么，在现实社会中，人们怎样去制止这些负面事物的产生？当代社会舆论严禁"暴露文学"——揭露社会矛盾的文学作品问世，以为不让欺骗和虚伪在文学作品中受到抨击，善良的人们就会稚而稚，纯而纯，这完全是黄粱美梦。

让人们认识社会的正面和反面；让人们认识社会舞台上大大小小人物的真面貌；让美好、正义的事物得到歌颂；让丑恶、卑鄙的事物得到鞭策，这就是正直的文学家的历史任务。这任务是人民给文学家的权力，也是社会赖以进步的不可缺少的一种伟大的劳动。

小说《高老头》就是这样一部对社会能够起到教育作用的出色作品。巴尔扎克猎取了巴黎社会某一角落里的最普通事件，向读者赤裸裸地撕开了巴黎社会的华丽幕布。生活在花天酒地交际场合中的贵族，他们能够在此书中看到自己的影子——或许是银行家纽沁根以及伯爵雷斯多，或许是阿娜斯太齐以及但斐纳；小市民们能够在此书中看到他们的同类——伏盖太太、米旭诺、高老头；一心想踏进上层社会又被自己的地位所局限、充满心理矛盾的青年人，能够在此书中

看到他们的模特儿——欧也尼·特·拉斯蒂涅；社会的愤世者能够在此书中看到他们可学又不可学的朋友——伏脱冷先生。

伏盖太太的公寓是巴黎社会中最普通的一所民居。在她的家里借住着七位平凡的房客：面条商高老头，大学生欧也尼，伏脱冷先生，波阿莱先生，老处女米旭诺，古的太太，维多莉小姐。这些主角、配角的平凡的日常活动，巴尔扎克把其组织成一部动人心魄的故事。这些事情随时都会在那个巴黎社会发生，但却正是这些极普通的琐事暴露了巴黎社会的罪恶，向这个纸醉金迷的世界发出强烈的控诉！

欧也尼这个朴实的农村青年，肩负着亲人的殷切期望，手里使用着亲人们血汗劳动换来的法郎，带着美好的理想，雄心勃勃地来到巴黎，下决心奋发图强、认认真真地读书。他深切地希望自己能够在学业上大干一番，以报答亲人们的恩典，给自己创造一个美好的前途。

豪华的巴黎社会向他展示了世界的另一角，红男绿女使他闻到了金钱世界的"芳香"——和田野生活截然相反的"芳香"。欧也尼身上潜伏着的性格和欲望，被花花世界吸引出来了，他走上了迷途。他一方面迫切地想进入上层社会这座"迷宫"，另一方面他又对这个上层社会感到陌生和害怕。他在这个庞大的上层社会面前是一个道地地道的小学生，显得笨而蠢。他探索，但是他不断地碰壁。

高老头的血汗逐渐被两个女儿榨干。可是，已经被金钱世界吞噬的两个女儿，仍然想尽花招来骗他的钱，"父爱"使高老头千方百计地满足两个女儿的要求。高老头的血汗终于干枯了！当他临死时，还是念念不忘两个女儿，盼望两个女儿能够来看他。可是，两个女儿总有她们"最重要"的事，不能来看望老父亲。死神不断地逼近高老头，他万念俱起，一会儿恼恨两个女儿的无情，一会儿又找出种种理由为两个女儿辩解。这时，有着"人心"的欧也尼显示了他善良的本性。他殷勤地照顾着高老头，千方百计地满足高老头的愿望。

高老头死了，赫赫有钱的女婿、女儿们不肯化钱来埋葬老人。欧也尼掏出腰包埋葬了高老头。他站在高老头的坟墓前，乌鸦噪叫着，金钱世界为欧也尼摄下了一幅凄凉的景照。

欧也尼从高老头的死，能够彻底翻悟、认清金钱世界的罪恶吗？他今后将走什么道路呢？作者没有再写下去。

小说告诉我们，一旦纯诚的青年踏进上层社会，他不是向这个社会挑战，就是被这个社会吞噬，同它同流合污。

作者以他锐利的眼光，看到了现实社会的本质。他为我们塑造了伏脱冷先生这样一个"叛逆"。

伏脱冷毫不留情地撕下了社会的假象。他玩世不恭地尽兴抨击社会，把人与人之间的关系赤裸裸地从糖衣中剥开。

伏脱冷说："社会有许多饭桶，而腐败是他们的武器"伏脱冷一语道破了上层社会的"机关"。制度孕育了"宠儿"，"宠儿"美化、建全了制度。

《高老头》是我看过的小说中最出色的暴露文学著作之一。巴尔扎克没有向我们指出怎样和制度搏斗，但是，他唤起了人们去认识这罪恶的世界。就凭这一点，作者的劳动就应该得到肯定，就不能扣上某一类大帽子而给贴上"封条"。像《高老头》这样的文艺作品，永远放射着教育人的光芒，这类书永远是人们应该阅读的作品。

面临现实，更使我深刻地认识到人们需要各种各样的文艺作品。人们需要给人无限活力的作品，它使人们积极地去战斗；人们需要英雄们可歌可泣的史诗，它使人们看到高尚的灵魂；人们也需要披露社会阴暗面的作品，它使人们认识生活中存在的欺骗、虚伪和自私。有什么理由要求文艺作品十全十美？有什么理由要给作者创作文艺作品定下许多条条框框？只要一部文艺作品向我们成功地说明了某一个社会问题，那么这样的作品就不应该打入"冷宫"。

暴露文学永远是社会需要的。暴露文学永远是文艺园地中一朵芳香艳丽而带刺的花！

（后记：在"文革"那个年代，极大多数的文艺作品都成为禁书，许多文艺作品受到批判。许多文艺创作者被按上"莫须有"的罪名，被打成反党、反社会主义、反毛泽东思想的"三反"分子。那个年代，我从朋友那里借些他们私藏的书来看，就成为最大的乐趣。我看了许多书，有社会科学，有历史，有文学，古今中外各种各样的书我都看，《高老头》就是我非常欣赏的一部小说。有感于当时文艺战线"万马齐喑"的景象和无处不在的"紧箍咒"，我写了这篇阅读杂感。——写于 2004 年 8 月 10 日）

二十二、在火车上

（写于 1973 年 3 月 25 日）

一个人要了解社会，要认识生活，要阐明时代的真理，就必须广泛地接触各类人。人，是社会的产物。你同各种类型的人广泛接触，你将会从他们那里得到各种有益的知识——正面的和反面的、光明的和阴暗的、积极的和颓废的……，唯有同形形色色的人接触和交往，你才能熟悉时代；你才能掌握时代的脉搏；你才能懂得社会上各个阶层的动态和所求；你才能了解在某种面纱、某座大门、某垛大墙后面的各种生活；你才能理解社会的错综复杂；你才能使自己不会流于善良的天真。

在火车上、在长途汽车上、在旅途中……，凡是有人的地方，只要方便，你都可以与人交谈交谈（那怕这些人与你格格不入），有时通过坦率的谈话，你会了解许多你不熟悉的社会现状，甚至会让你了解到一个人复杂而细腻的心理活动，而这些琐碎的心理活动却往往反映了某一个社会问题。

在这里，我向你推荐一段我在火车上与一个人的谈话，倘若你善于思索，你将会从这场短短的谈话中明白许多生活的道理。

这一天，坐在我旁边的旅客是一位将近五十岁的干部，略胖，热情。他非常健谈，于是我们拉开了话匣子。

他是 A 市食品公司的一个 B 科长，这次出差到上海办事，他的父母、姐妹都在上海。据这位 B 科长说，他十九岁就参加革命，枪林弹雨中当过警卫员、连长，解放后，在 1956 年他随着老首长们一起复员到 A 市。公司的现任党支部书记就是他在部队时的老上级。财贸局、商业局等的一些领导干部基本都是他以前顶头上司的上级。

我向他询问 A 市的生活情况和他的具体业务。他的谈话兴趣越来越浓，对我就像老朋友那样滔滔不绝地说了开来。

使我印象最深的是他介绍他宝贵的工作经验。

食品公司需要向全国各地采购物资——肉、鱼、蛋、核桃、桂圆……，怎样才能采购到尽可能多的农副产品呢？采购员怎样才能出色地完成他的采购任务呢？这里有许多诀窍。

他说，他们同各地的老伙伴（被采购地的负责人）长年保持着密切的联系。当他们出差到各地找这些伙伴联系工作时，总是要送一些礼品——三到十斤的核桃、桂圆、枣子给合作伙伴。

我向他发问："送这些礼品，工作虽然好办了，但是这些礼品的钱都是你们自己掏腰包的吗？你们负担得了吗？"

B 科长惊讶我的老实无知。他说："怎么会自己掏腰包呢？每当我们出差完毕回来报销时，我们历来都是把出差的天数多报几天，那么，礼品的钱不就从这多报几天的出差费上出来了吗？公司的领导已经把这类行为看作合法的。"

啊，我感到惊讶：世界上还有如此合法的作弊！

他又向我介绍在食品公司工作的好处——近水楼台先得月。他们家里的肉、鱼、桂圆、枣子是不会少的。公司里来了什么东西，他完全不用张口，自然会有人给他家送上门来。这时，他钱是付的，但是同样的钱在外面是买不到的。

　　一次，他们公司里把进来的上等红枣集体分买了。不知怎么这件事情让市里有关领导知道了，怒气冲冲地来电话责问他们。富有经验的他从从容容地作了回答："这件事情是经过党支部同意的。我们也给市里有关领导送去了……"电话就此搁了下来。以后，这怒气冲冲的责问也就如石沉大海再无声响。他向我豪迈地自夸："检查？写检查又有什么了不起！不过那么糊弄着写几笔就可以了，又不丢脸，而东西却拿到手了！在我们单位里，写份买东西的检查不稀奇，公司领导向局里承担一下责任就是了！"

　　我钦佩那位来电话责问的负责同志，他具有强烈的"责任性"，可惜的是他办事没有"彻底性"，这"彻底性"给两面性吞吃了。

　　他向我夸耀他在 A 市人熟地熟，市里各类上层人物都有些认识。

　　这一点我完全相信。像他这样一位市级食品公司的负责人，谁和他搭上关系，谁就能得到好处——买到市场上不容易买到的东西。既然上层人物也需要改善生活，那么，认识 B 科长这类干部不是大有好处吗？更何况和他一起复员到 A 市的有那么多老首长，滚雪球似的，和他认识交往的人自然就越来越多。

　　他对我说道，现在 A 市工学院的 C 院长原来是 D 将军的秘书，C 院长的妻子是 A 市医学院的院长，他们夫妻俩经常来他家吃饭。

　　他说，在一次晚餐上，C 院长对他谈起 A 市市委书记 E 给 C 院长来过电话，说市委书记 E 的儿子希望来工学院上大学。因为来头大，C 院长模棱两可地作了回答。第二天，市委书记 E 的妻子乘了小汽车来到 C 院长处。第三天市委书记 E 的警卫员就给他的儿子来办入学手续了。于是，市委书记 E 的儿子就不必到农村插队落户、接受贫下中农的再教育了！

　　也就是在这次晚餐上，B 科长向两位院长谈起他的小女儿明年高中毕业。他还没有说出心中的话，两位院长就拍拍胸脯，说："你放心吧，我们包你的女儿进大学。"B 科长说到这儿，真是踌躇满志、春风得意。他接着说："什么插队落户？挨上的都是老百姓的子女。"

我不由想到，"知识青年上山下乡、插队落户"是毛泽东发出的伟大号召，但是，大干部的儿女为什么能够逆"社会舆论"，不到农村的广阔天地炼红心呢？为什么他们仍然认为读书"高"呢？

我不由想到，一位朋友对我说过的话："以前，父母怪孩子不会读书、不够聪明，现在孩子怪父母无权、无门、无路。"

我反问："为什么你不把你的女儿送到上海读书呢？上海条件好多了。"他回答说："我尽管老家在上海，但是现在人生地疏，远远不如我在 A 市人亲地熟，办事情容易，女儿将来大学毕业时好分配。"

接着，他又说起从今年三月份开始，手表调整百分之四十五价格的事。他富有傲色地说道："我在春节前就从内部知道这个消息了。不过，我还是没有买价格昂贵的进口手表。我托了内行人给她们母女俩买了两只上海牌手表，非常准确，两只手表走十二天，相互对一下，分秒不差。"我听了后内心却在想：有多少人能够在手表调高价格前知道消息呢？有多少人能够托到内线买到行走准确的手表呢？

因为他是老干部，我就探询他在"文革"中的情况。他得意地说道："我是没有受到什么冲击。我的群众关系好极了。倘若群众犯了什么错误，我能担待的就担待，作为领导承担些责任有什么了不起，又不会挨到大批评。而让群众承担责任，可能就要挨到大批评，你说是吧！平时评先进工作者，能够多评几个，就多评几个，又不要多化钱，何必认认真真？评多了，他们都上去了，我作为领导，我也光荣。"啊，他的工作经验真令人"佩服"！

在同他无拘无束的谈话中，时间迅速地过去。火车到达上海站，我们分道扬镳。

在步行回家的路上，我不断地沉思着。我想象着，或许是因为在火车上我那么有兴趣地谛听着他的谈话，在虚荣心的驱动下，他毫无遮盖地向我吐露了许多内心世界的活动。但是，我想，当他在单位里作报告或者在小组学习会上发言时，那一定又是另一付神态——满口马列主义、毛泽东思想、阶级斗争了。那时，他一定会使自己的谈话充满尽可能多的时代语言，以一个具有高度理论水平的领导干部的形象出现在群众面前。

同志，在你的周围你看到过类似 B 科长式的干部吗？请你也来写写他们吧！

（后记：离开写这篇文章的时间已经有三十多年了。社会发生了翻天覆地的变化。政治上人整人的"阶级斗争"现象没有了，但是，当时我们认为不平等的社会现象，现在却是非常普通的现象，并且，大大的变本加厉。严重的腐败现象令每一个爱国的人为之担忧，可社会仍然在惯性中发展。有人说，当年毛泽东的时代，又公平又正义，可是事实却并非如此！什么时候，中国能够成为一个真正平等的社会？——写于 2004 年 8 月 1 日）

二十三、社会小品

（写于 1976 年 1 月 6 日）

我的眼前放着两封信：一封是一九七二年十二月二十日李庆霖写给毛主席的信，后来在一九七四年作为中共中央文件的附件发至全国；另一封信是七五年"教育革命大辩论"中清华大学第二届全体工农兵学员写给毛主席的信。

前者是社会底层老百姓发出的心声，它朴实真挚，没有丝毫虚假。此信的公开，在全国人民中间激起感情上的共鸣，多少人在听到信的内容后流下热泪。这封扣人心弦的信，尖锐地指出当时存在的社会问题，向最高统治者提出责难：小小百姓面对"呼天不应，叫地不灵的艰难窘境"，应该怎么办？

在一个人一统天下的社会中，李庆霖敢冒被打成"反革命"、坐铁窗的大风险，向淫威挑战，真是一位出色的"反叛者"。长期来，这个名为人民的国家，已经成为一个人的国家。政治的熏陶，已经使人民不敢发出自己的心声。人们都习惯给自己戴上假面具，在大庭广众人云亦云，做一些违背心意的事。人们要在社会中生存下去，只得痛苦地接受统治者的意志。可是，胆大包天的李庆霖却不肯驯服，用他的笔发出自己的心声。

这一封怨天尤人的信件，按这个社会的常规，打入十八层地狱还有余。说什么"有朝一日，当我见阎王去，孩子失去家庭支持后，那他将要如何活下去？"李庆霖悲天悯人，这在当时，不是对社会最大的污蔑吗？只有阶级敌人才会这样恶毒地谩骂！

可是，一反常规，我们的最高统治者，出于政治需要，大开皇恩，复了信，同时，寄去三百元。这一回，毛泽东真的是关心民间疾苦吗？只有这一位善于捉政治迷藏的政治平衡家自己心中有数。为了开展名为"批林批孔"的政治运动，一小撮政治阴谋家才在老百姓中选出几个"反潮流者"。

可惜，李庆霖身不由己地被招安，名与利双收，成为四届人大常务委员会委员。从此，他不会再写那类利刃般的信，不会再实事求是地解剖社会，他已经成为统治者的驯服工具。

而清华大学学员的这封公开信，完全是社会政治的产物，肉麻、做作，令人嗤之以鼻。统治者为着自己的政治目的，开动大马力机器左右舆论，于是，应时而生的文章就在策划者的煽动下出笼。清华大学学员的这封公开信，是封建文化的结晶，是社会文化的糟粕，信上说什么"有您老人家给我们撑腰，有您老人家指挥我们战斗，世界上还有什么比这更幸福！"说什么"我们的命运同无产阶级文化大革命，同您的革命路线血肉相连，息息相关。"这些充满封建色彩的语言，赤裸裸地披露了这个制度的缺陷。毛泽东说得好："有人需要被人崇拜，有人欢喜崇拜别人。"但是，社会中"欢喜"崇拜别人的人，未必言和行、口和心一致。清华大学学员这封公开信的执笔人，在写这封信的时候，一定绞尽脑汁、冥思苦索，应付这场封建八股文考试。但是，他心里究竟想些什么呢？或许他正在咒骂这场"文化大革命"，或许他正在为七、八、九月的翻案风遭击而惋惜。社会统治者完全深知这群"崇拜者"可能会是两面派，但他们正可以利用两面派，为自己的权力宝塔铺砖叠瓦。

这封信名义上是一千八百零四个人的联名信，可每个人的内心究竟在想些什么？只能请他们自己在撕掉假面具后来说说心里话。一千八百零四个人可能都是两面派，是他们品质恶劣吗？不是。那么，罪恶的教唆犯是谁？请社会来回答吧！

这两封信都属于社会，社会的一动一行、一物一貌，都会从某一角度反映社会的真正实质，反映出驾驭社会方向盘的统治者的政治品质。

这两封信都是社会的小品。愿百年、千年以后的历史学家不要忽略这些当代的政治小品。

二十四、"保密"论

（写于 1976 年 2 月 10 日）

中国社会生活中的保密工作，在世界上恐怕首屈一指。一切从统治集团利益出发，凡是不必让人民群众知道的事情，都需要保密。至于党内权力斗争的实际情况，那是更加需要向全国人民保密。名为工人阶级领导的国家，名为人民共和国，事实上均已名存实亡。现在这个国家完全不是人民的国家，而已经蜕变到一个少数人为非作歹、称王称霸的独裁国家。

试举一个实际例子来看：第十次中国共产党代表大会的召开，是全党政治生活中的头等大事，可是十大党代表的产生经过以及名单绝对保密，连召开的日期事先都不让群众知道，等十大召开后发表新闻公报时，全国人民才恍然大悟。而大会的进程更是荒唐可笑：先是各个大区代表分头集会，把已经准备好的文件读一边，"充分"讨论一下，在一片"好、好、好"的声浪中，大会的决议和文件算是和各区代表见了面。最后的全国大会不过是履行一个最后手续罢了！这样的党代表大会，怎么能代表全体党员的利益呢？一个政党的活动到了这样不正常的地步，这个政党也就完全沦落为私人的政党了！

这样的政治活动按理应当遭到广大党员的坚决抵制与严厉抨击，可是，中国的保密工作就是能这样的出色，把政党活动中的头等大事绝密于群众，而广大党员又都能毫无异议地接受这样的保密工作。这个制度的腐败不是昭然若揭了吗？

又如第四届人民代表大会召开的经过情况，在全世界都罕见。全国人民不知道哪些人是人民代表？更不知道这些代表们在大会中会代表人民讲了哪些话？

不能发出人民的心声，不能行使人民对国家机器运转监督的权力，这样的人民代表大会有何意义呢？

可是，在我们国家，人民代表大会就这样在最高统治者的导演下，以保密为幌子，在全国人民面前匆匆地过场。

中国的保密工作渗透到了各个领域。工农业战线、科技战线上连一些无关紧要的纯技术性的知识，在国外已经是路人皆知的东西，到了我国，略加改头换面，就会盖上"保密"的印记。

政治活动的保密，使中国人民对国家机器运行的情况不知个所以然；经济、军事、文化上的保密，使中国人民只知道自己周围的琐事，于是国家的真面貌永远不能被中国人民真正地认识。

各项工作的过度保密，使统治者的所作所为有了保护伞，统治者紧紧地掌握舆论工具，奴化人民的思想，使人民成为睁眼瞎。

　　保密工作给统治者的淫威活动增添保护色彩。可是，物极必反，独裁者开拓的事业，最后被败坏，往往正由于自己最欣赏的几只棋子出了差错。铁的历史向我们说明，自鸣得意的独裁者，难逃春秋笔！

二十五、"借古讽今"说

（写于 1975 年 12 月）

　　从"文化大革命"打响第一炮——姚文元在《文汇报》发表文章《评新编历史剧〈海瑞罢官〉》以后，从全国批判邓拓、吴晗、廖沫沙的"三家村"罪行以后，"借古讽今"一词变成了一个可怕的名词，谁犯了"借古讽今"的大罪，谁就是大逆不道、罪该万死！

　　如果真理的卫护者"借古说今"，那么，社会的统治者一定不会轻易放过，一定发动群众群起攻之。现代社会，把"借古说今"变成了一项社会必须对之"口诛笔伐"的擎天大罪！

　　事实上，"借古说今"现象的出现，本来就是社会的悲剧——为什么社会的是非曲直，要人们迂回曲折地加以评议？这种现象的存在，本来就明确地告诉人们：这个社会存在着极反常的现象。

　　"善为民者，宣之使言。"任何一个不以统治者个人意志代替国家制度的社会，都应当做到。允许人们对社会进行研究；允许人们评论社会事物的是与非；允许人们通过研究古代社会而更好地认识、改造、建设现代社会，对正常的文明社会来说，是一定会全力以赴、努力地去做到的！

　　秦始皇为了巩固自己的皇位，为了使自己的子孙千秋万代永居帝位，他用残酷的手段摧残文化，不让老百姓和正直人士说话。而那些不知天高地厚的儒生，为了使秦始皇的暴政有所收敛，就"借古说

141

今"，把虚构的古代社会说得"一百个好"，试图以此来使秦始皇"回头是岸"。它们的"借古说今""借古讽今"，是一种在秦始皇淫威下求生的手段，他们心中"美好的古代"不过是海市蜃楼，从来就没有存在过。他们的"借古讽今"触犯了秦始皇的天条，于是，秦始皇以"借古讽今""借古非今"的罪名坑了这批儒生。"焚书坑儒"说明秦始皇封建统治的残酷性、独裁性。

秦始皇玩弄的政治把戏早就被扔进历史的垃圾堆！可是，现代社会仍然有人对他的衣钵大感兴趣。于是，"借古讽今""借古非今"的帽子又满天飞！

我很想这样来解释"借古讽今""借古非今"这一类帽子：从古代帝王将相的统治权术中拾起破烂、改头换面，使现代社会停滞不前，使社会制度阴暗的一面巩固发展。施展这样伎俩的人，给他戴上"借古非今"的帽子，到是非常的名副其实。

二十六、从苏联小说《你到底要什么》谈起

（写于 1975 年 12 月 7 日）

柯切托夫的著作《你到底要什么》，引起我联翩浮想，我不由提起笔，写下几笔。

我认为，这部作品不是一部成功的作品。说它不成功，是指该书主题不够突出，故事情节的铺展没有围绕主题。作者究竟想歌颂苏维埃美好的社会制度，还是想鞭挞这个令人窒息的僵化制度？作者的思想是矛盾、混乱的，所以这部作品的内容也是混乱又充满着矛盾。

萨布里夫尽管是沙皇时代大臣的儿子，逃亡在意大利，但无异他是作者笔下的正面人物。他似乎是作者在书中的代理人（书题就是由

他来点破的），借他之口，作者歌颂了苏联的社会制度。可是，作者只不过抽象地肯定了这个制度，而它究竟美好在哪儿，书中却没有具体的内容。

在赞美这个社会制度的同时，作者却以极大的篇幅描写了苏联目前存在的种种乌烟瘴气社会现象，描写了年青人中颓废的精神世界，描写了一些上层人物肮脏、卑鄙低劣的活动，并且对社会中发生的投机倒把、酗酒、跳脱衣舞等等进行了一定的暴露。那么，这些不正气的社会现象产生的根源何在？作者并没有去触及。作者目睹社会现象，深深地知道现代的青年人的世界观发生了深刻的变化，作者为这一变化忧虑。但是，青年人的世界观为什么会颓废、消沉？这一变化过程是如何潜移默化地演变着？作者不敢触及，连含蓄、隐晦的触及都没有！

所以，即使要把这本书算作暴露文学，也不够格。因为，暴露文学的宗旨，就是深刻地解剖社会问题，帮助读者认识社会问题，而此书没有完成这个任务。

柯切托夫有丰富的社会知识，有高超的写作技巧，可是，由于作者作为这个时代的人，不能摆脱思想上的局限性，不能站在社会之上，以尖锐的眼光深刻地认识各种琐碎社会现象后面的实质问题，使这部作品不能成为一部了不起的社会政治小说，不能在苏联文学史上留下永恒的光辉！

我粗读了这本书，苏联的种种社会现象引起我的深思，感触很深。"如何引导社会永不停顿地前进"，这是一个永远要探讨的社会科学问题。

"十月革命"后的苏联，一切似乎都欣欣向荣、朝气蓬勃，可是，在数十年的安逸生活以后，沉渣浮起，时代精神发生变化。问题何在？这只有从社会制度上去探讨！若是社会制度变成了"一个人"设置的制度，它从来就不会成功。专制不能导致社会思想的纯洁化，却只能适得其反！"一个人"设置的制度，从来就不能对社会负责，却只能是失职。专制的统治在某一个阶段或许对社会的进步能起一定的作用，可是它决没有永恒的魔力。一旦社会失去了它前进的动力，社会就会变成一个烂摊子！要知道，社会的构成分子是人，人必须要活动，"一个人"设置的制度怎么能长期依靠单一的手段，来使活动的人们都纳入自己的轨道？

柯切托夫歌颂"无产阶级专政"，但是他作为文学家，正确地理解了"专政"这个字眼吗？若是专政的内容是这样——发挥构成社会的人的长处和积极性，限制、改变、克服人的弱点，这样的专政有何不可取？因为这样的专政和个人的独裁风牛马不相及。可是，一旦"专政"意味着这样——"专政"和"个人意志统治"划上等号，那么，作为社会最高统治集团的构成分子，他们不但不能克服本身也是人的固有弱点，反而这些弱点通过"专政"手段得到膨胀、泛滥，这样的"专政"只能给社会带来灾难。这样的"专政"是对社会的反动。

我们应该明确，社会中种种不正气的反常现象的产生，都是社会制度的硕果。要解决社会问题，首先要从社会制度本身去找原因，这是最高统治者的任务。人民对社会的停顿和落后，是不负责任的。

柯切托夫要责问甘卡这个青年"你到底要什么"，这是错误。他应当去想一想，是社会制度中哪一些反动东西孕育了甘卡的世界观。

《你到底要什么》这本书的问世，再次向我们说明这样一个问题：要成为一个出色的文学家，他首先必须是一个出色的思想家。而一部文学作品若是能够反映、披露、批判社会问题，从这一个角度来看，这样的著作也可以作为社会科学中的一个研究成品！

（后记："专制"不能导致社会思想的纯洁化，却只能是适得其反。"寡头政治"是没有生命力的。真想不到，在写这篇文章的十多年后，苏联会彻底瓦解，"寡头政治"彻底破产。我不是预言家，但是，社会的发展是不以统治者的意志为转移的，这却是铁的规律。

当时，类似于《你到底要什么》这样的小说，中国翻译出版了好几部。因为我们国家认为苏联是修正主义，出版这些著作，可以使人民群众更深刻地认识修正主义的真面目。而我看了这些小说以后，很有收获。那时，我认为苏联的小说，比我们国家的文学作品对社会问题写得更有揭露性和抨击性。文学是社会进步的催化剂，可以帮助人们认识许多社会问题，可惜，在 1949 以后，中国不朽的作品少之又少，这是时代的悲剧。——写于 2004 年 7 月 28 日）

二十七、眼泪

（写于 1975 年 12 月 16 日）

人在沉痛悲伤时，在欢乐激动时，都会泪水难禁。眼泪，是人的感情的结晶。

当“文化大革命”初期资产阶级反动路线猖獗疯狂时，被打成“反革命”的人，禁不住心中的哀痛而泪水长流，但是这泪水只能背着人偷弹！后来，当人们听取资产阶级反动路线受害者控诉“白色恐怖”的疯狂摧残时，同情的眼泪也会从心底唤出！当“文革”开展一打三反运动、狠揪五·一六分子时，犯有“莫须有”罪名的人，他们的泪水只能对着明月洒！

与上叙悲愤心情所孕育的泪水相反，喜悦兴奋也会使人泪水突眶而出！

毛主席接见红卫兵的记录影片，不少特写镜头摄下红卫兵在看见毛主席时泪水盈眶、激动无比。这些可爱的青少年的泪水啊，是他们纯洁感情的集中表现。时代决定他们的思想，思想产生感情，他们的泪水属于时代。这泪水反映了时代的特征——思想的控制与灌输，能产生后代人无从琢磨与理解的时代感情。

当昆曲艺术家俞振飞被解放时，乘飞机从上海到北京，在飞机场上受到文化部长的迎接与慰问："振飞同志，你辛苦了！"这位久久被打翻在地、妻子不幸自杀的"反动学术权威"，不禁热泪交横，他的泪水不知是因为自己遭遇的辛酸而流，还是被文化部长的慰问感动而流？或者为昆剧的再次获救由衷高兴而流？

在社会生活中，还有一种可怕的眼泪——政治舞台上政治演员的即兴眼泪！

历史上，王莽夺取了汉朝的皇权，自己登上皇位。可是，在他废弃幼帝孺子为定国公时，还要亲执孺子的手，流涕嘘唏，假惺惺地说："我今迫于天命，不得如意而称帝也！"百僚陪泣，莫不感动。这场戏演得惟妙惟肖，王莽以善于动人感情的眼泪，为自己披上一件光彩的外衣！

林彪、叶群对毛泽东有自己的看法，在中国共产党九届二中全会上，他们却挤出几滴眼泪，为有人"反对毛主席"而怒愤填膺！这"政治泪水"中交织的感情唯有他们自己清楚！江青在接见外包工、临时工组成的造反队时，也为他们的遭遇滴下眼泪！这位喜怒哀乐招之即来的演员，素来不会把群众的利益放在心上，她流的眼泪也是地地道道的"政治泪水"。

人们，应当珍惜自己的泪水，更要识别那些"鳄鱼的眼泪"——迷人的眼泪！愿人们从古和今的"政治泪水"中吸取教训，识别"政治骗子"玩弄的政治把戏——他们试图通过"政治泪水"来俘虏善良人的感情。

（后记：1966 年毛泽东在天安门八次接见红卫兵，新闻记录片拍下了革命小将对对毛泽东疯狂的崇拜，热泪盈眶，高呼"万岁、万岁、万万岁"！毛泽东以巨大的魄力，调动千军万马，把"个人崇拜"成为社会现象。本文指出：思想的控制与灌输，能产生后代人无从琢磨与理解的时代感情。这是写本文的点睛之笔！一定的社会土壤才能产生个人崇拜景象，希望个人崇拜一去不复返。——写于 2019 年 3 月 5 日）

宣誓书正面

二十八、奇葩

（补写于 2018 年 4 月 17 日）

1966 年底，有同事对我说："现在据说有的地方对毛主席要搞'早请示、晚汇报'，每天早上要向毛主席鞠三个躬。"我听了后不加思索地说：如果我们单位里也这样做，我坚决不做，这是在封建社会里才会发生的愚昧现象。

1967 年这股风渐渐刮向全国。"早请示、晚汇报"仪式是指：早上上班时，群众要向毛泽东"早请示"，下班时，再要向毛泽东"晚汇报"。不同地方、不同单位，"早请示、晚汇报"仪式的内容与步骤并不统一，有各自的创造。例如，在"早请示"过程中朗读《宣誓书》就是一个典型的独创。

下面两张图片是《宣誓书》（粉红小纸片）的正反两面，估计 1967 年底开始问世。是谁独创？在哪一天被哪一个单位的群众，使用在"早请示、晚汇报"仪式中，不得而知。

宣誓书正面

宣誓书内容

《宣誓书》是“文革”时代绽放的一枚“奇葩”，在世界历史上独一无二。

由于保存的这份材料，离当今已有 50 年之久，所以在拍成照片后，文字显得非常模糊。

现在把《宣誓书》的内容复制如下：

宣 誓 书

我们怀着深厚的无产阶级感情，向着我们伟大的导师、伟大的领袖、伟大的统帅、伟大的舵手毛主席宣誓：

敬爱的毛主席，您是我们心中永远永远不落的红太阳。

敬爱的毛主席，我们永远忠于您，永远忠于您的思想，永远忠于您的革命路线，永远忠于以您为首的无产阶级司令部。天变地变，对您无限热爱、无限信仰、无限崇拜、无限忠诚的红心永不变。我们永远认真读您的书，听您的话，照您的指示办事，做您的好战士。对您的指示，您的司令部发出的指示，我们坚决照办，句句照办，字字照办；我们一定要把您的指示放在高于一切，大于一切，重于一切，先于一切的地位；一定要把您的指示刻在脑子里，溶化在血液中，落实在行动上。

做到：心往"忠"字上想，血往"忠"字上流，劲往"忠"字上使。生，为您的革命路线而战斗；死，为您的革命路线而献身。万语千言，说不尽我们对您的无限热爱；千歌万曲，唱不完我们对您的无限忠诚。我们最衷心地祝愿您老人家万寿无疆！万寿无疆！万寿无疆！

宣誓人

当代人如果把《宣誓书》的内容抑扬顿挫、有声有色地念一边，不知道会不会感到毛骨悚然而浑身起鸡皮疙瘩？当然，也可能有人热血沸腾！

1968年初，当"早请示、晚汇报"风终于刮到我们单位时，《宣誓书》发到了每个人的手中。由于1967年我的两次北京之行，已经让我成为一个"叛逆者"与"思考者"，对"文革"开始有清醒的认识，并渐行渐远。但是在一片红色恐怖的环境下，我违背自己1966年底对同事许下的"诺言"，身不由己地"同流合污"，完全没有胆量来抗衡这种全社会都在臣服的仪式！愤怒的火焰在心中燃烧，脸上却不能表现出一丝厌恶，痛苦地做"两面人"！

早上，我们办公室全体人员手握红宝书《毛主席语录》放置胸前，在毛泽东的画像面前站立整齐。

大家仰望画像，向毛泽东三鞠躬。然后组织者高呼："首先让我们共同敬祝我们心中的红太阳、我们伟大的领袖毛主席万寿无疆！"接着，全体人员齐声高呼："万寿无疆！万寿无疆！万寿无疆！"边喊边把"语录本"一起举向上前方，不断地按节奏挥动。组织者再高呼："敬祝毛主席的亲密战友林彪副主席身体永远健康！"全体人员接着高呼："永远健康！永远健康！永远健康！"

然后，大家齐声朗读《宣誓书》，高唱《东方红》或者《大海航

149

行靠舵手》，接下来有选择地学习几条毛主席语录。

下班前夕，办公室里大家又列队进行类似仪式的"晚汇报"。

以《家》《春》《秋》三本书在中国文学史上占有一席地位的巴金，在他晚年留下了永远在历史长河里咆哮、呐喊的未了"心愿"——在中国大地上留一块土地建立《文革博物馆》，得到了无数人的响应，成为无数人的"梦"。

如果《文革博物馆》某一天能够建立，那么我一定把我收集的这张被称为"宣誓书"的粉红色小纸片，送到博物馆展览，让它与世长存。

在历史的长河里，这份《宣誓书》将是一份非常好的教材，值得后来人思考：为什么中国的文化土壤会培育出比"封建文化"还封建的垃圾文字。

也希望后来人不要责怪我们这代人的愚昧与胆怯！我更希望后来人好好研究这个问题：当代的社会土壤，为什么会让人成为表里不能如一的"两面人"！

（后记："早请示、晚汇报"在"文革"中的产生，不是偶然的，可惜我当时没有写下文章，对这种愚昧落后的现象进行批判，只是保存了粉红小纸片《宣誓书》。由于这张粉红小纸片具有它的典型性，值得后来人进行"欣赏"。所以我补写了这篇文章，仍然放入了本书。
——写于 2021 年 6 月 17 日）

第三篇

时代风云篇

一、从《张铁生的"新答卷"》说起

（写于 1975 年 12 月 25 日）

"教育革命大辩论"这场政治戏在紧锣密鼓中开演了！"口头革命派"又拿出他们的杀手锏——开动"舆论机器"运动群众，以达到他们把政敌打倒的卑鄙目的。

司马昭之心路人皆知。令人发指的社会渣滓——"口头革命派"，要从中国人民手中夺权，要当中国不可一世的霸王。眼见着政敌周恩来和邓小平的力量（可称他们为"务实派"）在不断壮大，眼见着自己的政治基地在发生动摇，眼见着大权旁落，于是，他们把自己打扮成社会的"革新者"，捧着钟馗像上阵。

从今年 12 月 5 日清华大学、北京大学的两校文章《教育革命大方向不容篡改》发表后，他们每天在中央人民广播电台中大叫大嚷，在报纸上摇旗呐喊，出笼一系列所谓的"重磅炮弹"文章，把整个社会搞得乌烟瘴气。

他们的"炮弹"有限，但他们很聪明，把已发过的"炮弹"粉饰一番，又变成一颗新的"炮弹"。同一题材采用不同的排列组合，从不同的角度写，这些打手就能得到无数的"佳作"。今天是学校介绍经验，明天是记者走访该校，后天是别人上门取经；今天是大、中学毕业生写信给毛主席，明天是工农兵学员投笔参战，真是花样缭乱，同出一宗。《辽宁青年》杂志记者写的《张铁生的"新答卷"》就是其中的一枝"奇葩"。

"白卷大王"张铁生在一九七三年名噪全国，"口头革命派"把这个知识青年作为"反潮流者"推上政治舞台。在这场夺权运动中，他们怎么能不让自己物色的"宠儿"放一炮呢？于是，主授徒行，成为新贵的张铁生，在 75 年 11 月 29 日挥戈上阵，对准"务实派"开炮。

今年七、八、九三个月，"务实派"活动频繁，他们想以自己的实干精神，为国家和人民做一番事业，开始在各条战线全面出击。今年第 10 期《教育革命通讯》发表的一篇评论《培养无产阶级革命接班人的道路》，就是秉承"务实派"的宗旨写的。此文对"口头革命派"的教育观点开了小小的一炮，为把"文革"中形成的"教育航道"拨乱反正而放了一个信号弹。

"口头革命派"从"文革"以来提出的种种政治口号，貌似马列主义，其实都是对社会的反动。他们糟蹋政治，玩弄政治，可是，如今的中国，谁敢把他们的画皮揭下来？于是，《培养无产阶级革命接班人的道路》一文的作者，只能学习"以其人之道还治其人之身"的写作方法，拾起钟馗的语录，以钟馗的矛，攻"口头革命派"之盾，使作者的政治主张得到一张合法的"通行证"。

作者在文章中，谨慎含蓄地评论如今的政治生活：

毛主席教导我们："政治和经济的统一，政治和技术的统一，这是毫无疑义的，年年如此，永远如此。这就是又红又专。"我们应当把培养无产阶级革命接班人的任务，同适应四个现代化的需要统一起来而不是割裂开来。

众所周知，多年来，"口头革命派"一直把政治和经济割裂开来。他们置国家经济发展于不顾，一心一意玩弄政治。《培养无产阶级革命接班人的道路》一文的作者转弯抹角地说：

列宁早就批评过，"在资产阶级世界观的概念中，政治和经济就好像是互不相关的。"现在，在我们有些同志的思想上是不是存在着这个问题呢？有一种误解，认为坚持以学为主的原则，努力学习社会主义文化科学知识，重视基础理论课教学，保证教学时间和质量，便是搞"智育第一"，便是走回头路。这是一种不符合《五·七指示》的糊涂观念。这样，就会自觉不自觉地把政治与经济的关系割裂甚至对立起来，甚至无视四个现代化对我们提出的任务和要求，任其继续下去，就势必拖四个现代化的后腿。形势逼人，对我们教育战线来说，究竟"逼"在什么地方？我们应当怎么办？这些都应当很好地想一想啊！

作者写此文章的目的很明显，但是，如今谁也没有胆量敢在大庭广众面前把社会政治来个彻底解剖。于是，作者只能吞吞吐吐地对"口头革命派"的谬论开个轻炮。事实上，全国人民中没有哪个糊涂虫会主张不必学习文化科学知识，问题就在于"口头革命派"以他们的淫威封住了众人的口。全国人民都在为教育事业的日趋落后而焦急，其危害的深远性大家都很清楚，可是，在这无声的中国，老百姓怎么能放声呐喊呢？

教育工作的根本任务是培养革命事业的可靠接班人。为了阐明"培养接班人"的道路，《培养无产阶级革命接班人的道路》的作者又搬出列宁语录：

我们决不能像旧学校那样，用胜不胜数的、九分无用一分歪曲的知识来充塞青年的头脑，但是，这并不是等于说，我们可以只学共产主义的结论，只背共产主义的口号。这样是不能建立共产主义的。只有用人类创造的全部财富来丰富自己的头脑，才能成为共产主义者。

列宁如果能活到现在并生活在中国，他一定是"口头革命派"的死敌。作者即使再多搬些列宁语录，也丝毫不能使"口头革命派"的蛇蝎心肠发善心。否定旧教学，不过是"口头革命派"篡党篡政的一个手法。

"权"能主宰社会舆论。对"口头革命派"来说，他们抱定的宗旨是要把一切舆论大权操纵到手，把社会舆论驾驭在他们手中。"务实派"的活动，丝毫不能动摇"口头革命派"的"军心"，他们不达到目的决不罢休。一旦在他们夺权的目的得逞后，也可能不会按他们现在的主张干下去，可是，在野心未实现前，他们非要把水搅浑，把群众搞得"糊糊涂涂"。

"文革"进展到现在，群众已经不再糊涂。说自己"糊涂"的人也不糊涂，问题是谁也不敢一语道破社会的实质问题。啊，可悲！为什么世界历史的航舰前进到了文明时代，而我们的国家却还是万马齐喑呢？

《培养无产阶级革命接班人的道路》的作者不过是苦口婆心地写上了那么几个观点，但就是这样"温良恭敬让"的文章，"口头革命派"也一定要围剿它。像我们这样"心有灵犀一点通"的人们，感到了这篇文章的内在含意，赞美它是教育战线"重新调整"政策的红色信号。可是，权的问题未解决，又怎么能够"重新调整"政策呢？如今，"口头革命派"又挥舞巨棒，打到"务实派"的身上。

张铁生的"新答卷"是当前的政治垃圾，是张铁生为图恩宠而出卖青年人的灵魂，不值得多加驳斥，但是张铁生"新答卷"的出笼的政治背景却值得我们深思、推敲而加以分析研究。

对"口头革命派"决不能温良恭敬让，只能用暴力手段对付他们，把他们扔进历史的垃圾堆！大敌当前，决不能掉以轻心。道路虽然曲折，但是我深信，光明一定属于人民。

（后记：今天来看这篇写于"文革"尾声的记录时代风云的短文，心中不免激动。1966年毛泽东发动"文革"，他在天安门广场接见红卫兵，把个人崇拜推向高潮；以批判刘少奇、邓小平的"资产阶级反动路线"来蛊惑人心，使亿万群众积极响应他的号召，投入"文革"运动。"物极必反"，毛泽东由于走马灯似地打倒一批又一批臣子，最后失败于自己的"臭棋"。1975年下半年发动的"教育革命大辩论"，毛泽东已经失去自知之明，他的所作所为早已不得民心，为广大人民所唾弃。文中所说的"务实派"与"口头革命派"的斗争，实际上反映了以周恩来、邓小平为首的"务实派"，与毛泽东以及他的鹰犬的较量，周恩来在生命即将结束之前，发出灿烂之花。周恩来醒悟了？与毛泽东分道扬镳了？以人民利益为重了？这是一个值得探讨的谜！我认为，周恩来可以含笑告别人生，他毕竟破了毛泽东的"局"。1971 年"9·13"事件后，毛泽东开始了滑铁卢，1975 年时的中国人民已经清醒，"权力舆论"已经是强弩之末，中国人民发出吼声的时刻就要到来！周恩来生命之花，孕育了 1976 年的"四·五花圈运动"。

由于心情所累，当时我写下的"时代风云"文章不多。后来人可以从本文来体会当时老百姓心中的"文革"。——2019 年 3 月 5 日）

二、不平静的一九七五年

（写于 1976 年 1 月 7 日）

中国政治舞台上的多幕悲喜剧，看来还没有到终止的时候。从"文革"开始，一幕又一幕的政治戏剧呈现在中国人民面前，中国人民不论男女老少，既当演员，又当观众，唯可惜没有发言权，只能听凭这现代化的戏剧在少数政治人物的导演下不断地演出。

75 年仍然是不平静的一年。"文革"权力斗争中形成的政治集团，在 75 年岁终时把相互间的斗争明朗化。借助群众的力量，野心家们开动舆论机器，向对方展开猛烈进攻，并欲把对方置于死地！

75 年年初四届人大将政府名单公布，无异是"口头革命派"与周恩来及他的战友们（"务实派"）之间权力斗争一个交战回合的结束。从形式上看，"务实派"取得一时的优势，"口头革命派"仅仅埋下一个钉子——张春桥当上了第二副总理。

惯于搞政治平衡的毛泽东，再次表演了他的拿手戏。他一会儿表彰邓小平"人才难得，政治思想很强"，一会儿又指示张春桥整理"无产阶级专政理论"摘录。他要把两个人的政治威信都提高，让自己在两虎相斗的政治局面中稳坐钓鱼台。

"口头革命派"在上半年组织了"无产阶级专政理论"学习，又在九月开展评论《水浒》的运动。他们的宗旨是在舆论上牵制"务实派"的行动。"务实派"要轻举妄动吗？那你们就是对马列主义离经叛道，必须受到严厉批判。

有了权力的"务实派"，马不停蹄地施展自己的政治抱负。9号、13号、18号文件的下达，为"务实派"赢得了全国人民的拥护。邓小平多次正言厉色的讲话，显示了这位老政治家的才华和政治品质。"务实派"的力量得到巩固、发展，全国人民磨拳擦掌，等待着"务实派"新的战斗动员令。久旱逢上及时雨，人民把希望寄托在"务实派"身上。

政治舞台上的中庸局面不可能持久，毛泽东高喊"无产阶级文化大革命八年了，现在以安定团结为好！"，无非是暂时求得稳定的政治局面，使重伤的国民经济有一个喘息的机会，可是，既成的事实明确地显示：在这个野心家充斥着政治舞台的国家，安定团结是迷梦！

"务实派"为使自己的权力进一步发展，使这个创痕累累的国家得到休整，于是，窥视机会要给"口头革命派"来个狠狠打击！

七五年的七、八月，小道消息像雨后春笋般在全国出现，而在政治舞台的公开场合，"口头革命派"也暂时销声匿迹。全国男女老少奔走相告：中央15号文件判了江青的罪，她已被赶出政治局。流传说：江青在接见外国记者时泄露了大量国家机密，吐露了"文革"发动与经过情况，又肆意造谣老首长的私生活，吹嘘"毛主席老了，种种政治主张都由我江青出。"外国记者回国后写了一本书，这本书到了黄镇手里，黄镇给了周总理，周总理在政治局上向毛泽东摊牌，毛泽东表态说："江青想当武则天，她是她，我是我，……千错万错，都是老夫人的错……"人们又传说"大党阀"张春桥、"大文阀"姚文元倒了台，平民太子王洪文吓得躲到上海，"老巫婆"江青已经被下放到大寨劳动。政治传说振奋了全国人民的心，大家都希望这些传说是真的。

人们在谈论这些马路消息时，喜形于色，津津乐道。大家都暂时忘记政治风险，把久藏在心底的话儿吐了出来。人们在谈论政治上极端幼稚可笑却又野心不可测的江青时，都咬牙切齿。"老妖精"就是人民给她的封号。江青的信口开河、歇斯底里、喜怒哭笑变化无常以及她的招之即来的"感情"（眼泪），早已经引起全国人民的极大厌恶，人们把一切祸根归于她这个"武则天"。

被江青判为死刑的电影《创业》，再次隆重上演。江青定下的《创业》十大罪状，一下子变成十大教育意义。报纸对《创业》大加宣传，电台对《创业》多次转播，人们争看《创业》，为《创业》表现的中华民族精神拍手叫好，为江青判《创业》死刑而义愤填膺！

七、八、九三个月的精彩政治戏不断地演出：罗瑞卿被解放，陈丕显在上海露面……政治传说与社会现实明确地告诉人们："务实派"向"口头革命派"发动突然袭击，"口头革命派"暂时不知所措、销声匿迹。自古说，宜将剩勇追穷寇，不把落水狗打死，落水狗一旦养精蓄锐后会疯狂地反扑。遗憾的是，"务实派"没有乘胜追击，更不会开动宣传机器——把"口头革命派"置于死地。

"口头革命派"在一时的昏沉后苏醒过来，他们利用毛泽东喜欢搞政治平衡的特点，在毛泽东的支持和幕后策划下，重振旗鼓。于是，"务实派"和"口头革命派"又并肩出现在公开场合。

9月16日邓小平、江青、姚文元一起出席在昔阳召开的全国农业学大寨会议。在邓小平作报告时，江青多次插话，以显示自己没有问题并受到毛主席的信任。邓小平说："我受党中央委托，来参加大会。"江青马上插话说："是毛主席派邓小平同志来的。"江青处处以特别身份出现，自认为高人一等。

江青也作了重要讲话："……我这次到大寨来，受到同志们的热情招待，在陈永贵同志、郭凤莲同志的家里吃了饭，菜很好，有四、五只，但是，我们不愿做蝗虫……这次我从北京来，带了几部科教电影和几本书，送给大家……这次参加会议的，地方上只有内蒙古是第一把手尤太忠来……说明各省、市对农业还不够重视……这次毛主席指示，中央政治局委员能来的，都应来参加会议……对农业我是外行，我就不再多说了，免得再显丑。……"什么重要讲话？无非是"口头革命派"要让江青有机会亮亮相，表明江青是个不倒翁。报纸在头版还特地刊登江青在田头劳动的照片，但是，这种照片在人民群众中间已经捞不到任何资本。

江青的出现，说明"务实派"和"口头革命派"两派斗争的曲折。八月初，张春桥、姚文元都不怎么露面，到八月底，张春桥、姚文元接踵出来。"口头革命派"的大本营上海，各级领导开始在各部门各单位对"政治谣言"进行辟谣，要求群众不要再传播小道消息。接着，在上海文化广场召开的工业学大庆经验交流会上（王洪文出席），徐景贤又作了辟谣。

虎气凌人的毛泽东，他自己招认有猴气，这猴气就使他反复无常、权谋多变。"口头革命派"在毛泽东的庇荫下，没有倒台，只是在十月、十一月，他们在中国政治舞台上略略显得安静些。"口头革命派"养精蓄锐，伺机反扑。

"口头革命派"要伺机发毒箭，他们又拿出自己的杀手锏——大搞文字游戏，在"务实派"的众多讲话中捞稻草。于是，"口头革命派"将"是非部"（教育部）部长周荣鑫的言论开刀，从中捞取一把稻草，作为向"务实派"开始进攻的起点。准备就绪的大反攻在12月5日正式亮相，炮火声在全国人民面前震耳欲聋地轰隆了！全国人民身不由己地被卷入"教育革命大辩论"的洪流中。文痞们又来赶时髦，拿起笔作刀枪，为"口头革命派"的反攻摇旗呐喊。他们把周荣鑫的讲话和报告支离破碎地解体，攻其一点，不及其余。而无数群众，心里即使对"口头革命派"的所作所为充满愤怒，但是，表面上也只得接受"圣旨"，为"口头革命派"摇旗呐喊！有什么办法呢？要生存，就得作两面派。

这场"教育革命大辩论"再次说明中国政治的腐败——中国的政治完全操纵在一小撮人手里。这一小撮人政治上荒唐到极点，可野心却也大到极点，他们把中国变成一个无声的中国。人民怒而无言，哀而无行，这悲剧何时能结束呢？

明明是大反攻，明明是一言堂，可却要美其名曰"教育革命大辩论"。若真正允许大辩论，让全国人民都来参加辩论，那么，"口头革命派"就要原形毕露，无有容身地。"口头革命派"咬住周荣鑫不放，擒这个"马前卒"，易如反掌，他们最终的目的，是要打垮"务实派"，打倒周恩来，打倒邓小平。这场"大辩论"是他们向"务实派"发起进攻的信号。

政治上的戏剧瞬息万变。中国人民瞪大眼睛看吧：谁胜谁负，历史将会有结论。

三、悼周总理

（写于 1976 年 1 月 20 日）

江河，呜咽吧！高山，低泣吧！中华民族，悲恸吧！悲凉的重雾，笼罩着祖国的万里江山；举国上下，沉浸在哀泣之中！伟大的战士周恩来总理与世长辞了！他的死，引起巨大的回响！一切正直的人们，从心底里悼念这位的杰出的战士！

当讣告的电波在中国广袤的大地上传播时，它犹如泰山崩毁般的巨雷声，响彻长空！三山五岳俯首泣，五湖四海惊澜翻。中国人民哀从心底出，泪在眼中盈，悲痛欲绝地发出自己的心声：中国人民的参天大树倒了！中国社会的擎天柱倒了！

浓黑的双眉，炯亮的双眼，有力的唇角，威严又慈祥！翩翩的风度，文雅的举止，显示了这位战斗者政治胸怀的深沉！周总理的一生，是中国政治舞台上风云多变的社会生活的完整记录！周总理的一生，反映了这一代人错综复杂的信仰和爱憎！

周总理在战争年代中惊险又可歌可泣的政治生涯，是为现在的中国人民所陌生的，可是，当代的中国人民却通过"文革"的悲剧，认识了这位政治家的政治品格和才干：不结私党、不谋私利、能战善守、坚忍不拔、不为小事失大局、言隐于心不吐口、计藏于胸不露色！

中国人民从对祖国的前途充满信心，到对未来感到迷惘不知所措；从对党对领袖充满信任，到对党对领袖怀疑思考；从对政治生活热情单纯，到对变化莫测、残酷悲凉的政治生活厌恶、痛恨并有所认识，这是经历了一个多么漫长、多么错综复杂的心理过程啊！从对未来充满信心和希望，突变到充满彷徨和悲观，中国人民经受了多么苦难的社会生活！在痛苦、迷惘和彷徨中，周恩来以他的实际行动，取得了中国人民的信任。他成为人们心中脱离苦海的希望和明灯！

随着周总理的遗灰撒在他心爱的祖国的江河中、大地上，人民对他的信任达到最高峰！

虽然从一月八日到一月十五日，"官方"禁止人民自发组织悼念周总理活动，但是，中国人民还是冲破封锁线，自发地在各地升起半旗；自发地停止了文艺活动；自发地佩起黑纱、白花；自发地开起了追悼会，悲哀笼罩着祖国的大地！

在人民自发组织的追悼会上，人们悲恸欲绝！当哀乐低回时，望着披着黑纱的周恩来遗像，人们哭总理，人们哭邓小平，人们哭自己，人们情不自禁地为祖国的命运、社会的前途担忧。面临着动荡的政治生活，面临着瞬息万变的政治风云，人们怎么能克制自己的感情而不放声痛哭呢？庄严肃穆的会场，一泻千里的悲哀——告诉了历史，这现代社会饱含的酸痛何等深沉！

举国在哀痛。它不是社会宣传家制造的社会舆论的硕果，因为社会机器从来就不曾起动马力来宣传这位政治家。

人民在哀痛。这不是由于人民幼稚无知而妄动感情，这是人们在对社会政治开始探索的过程中内在感情的大爆发！这感情没有丝毫的虚假和人为，这是最真诚的感情！在这两面性充斥着的社会，这感情何等的珍贵！

社会在哀痛。可是，也有人禁不住内心的激动而得意忘形。从此以后，野心家攀登权力高峰的荆棘路上，少了一块挡路石，野心家怎么能不发出由衷的微笑呢！在向周总理遗体告别会上，江青在众目睽睽之下，不肯脱帽致哀，岂非咄咄怪事！野心家在这应该掩盖自己内心世界的时刻，却缺乏控制力而露出了狐狸尾巴，遭到举世共愤！

危流中的中流砥柱倒了！参天大树倒了！但我深信，山河永在，新的中流砥柱决不会没有！

敬爱的周总理，请安息吧！

四、评周总理

（写于 1976 年 2 月 5 日）

周总理与世长辞了，但他生命的力量与历史共存！

在"新中国"的诞生中，建国领导者都建树了不同的功勋，但在"文革"中：有的人暂时被判了罪；有的人成了社会发展的绊脚石、身败名裂；有的人空负着虚名儿、销声匿迹；有的人摇摇欲坠、心有余而力不足。而周恩来却在这场世界上空前绝后的政治大动荡——

美名为"文化革命"的运动中，经受了考验，使他的人格魅力大放异彩，受到了中国人民的爱戴。

他不是没有机会成为国家的第一把手，但他以他明确的人生哲学，心甘情愿地甘当配角。他一生的宗旨，就是把自己的无穷智慧、充沛的精力贡献给中华民族。令人叹息的是，周恩来的一生，却充满着无奈和痛苦。在我国的政治生活中，党的内幕永远不能为群众所了解：哪些功过应归毛泽东，哪些功过应归周恩来，可正由此，人们更感到周恩来的伟大。

"文革"初期，我痛心疾首、丧魂落魄地看着祖国政治舞台上风起云涌的大动荡，我百感交集：祖国在水深火热中。我不由对周总理产生了怨恨：恨他的懦弱，恨他的明哲保身，恨他为什么在淫威面前不挺身战斗？我在心中默想：中国的事业，败就败在他的身上，因为他是政治天平秤上一只关键的砝码！

在"文革"初期，"文革"的发动者们，为满足自己贪得无厌的狼子野心，为确保自己的统治宝座，设下圈套，使他们的政敌——这些善良人还不知道自己成为發動者們的政敌——担上了"提出、推行资产阶级反动路线"的罪名，被迫一步一步地从政治舞台上退却。善于洞察问题的周总理，在这决定中国命运的关键时刻，迷迷糊糊地、老一套地倒向了淫威这一边，从而决定了各方政治斗争力量的轻重，决定了在这决战时刻谁胜谁负，使中国人民无法逃脱这场浩劫！

周总理人情练达，不愿意轻易伤人，处处顾全"心中的大局"。可是，政治舞台上的斗争是你死我活的，你要想风平浪静，可有人偏要掀起万丈恶涛；你要想和和气气，可有人偏要杀气腾腾；你心甘情愿当配角，可有人处心积虑要登上权力宝塔的顶峰。从而，在"文革"初期，周总理的性格和信仰，正好成了淫威玩弄者倒行逆施的支柱。他们充分利用了周总理的品格，把他作为攀登权力高峰的垫脚石。周总理的性格既然喜欢"善"，他的作为就只能是这样，于是，他使他的战友们蒙了难！

　　"文革"发动者压根儿可能从心中就瞧不起周恩来，因为周的性格和人生哲学与他们是格格不入的。或许他们干脆认为周根本就不懂政治，只不过是一个会处理事务的好管家和忠诚的传声筒。这些自以为棋子高人一着的独裁者，神机妙算，算准周决不会反对他们冠冕堂皇的事业，反而会成为他们获得胜利的良梯和催化剂。他们一伙在"文革"前夕作决策时，是把周完全排除在帷幕之外的。他们深知周即使在明了事实的真相后，也一定会"以大局为重"而不发异议。若是霸王事业大功告成后，周胆敢发出异声，那么，搞掉他也是易如反掌。交战的头几阵——打罗瑞卿、打彭真、打陆定一、打杨尚昆，周恩来和他的战友们，都是迷迷糊糊。此时，糊涂的中国人民，包括周恩来等大小干部，对政治依然是幼稚的，因为领袖权威、党的观念，在干部、群众中太根深蒂固！在这个"正统观念"根深蒂固的国家，要定彭罗陆杨的"反党罪名"易如反掌，再加上大部分高级干部的明哲保身，于是，彭罗陆杨就在独裁者、野心家的突然袭击下，在众目睽睽、个个噤若寒蝉的情况下，下了台。当人们还没有对错综复杂的局面开始思考时，大局就已经定下。

　　教育革命开始后，在派不派工作队进驻学校搞运动这个问题上，周与刘少奇、邓小平是一样糊涂的。一如往常搞政治运动的常规，工作队开进了学校。于是，刘、邓"提出、执行资产阶级反动路线"的罪名就形成了！此时此境，当上层统治集团中极大部分人还未从刘、邓是否犯了错误这个重大的政治问题中醒悟过来时，另一场速决战又开始——八届十一中全会召开，它是这场权力斗争最关键的时刻。周恩来由于他的性格和人生哲学所决定，站在了毛泽东这一边，无形中助纣为虐。于是，中国人民和他们的干部在劫难逃了！

　　在全国横扫一切"牛鬼蛇神"一片打倒声中，以周恩来的聪慧，他自然对这场政治阴谋很快就恍然大悟了。可是，为时已晚，大错已铸，从此，他身不由己地在政治舞台上演戏，处理各种不断向他奔袭而来的大小事务。"文革"头四年，他辛苦异常，是一个名副其实的

"管家婆"，连一些地方工厂两大派谈判大联合的琐事都要由他来主持。

周恩来在公开场合对"文革"事件的态度是逐步升级的。初始，他在接见红卫兵时，强调刘少奇是犯了路线错误，是人民内部矛盾，但是，随着形势的进展，淫威的无形逼迫，他的态度也不得不向决策者的意愿转弯了！与此同时，在公开场合，他也逐渐开始对江青、林彪说些赞扬话，表明自己接受他们的领导。他跟着潮流，戴上了红卫兵袖章，胸口佩上了毛主席像章。在天安门城楼上随毛、林检阅红卫兵时，他手里拿着小红本——《毛主席语录》，跟随在毛、林后面。有自知之明的他，极有分寸地在行步中始终和毛林之间保持一段距离。所以，当新闻照片在报上注销时，群众可见到周离开毛、林一段距离站着：口角含笑，手持《语录》。既然毛泽东的亲密战友由以前的六人（刘少奇、周恩来、朱德、陈云、林彪、邓小平），一下子减到仅有林彪一个人，那么，素来不计较名利的周恩来，又何必非挤入这亲密战友的行列中去呢！

大势所趋，"文革"发动者是非要把他们的意志兑现不可的。此时此地，任何个人的能力都难以挽天——阻止"文革"决策者发动的不流血的政变（一场赤裸裸的向人民夺权的政变）。

周恩来的性格和人生哲学，决定了他不可能像陈毅那样大闹怀仁堂，掀起"二月逆流"，向淫威挑战！也决定了他不可能与战友们结成死党，与战友们认真地解剖这场政治闹剧，从而狠狠地回击这场举世罕见的阴谋！他不可能作为一个核心力量，调动起浩浩荡荡的队伍，粉碎"文革"这场政变！

当"文革"冲击他的战友陈毅、李富春、李先念、谭震林、余秋里等人时，作为深知陈毅等人素质的周恩来，他只是保他们，但他决不愿意与他们一起拉小山头。这就是周恩来的不犯自由主义、不结党营私、不搞阴谋的人生哲学。

周恩来在这样特定的条件下，抱定的宗旨是在条件许可的情况下，多为人民做一些好事！他对"文革"决策者的素质了如指掌，在无可奈何的情况下，为了使自己的才智能够继续为人民做些好事；为了能以自己的威望来遏止"文革"发动者的倒行逆施，他只得含辱忍垢，违心地跟着指挥棒儿转。他把自己的真正的政治观点隐藏起来，丝毫不向人吐露（或许邓颖超知道？），埋头于事务工作中！

但从另一方面看，"文革"决策者要打倒的人，他敢出来"保"，那也就充分表露了周恩来在这样特定的条件下依然是我行我素，他的政治观点与"文革"决策者是格格不入的。

九大前夕，从表面上来看，周恩来完全接受了毛、林的领导和政治主张，但他内心的一本帐想必非常清楚。以周恩来的性格和人生哲学，他自然对林彪那种"万岁不离口，语录不离手"的行为产生厌恶；对毛、林彪肆无忌惮地屠杀"开国元老"政治生命的卑劣行径怒不可遏；对林彪、叶群夫唱妇随的丑恶表演极端反感，但通古博今、知晓权术的周恩来只能顺流而淌，冷眼观看毛、林的拙劣表演。人力难以挽回的危机，周恩来不必火中取栗。（注：这里要指出，从现在披露的材料来分析，周与林在九大上，有共同的语言：发展生产力，发展国民经济。写于 2019 年 3 月 6 日）

九大召开后，毛、林的矛盾逐渐露相，而周的政治手腕也逐渐露相。周恩来不再手拿语录，公开提出：在群众日常活动中，应该废除早请示、晚汇报，应该废除群众集会前必须高喊口号"敬祝毛主席万寿无疆！"，取消跳忠字舞！

新形成的政治集团之间的矛盾日趋激烈，林彪感到了江青、张春桥对他的严重威胁。随着他们矛盾的加深，毛泽东与林彪在 1970 年 8 月召开的九届二中全会上，彻底闹翻。从此，毛泽东箭上弩，刀出鞘，步步为营，林彪只有招架之势。

九届二中全会后，周恩来成为毛泽东的一只臂膀，指挥了"批陈整风"的斗争回合。林彪自我爆炸以后，周恩来在政治舞台上的形象高大起来。从此，周恩来逐渐掌握了政局，以前身不由己地行动的他，如今可以撕下部分面具，把内心的抱负付之现实：把颠倒了的事情再颠倒过来，要为在"文革"中不幸遭到政治屠杀的战友们雪耻，把这支队伍重新拉回政治舞台。周恩来决心妙手回春，重整山河。

试看，1971 年 9 月 13 日以后，打倒的"走资本主义道路的当权派"被解放的有多少？"大叛徒"谭震林重登政治舞台；"大土匪"贺龙给下了中央文件"恢复名誉平了反"；在"大右派"陈毅的追悼会上周恩来亲自致悼词；"反党分子"罗瑞卿被宣判无罪；"第二号走资派"邓小平重新出山；李葆华、江渭清、李井泉、谭启龙、叶飞、肖华、胡乔木、胡耀邦、余秋里等等重见天日，他们气昂昂地返回了政治舞台，这显然都与周恩来的回天之力有关。中国加入了联合国；尼克松登门拜访；中国积极参与国际活动，从作茧自缚的孤立境地中走了出来，使国际政治得到新的平衡，这也都与周恩来的回天之力有关。

周恩来，就是这样一个善于"克己复礼"的政治人物！人民群众看到了这一点，"文革"决策者也明白这一点。

周的"克己"，就是忍辱负重，把目光寄寓于未来。当风暴到来时，他以自己的智慧与勇气同风暴作生死搏斗！在风雨飘摇中，他只能叹息独木难支倾斜的大厦。他只有与刽子手们为伍，除此，别无它路！身陷污泥，再来空谈"洁身自好"，不是第一流政治家的策略。周恩来这棵大树经过风雨的洗礼，使自己的树干逐渐变得更加粗大！

周的"复礼"，就是要积蓄力量、运用智慧向刽子手们夺权！若是都挺身屈死在淫威的屠刀之下，那只能使刽子手们高兴，周决不愿做枉死鬼！

"文革"决策者们从林彪的"克己复礼"中看到了周的阴影。林是毛的"学生"，却在背后称呼毛为"当代最大的封建暴君"，那么，周是毛的"管家"，背后又会怎样呢？再说，新贵们乘风破浪中的"礁石"，如今只有周恩来这块巨石了。于是，"文革"决策者们又发起新的运动，决心把这个"克己复礼"的高手彻底埋葬！

可是，经过"文革"洗礼的周恩来，大树已经参天。蚍蜉撼树谈何易，这个批判当代最大"儒家"的批林批孔运动，最后不了了之，大树却更加高大了！

1972 年，周恩来得了不治之症，而与刽子手们的斗争方兴未艾。于是，周恩来从冷谷中请出老虎——邓小平，让这位机灵、刚强、果断的政治家来重整山河，收拾残局。邓小平在周恩来的大力支持下，不负众望，艰难地一肩挑起了党、政、军三副重担。而毛泽东迫于形势，也不得不暂收"虎爪"，违心地赞扬邓小平"人才难得，政治思想很强"。

1973 年召开了中国共产党第十次代表大会，而四届人大却成为难产儿。新贵们伸手要权，一心为公的周恩来，再也不会把权奉送给这些野心家。当年以退为进，而今，周恩来再也不愿意重新拾起这个看家本领。

朝不保夕的周恩来，自知命难久长，未来难卜。"激流中险舟破重浪，淫威前丹心映河山。离乱里高树刺青天，阴霾下明灯照航程。"为了把后事安排好，周恩来对新贵们寸权不让。经过千难万险考验的周恩来，怎忍心让凛冽的寒风重卷大地呢？周恩来终于在 75 年 1 月召开四届人大。四届人大政府名单的公布，无异是周恩来人生中最辉煌的一笔！他把国家实权紧紧地夺到战友们手中，把重担托付给了虎气凌人的邓小平。而诡计多端的毛泽东，深知周恩来不久将离开入世，也就慷慨体面地把权给了周恩来与他的战友，他深信，一时的忍痛割爱，为的是未来更大的事业！

邓小平重返政治舞台，给暮气沉沉的政治舞台送来春风，他与他的战友们个个精神抖擞，气壮如牛，决心大刀阔斧地干一场。

啊，惊心动魄的事实教育了我："文革"初期我对周恩来怨恨的产生，乃是出于我对政治的幼稚无知！社会需要"二月逆流"中的干将陈毅，但是，社会更需要危流中的周恩来，陈毅与周恩来，同样义胆撼山河，为中国人民所歌颂！

周恩来温尔文雅，可他的风雅却浸透了遒劲——面对顽敌屹立不动。周恩来神采奕奕，不傲不矜，他的才华完全贡献给祖国的事业，而不是处心积虑名留千秋。周恩来大权高揽，使人对他望而生畏，但他不结私党、不搞阴谋，团结同志共同奋斗！周恩来，刀斧丛中笑对顽敌，万花园里俏不争春，民族精神在他的身上得到了升华。他遗言把他的骨灰撒在祖国的江河中、大地上，使他的形象完成了最后的一笔，而人民对他的敬爱由此达到最高峰。他逝世时，上海市革命委员会大门前，普通百姓贴在墙上的朴实诗句"寰中赤子铭恩德，传颂英名无限情"，完全表露了中国人民对他的无比爱戴。

周恩来没有留下什么巨著，他的一生只是兢兢业业为人民的事业奋斗，他以他的"求实精神"给社会留下宝贵财富。或许在他认为，着书立说又有何用？未来的人们将会从书中各取所需，完全违背作者原来的意愿而作政治游戏。

周恩来与毛泽东的思想、品格、作为格格不入，在最后的岁月他们俩人或许根本就未曾真正坦率地交换彼此的内在思想活动。在我看来，他们俩人能合作数十年，最后没有分道扬镳，并非由于毛泽东的超凡，而是由于周恩来的伟大——深沉的城府、磊落的胸怀，在未来的历史上，从品格上来说毛在周的面前是渺小的。毛泽东自以为比周恩来高一着棋，但是，周恩来却以他的实际行动明确地告诉他的人民——周是一位更高的棋手。想到毛泽东多次苦苦相逼周恩来，要他在政治局会议上多次作检查，宛然一副不可一世的皇帝做派，我不由为周恩来流下悲愤的泪水，这世道太不公平！

周恩来有他的不足：正统观念太强。封建文化的熏陶，使他接受了封建文化的糟粕——臣忠于君；共产党纪律的潜移默化，使他接受了累赘——忠于领袖，因此，他始终不敢越雷池一步，不能在政治上来个彻底创新。政治家可以没有野心，但是，在条件许可时，从人民利益、社会进步这点出发，为什么不能取淫威而代之呢？！周恩来心甘情愿被毛泽东领导，在能与毛泽东合作的前提下来推行自己的政治主张；周恩来不会"宜将参剩勇追穷寇"，而穷寇们却会本能地反咬他。啊，写到此，我不能不为中华民族悲哀；我不能不为周恩来叹息，周恩来给国家、给自己都制造了悲剧。

我始终想，周恩来若能遇上一位好的领袖——品格高尚的领袖，他一定会更有作为，更有贡献，他的人生会更加灿烂！

如今，周恩来不在了。带着痛苦，带着许多不能说出的话，带着无奈，带着矛盾，带着遗憾，周恩来告别了人生。而"文革"决策者们，却在闹哄哄地开始血腥的屠杀！周恩来由于未能最无情地把政敌们打翻在地，所以中国人民又要经受另一场浩劫！邓小平也要经受另一场浩劫！毛泽东由于考虑自己的英名能否流传于世，已决心把周恩来的功绩踩到脚底下。他未能参加周恩来的追悼会，那就是他在政治上对周恩来的鄙视。"文革"决策者们，踩着未寒的周恩来遗灰，赤膊上阵，大张旗鼓地开展反击右倾翻案风，邓小平的政治生命已经是个未知数。

周恩来死了，中国人民将永远同情他的令人叹息的悲剧。道路虽然曲折，但是祖国的春天一定会到来，万马齐喑的时代一定会结束。

周恩来，请安息吧！

（后记一：在未来的历史上，周恩来将成为一个有争议的人。责备他的人会说，周恩来为什么是一个"不倒翁"？他为什么不能像彭德怀那样勇敢地站出来讲话？他为什么对毛泽东唯唯诺诺、一切听从毛的话？甚至，有的人会说周恩来是一个大奸臣，他的所作所为是助纣为虐；有的人会说周是明哲保身，处处为自己的"官位"着想；有的人会说周只忠于毛一个人，是封建社会的"愚忠"。啊，人死了，应该"盖棺论定"了，但是，这个"定"，不同的人会有不同的看法，所以，周恩来只能是一个有争议的历史人物了。我写于 1976 年 2 月 5 日的这篇文章，写出了当年一个普通老百姓对周恩来的评价与认识，我深切地希望后来人在评价那个时代的人的时候，不要忘记当年这个社会的时代背景——这是一个残酷的社会："上方宝剑"和"黑鞭"高悬，扭曲着人性，人们都不能说出自己的真心话。周恩来的一生是一个悲剧，他的一生是痛苦的一生，一种后世人无法理解的痛苦。从 1949 年共产党成为执政党，许多官员都以各种方式整过人，"整人"成为那个年代的社会"文化"。我深切地希望，后来人能够理解周恩来的两面性。——写于 2004 年 8 月 17 日）

（后记二：1976 年，在"白色恐怖"笼罩的背景下，我能够以此文记录当时小百姓的所思所想，勇气莫大矣！——写于 2019 年 3 月 6 日）

五、风云多变的岁月

（写于 1976 年 3 月 4 日至 26 日）

山河垂泪，民怨沸腾，这就是当今中国的现实情况。

山河在低低地哭泣，为自己落入一小撮野心家的手而怨愤。野心家们横行霸道，到处信口雌黄，把祖国大地搞得乌烟瘴气！最善良、最容易被统治的中国人民，如今悲愤满腔、牢骚满腹，中华民族已是一座喷薄欲出的活火山！

中国人民目睹一小撮鬼魅肆无忌惮地把万里河山搅得天昏地暗，可又能为自己做些什么呢？他们只能忍受、忍受、再忍受，痛苦地做着"两面派"。豺狼当道，野心家们一手遮天，灾难深重的中国人民无力反抗暴政，只有悲哀地经受一场又一场浩劫，却无人升起红旗，把正直的中国人民集结起来，彻底推翻腐朽的王朝！在这个文字骗人、真理蒙尘的九百六十万平方公里的土地上，没有党纪国法，绞肉机般的国家机器在残酷地运转着。

忆当初，共产党领导中国人民埋葬蒋家王朝，万里河山迎来明媚的春天，到处欣欣向荣，中国人民以为自己从此站了起来！在多年的和平生活中，虽然走过的道路曲折、不断出现新的创痛，但是，中国人民却没有认真地思考过这新的创痛产生的真正原因。他们单纯，信仰如一，始终坚定地跟着自己的党与领袖向前迈进。

风云突变，毛泽东亲自发动的"文革"，把诚实的中国人民卷进了这场政治运动。出于对党和领袖的赤诚，中国人民在这场政治游戏中认认真真地做了演员：一忽儿执行资产阶级反动路线，或成为牛鬼蛇神；一忽儿当保皇派、保卫党中央；一忽儿当造反派、高举造反大旗；一忽儿相互武斗、风烟遍起，停电停水停产；一忽儿抓革命、促生产、进行革命大联合；一忽儿高喊口号"毛主席万寿无疆！林彪同志永远健康！"；一忽儿亲密战友北漠焚尸；一忽儿批林批孔、评法批儒；一忽儿聆听毛泽东教诲"二号走资派人才难得、政治思想很强"……这千变万化的一忽儿，使得中国人民把眼睛睁开，他们要认真地把一切来个彻底思考。信仰变得彷徨；思想变得混乱，中国人民对政治变得敏感起来。如今，中华民族已经不是"文革"前的中华民族，要驾驭他们再也不那么容易了！

可是，袖里妙计取之不尽的"文革"发动者，现在又来一个一忽儿：大张旗鼓地开展反击右倾翻案风运动；邓小平成为"还乡团"的头子，必须进行严厉的批判。很遗憾："文革"初期的情景再也不能出现，这个一忽儿竟然引起民怨沸腾，人民开始诅咒这场"文革"。

"物极必反"，可惜"文革"发动者忘记了这个铁的规律。

回忆当初，在党的九大召开以后，林彪与江青、张春桥之间的矛盾开始白热化。自以为威震中华的林彪，妄图再次借助"钟馗"毛泽东，向政敌挑战。可是，林彪的"灵丹妙方"失败了，他实际上没有把毛泽东的性格与内在的心理活动摸透。翻手为云、复手为雨、心理状态千变万化的当代皇帝，是任何人都难以琢磨透的。九届二中全会上，林彪被挨了狠狠的一棒。

1971 年九·一三事件发生以后，中国人民感到舒了一口气，久压在心底的愤怒一下喷发出来。人们在公开场合无情地鞭策和谩骂林彪，并且得意地说："哼！我早就看出林彪是个坏东西！""文革"的一连串政治大事和《五·七一工程》，已经使中国人民对毛泽东产生了怀疑，："这个接班人是他树立的，现在怎么一下子成了坏人？"毛泽东的威信开始大大地下降。

与此同时，中国人民的另一棵大树却迎风招展，显得更加苍劲：周恩来在全国人民心目中威信倍增。着意栽花花不开，无心插柳柳成荫。刚柔相济的周恩来，拿出了他最厉害的一着棋——从"深山冷谷"中请出"老虎"邓小平！

毛泽东自然知道，让邓小平重返政治舞台，无异放虎归山。但是，翻手为云、复手为雨、袖里锦囊妙计取之不尽的毛泽东，自然有他治人的秘方。他向周恩来作了让步，大胆让邓小平回到政治舞台，以换取当前的政治稳定。感情冲动的江青，克制不住心中内在的愤怒："主席对小平同志三七开，我觉得评价太高了。这是很高的评价，如果有人对我四六开，我就非常高兴了！……"（当时社会上流传江青这段话时，群众都怒不可遏：哼！她有什么资格哇啦哇啦……）

慑于社会舆论的压力；慑于周恩来的威望，江青、张春桥这两个阴谋家，不敢明目张胆地坐上党、政的第二、三把手，毛泽东也不敢明目张胆地把周恩来拉下马。可是，他们怎肯让大权完全落到"克己复礼"的能手周恩来的手中？于是，在 1973 年 8 月召开的党的十大上，由毛泽东亲自开口，把"最有前途"的王洪文放在第三把交椅上。他们认为，王洪文这个"文革"中的暴发户，一定会全心全意为他们效劳；一旦大功告成，他们完全可以把他废掉，然后亲自披挂上阵！他们深知，现在的挡路石是屹立在中华大地上的巨人——周恩来！1973 年上半年，毛泽东就给一些中央领导干部吹风——要批孔子这个"复辟派"！在我们国家，批死人都是为了整活人！又一场政治运动在酝酿之中！

在充分准备后，1974 年 2 月江青、张春桥、姚文元赤膊上阵，吹响"批林批孔"号角。他们四出活动，到处寻找炮弹，伺机要把周恩来这个当代"反动大儒"打翻在地！可是，树大根深的周恩来，迎风昂首、笑视风暴，十二级"反复辟风"都刮不倒他！批林批孔最后不了了之，城府深沉的周恩来，冷眼观看政治小丑的拙劣表演，不同毛泽东、江青、张春桥撕破脸皮，继续心照不宣，和平共处。

党的十大于 1973 年 8 月召开，可四届人大迟迟难产。在上层统治集团，对政府领导人名单的安排，双方展开了最激烈的斗争！自知生命危在旦夕的周恩来，决心要把后事安排好，把实权掌握到自己的战友手中。高深莫测的毛泽东，再次显示他的政治气魄，对周恩来作了让步，让周恩来安排了政府官员名单，四届人大终于在 1975 年初召开！毛泽东在官员名单中摆进张春桥（周恩来在这一点上只得妥协），为自己今后的棋子埋下伏线。江青、姚文元暂时没有进入政府官员行列。作为对周恩来行动的最有力抗击，毛泽东没有出席四届人大。

四届人大后，周恩来把自己的重担托付给了邓小平，邓小平一肩挑起了党、政、军三副重担。邓小平决心大干一番，为全国人民创一番事业，并以实际行动给野心家们最猛烈的回击。

邓小平登上政治舞台后，出色地显露了他的政治才干。果断、泼辣、敏捷、精干、雷厉风行，邓小平的形象在全国人民面前高大起来，树立了他"文革"前所得不到的威信！

现在回忆起来，这一年，在邓小平当政的十多个月中，他一共抓了五件大事：铁路运输、钢铁生产、煤炭生产、农业学大寨、军队整顿。他作过数次报告，一针见血地指出当前社会存在的种种问题。他不会含含糊糊、遮遮盖盖，而是大刀阔斧地对社会通病开刀（进行整顿），医治社会创痛。

邓小平的报告传达到人民群众的次数并不多，但却给全国人民留下深刻印象。从 1949 年以来，中国人民从来没有听到过言语如此锋利、论事如此恳切的报告（相对而言），字字有力，句句入耳。在社会条件许可的情况下，邓小平在报告中，尽可能地抛弃陈词滥调（自然，他还是不得不借助"钟馗"的语言，但无损于他文风清新的报告）。

邓小平说出了人民的心里话：

我们（工业、农业）的发展速度，二十五年来，总的来说，我们有相当大的发展，但是，发展速度还不算快。

军队要整顿，工业要整顿，农业要整顿，商业也要整顿，文化事业也要整顿，科学技术也要整顿，文艺调整，实际上调整也是整顿。

军队建设中存在的问题不少。如果从报忧方面或者叫缺点、毛病来说，有五个字：肿、散、骄、奢、惰。

现在的问题，有些领导班子，还是软、懒、散。

中国人民要有耐心。在不远的将来，不到二十世纪末，中国人民将要过上比较先进国家人民的生活水平。

邓小平以他的实际行动获得了中国人民的好感。现在看来，邓小平在大胆行动的同时，没有把中国的政治吃透，没有把"文革"的悲剧识透。朱德、李先念、叶剑英、余秋里、潭震林、胡耀邦等人或许仅把惨遭政治大屠杀的祸根归于林彪、江青，尽管对毛泽东也会有这样那样的看法，可是，在正统观念的作祟下，不能完全认清毛泽东的真面目，对他仍然不免存在"幻想"。

这些"走资本主义道路的当权派"大干起来，他们"得意忘形""利令智昏"，以为毛泽东真的把大权交给他们了。他们尽情地"表演"，对"文革"中种种怪现象无情地批判。也可能由于他们心中有股气，所以促使他们为人民造福的劲头更大些。纯洁的创业者们，你们忘了野心家是如何发动"文革"的？你们完全忘了暗箭会在你们预料不到的时刻会突然向你们射来。你们难道不能明白"权"的问题不彻底解决，政治主张是难以实现的？你们难道没有想到野心家没有铲除，干扰和灾难必然会到来？政治上是绝对没有调和余地的。创业者们大刀阔斧地干，遗憾的是，功劳没有，苦劳也没有，等待着的命运是第二次被打倒！

"头上长角，身上长刺"的邓小平，上台后，剑拔弩张，对江青、张春桥丝毫不肯高抬贵手，赤裸裸的行动怎能不叫毛泽东胸中五内俱焚。邓小平们必然是在劫难逃！

试看一个传说的例子：

不是军委委员的江青，擅自跑去军委，想参加会议，履行她"不管部部长"的职责。她悠然自得地在一旁喝茶看报，可是，偏偏主持会议的邓小平（或叶剑英）在会议开始前下了"逐客令"，宣布说，非军委委员的人请出去，连说了二次，而自认为"领导一切"的江青，就是赖在会场不走，你下你的逐客令，我品我的清茶，"镇静自若"地与你这位"走资派"斗！主持人气愤难抑，宣布散会。

"走资派"这样的行动，不是在向毛泽东进行强烈的挑战吗？！毛泽东怎能容忍这样的行动呢！打在江青身上，痛在毛泽东的心里。这个有仇必报的共产党领袖，他日自然非要把邓小平置于死地不可！

反击右倾翻案风运动开始后，张春桥在上海说："邓小平在钢铁会议上的讲话，他要求家喻户晓，我们上海顶住了一个多月不传达。"（钢铁会议于 1975 年 5 月召开）

这些话明显地表露，在邓小平上台不久的 1975 年 5 月，江青、张春桥已经把对邓小平的愤怒表现在行动上。而不自量力的邓小平，又偏偏要在太岁头上动土、要摸老虎的屁股，冲着江青、张春桥开炮！

周恩来、邓小平抓住江青泄露大量"机密"给外国作家这件事，给了江青、张春桥闷头一棍。当时，江青、张春桥有些措手不及，连毛泽东也只得忍痛割爱，骂了老夫人几句。另一方面，毛泽东却摆开战阵——评《水浒》，又要抓俘虏了！

周恩来的人生哲学与性格，决定他在毛泽东面前始终唯唯诺诺，决不会采取心狠手辣的彻底措施。况且他与他的战友缺乏全盘的战略步骤，在打了江青闷棍以后，邓小平他们根本就没有好好地想过应该如何走好下面一步棋——应付毛泽东的挑战！结果是打草惊蛇，自投罗网！

毛泽东开展评《水浒》运动以后，邓小平还粗枝大叶地说：

评论《水浒》是这么一回事：主席把七十一回本子读了三个月，读了以后，主席发表了这一通言论。有人借这做文章，想搞阴谋。你又不是宋江，你又没有投降，你就好好学习毛主席的无产阶级专政理论批判投降主义！

令人叹息。邓小平竟然会没有把毛泽东的诡计看穿！邓小平大权在手，他太小看了江青这几个能卷起惊涛骇浪的玩世不恭者！不知道邓小平有没有认真思考过这些谜：毛泽东为什么要发动"文革"？江青、张春桥为什么能乘火箭进政治局？毛泽东对他给以重任，究竟对他是真正的信任，还是迫于国内形势的权宜之计？

邓小平把这些要害的政治问题置之脑后，继续在政治舞台上大显身手：起草工业十八条、召开十二省省委书记会议、在农业学大寨会议上作报告。他以实际行动回击江青、张春桥的卑劣行径。也或许邓小平明了自己是政治舞台上的朝露水，不远的某一天就可能销声匿迹，于是乘此机会为人民做一番事业，即使下台以后，历史也会给自己有正确的评论。他决不会搞阴谋，冒风险把毛泽东彻底打垮。从种种迹象和实际行动来看，邓小平火眼金睛识破毛泽东的战略步骤的可能性很小，更多的可能是毛泽东耍了两面派，向邓小平灌了迷魂汤（他惯于运用这一手），使邓小平产生如此假象：以为毛泽东对他是百分之百信任的，他完全可以大胆放心地干。当1975年8月谣言达到高峰时，毛泽东肯定又以调解者的身份出现，要两派携手共事。所以，8月中旬后，两派往往一起出来从事外事活动，又一起出席农业学大寨会议。

暗底里，毛泽东却在找突破口了！

若说 1975 年 8 月 13 日评《水浒》社论的发表，打响了反复辟的信号弹，那么，11 月 3 日清华大学教育革命大辩论的开展，是演奏了"反复辟"这场政治戏剧的前奏曲。毛泽东抓住邓小平转呈刘冰信件的良机，给邓小平定下了"矛头指向我"的罪名。12 月 5 日，这场戏剧向全国人民开演，北京大学大批判组的文章《教育革命的方向不容篡改》发表，"教育革命大辩论"揭开了反击右倾翻案风运动的序幕！

"文革"发动者如"文革"初期那样，把"教育"这个是非之地作为他们向政敌进攻的突破点。"教育革命"是他们在"文革"中精心培育的"新生事物"，在这上面他们自认为最有发言的资本。他们开动舆论机器，叫嚷：

最近，教育界有一种奇谈怪论，说什么"文革"以来，教育革命这也不行，那也不是，教育革命的方向"总是没有解决好"，因而"就是要扭"，这无非是说，教育革命搞过头了，搞糟了，要把教育革命的方向"扭回去"。问题很明显，当前争论的焦点在于：是坚持教育要革命的方向，把无产阶级教育革命进行到底；还是为修正主义教育路线翻案，复辟资产阶级知识分子统治我们学校的旧教育制度？

山雨欲来风满楼。人们从教育革命大辩论的开展，预料到又一场运动要开展了。殊不知这次挨整的对象又是谁了？人民深知，擒周荣鑫、刘冰这些马前走卒，决非野心家们的最初用意！

倘若江青、张春桥在"文革"初期就把刘少奇拉下马并取代他，那么，人们或许会出于幼稚、懵懂而真诚地拥护他们。现在，经过"文革"十年左右风浪锻炼的中国人民，已不是当初的中国人民。江青、张春桥一再蠢蠢而动，他们已经成为中国人民的反面教员，他们的种种表演激起了中国人民的义愤。毛泽东在人民中的"威信"，现在不但不能给江青助威，反而，江青表演越频繁，她就越糟蹋毛泽东。

民心不可欺。历史一再向统治者敲响这个警钟，可是，野心家历来总是把人民大众视为草芥！群众在心里咒骂这场"教育革命大辩论"，他们无有能力在报纸上和对方开展辩论，只能以情绪来抗拒统治者的意志。从 1975 年 12 月 5 日到今年 1 月 8 日，人民对官方文章置之不理，有的人甚至在工作单位的小组学习会上公开地说："这种文章，我就是不要看！"

教育阵地的状态人民最清楚、最有感受。现在官方舆论要把好的说成坏的，人民不允许；坏的说成好的，人民也不允许。独裁者妄图把人民当填鸭，把自己的思想向人民强制地灌输，可惜现在已经不是"文革"初期，如今人民清楚地回答他们：你们是在想着自己的权！

人民对官方文章是如此鄙视，而对"奇谈怪论"却是竞相传抄，如获至宝，海绵吸水般地从"奇谈怪论"中吸取养料！

教育部长周荣鑫在他 1975 年 5 月至 10 月的一系列讲话中，一针见血地指出了社会问题：

教育战线形而上学很猖狂。"最、最、最"产生了两方面的结果：一是两面派，一是随便整人。

动不动就整人，是剥削阶级统治人民的办法，我们是工人阶级，不用这个办法。

文化革命以来，教育革命总是没有解决好。

学生中流传：学不学都升学，干不干都吃饭，会不会都插队，行不行都回城。

这几年有个最大的危机，我们的教育部门就是不读书。

周荣鑫说的话，群众深有体会。

铺天盖地的大批判文章，从表面现象来看，社会舆论一律，但是群众内心全都不接受。万言字的大文章虽然气势汹汹，但本质上虚弱无力，而周荣鑫讲话，却似磁铁，强有力地吸引全国人民去深思它的内容。倘若说，周荣鑫以前在全国人民心目中是无名小卒，那么，现在他却成为人人称道的"将军"。

江青、张春桥、姚文元的战棋在一步一步地下：1976年发表的元旦社论，给全国人民带来了毛泽东的最新指示："安定团结，不是不要阶级斗争，阶级斗争是纲，其余都是目。"

人民一看毛泽东的最新指示，就知道他讲"阶级斗争是纲"是假，揪人是真。走过"文革"近十年曲折道路的中国人民实在控制不了自己的感情，反唇相讥："1974年那时候你讲话，为什么不讲得完整些？"

回忆"文革"初期，人民对毛泽东的"指示"何等拥护。他的"指示"一发表，深更半夜人们会从被窝里爬出来，走到街上游行，敲锣打鼓，拥护毛主席发表最新指示。可是，现在他的"指示"却要遭到人民的评论，人民再也不是驯服工具了。

毛泽东"指示"一发表，人民群众就知道"教育革命大辩论"是他自己亲自发动的。可是，人民群众对毛泽东还是存在幻想：毛泽东是不是被江青、张春桥他们包围了，行动不自由，他们挟天子以令诸侯？

今年1月8日，灾难降到中国人民头上。最受全国人民信任和爱戴的周总理与世长辞！中国人民哀深如海，深切地悼念这一代伟人，同时，更为中国社会的命运担忧！目睹几年山河离乱，周恩来成为中国人民心中的明灯。"教育革命大辩论"的开展，使中国人民从农业学大寨运动开展以来所激起的无限希望又烟消云散，未来的一切又变得不可知。现在，大树倒了，中流砥柱倒了，中国人民怎能不发出呐喊："啊，周总理，你不应该走，你死得太早！"

在转播党和国家领导人以及首都人民群众向周总理遗体告别的电视中，全国人民看到首都人民群众悲痛欲绝的凄楚场面，也看到令人切齿的镜头："江青未脱帽致哀，张春桥肉麻地拥抱邓颖超。"中国人民恨从心底起，无论在公开场合，还是在家庭中，人们对这两个人的行动，都进行了最强烈的谴责。无数群众敢于冒天下之大不韪，纷纷去电治丧委员会，责问江青、张春桥用意何在？

尽管官方禁止地方百姓集会悼念总理，但百姓还是冲破戒律，佩带黑纱，自发地举行各种悼念活动，在悼念活动上人们放声痛哭。天若有情天也老，人间悲痛深如海！

一恨一爱，社会的爱憎如此分明！这爱憎不是社会统治者制造的舆论所结的硕果，因此，这"爱"就显得更加珍贵！

1月15日预定举行周总理追悼大会。可是，1月14日却在《人民日报》头版上发表记者文章《大辩论带来大变化》，开场白就是：

近来，全国人民都在关心着清华大学关于教育革命的大辩论。

此时，全国人民正沉浸在悲哀中，而人民日报却偏要逆潮流而行；全国人民正在为悼念活动不够隆重而怒火中烧，而人民日报却偏要冲淡七天的纪念活动的悲壮气氛，真是火上浇油，自燃烈火。人民日报的行动遭到全国人民的咒骂，北京无数群众到人民日报报社责问："这一行动是谁指使的？"

从1月9日到1月14日，"谁将在追悼大会上致悼词？"就成为全国人民最迫切关心的问题，中国人民把对周总理的信任和希望转到了邓小平的身上，认为邓小平致悼词和继任总理是理所当然。可是，中国人民心中也有数——邓小平未必能致悼词和当总理。所以，中国人民对这两个问题极为敏感和焦急。

1月15日追悼大会上三件事震动了全国人民。

第一件：悼词由邓小平作。毛泽东"宽容仁爱"地让邓小平作再次表演。对此，全国人民又产生"邓小平当总理"的希望。可以后的事实说明，邓小平的政治生命随着周恩来去见马克思了！

第二件：按照周总理的遗嘱，周总理的骨灰撒在祖国的江河里、大地上。人民本来希望周总理的遗体能永世保存，为此，全国各地都纷纷打电报给治丧委员会提出此要求（有集体的、有个人的）。如今，连周总理的遗灰都撒光，人民群众无比惋惜。可是，人们事后仔细推敲，恍然大悟：周总理生前都遭人暗算，死后将来难免被人鞭尸，现在把骨灰撒光，让野心家们连一点骨灰都捞不到。想到此，人民群众更钦佩周总理的英明。

第三件：毛泽东没有出席追悼会。毛泽东用"拒绝出席追悼会"的强烈行动，向全国人民和全世界人民表明了他对周恩来的冷淡和憎恨！人民群众这样议论这件事情："周恩来对毛泽东的事业忠心耿耿、鞠躬尽瘁，毛泽东连追悼会都不参加，连遗体都不告别，说明毛泽东对周恩来有看法。"当一个半月后，毛泽东会见美国总统尼克松，人民群众就更加不能原谅毛泽东："你既然有体力接见尼克松，难道你就没有体力参加悼念活动？你既然知道会见尼克松产生的国际影响，你难道就不知道不参加悼念活动的国际影响？"对比人民对周总理真诚的爱，人民不能不对毛泽东产生怨和恨。

从1月16日到2月初，邓小平能不能当总理，就成为中国人民日常议论的中心问题。中国人民普遍认为周总理选定的接班人是邓小平。当时，上海传到各地的小道消息——上海等地要求张春桥当总理，各地群众都嗤之以鼻，群众给张春桥起了个外号"张天使"。

报纸上仍然不断地发表"教育革命大辩论"的文章，不断地赞扬"文革"中产生的"新生事物"，不断地发表各省知识青年写给毛主席的公开信。但是，这些公开信再也不能如当年毛主席接见红卫兵的电影那样，在人民群众中产生共鸣，大多数人可能连这些信瞧也不瞧一眼。

2月2日毛泽东批示了中共中央1号文件，并于次日由中共中央办公厅发出，火速在全国各地传达。8日各地在报纸头版让代总理华国锋亮了相："华国锋代总理会见委内瑞拉首任驻华大使。"

华国锋出任代总理，是中国政治舞台上的一个冷门。1975年的中共中央1号文件和76年的中共中央1号文件来了个180度的转弯。

上海市革命委员会副主任马天水在上海煽风点火说："1975 年 1 号文件是两个任命，1976 年 1 号文件是两个决策，说明右派上台总是短命的。"官方舆论认为邓小平是右派，但人民群众真的认为邓小平是右派吗？事实上邓小平出任总理是众望所归，1 号文件只能使人民群众对社会政治大失所望，中国人民的理想再次破灭！

随着 1 号文件的下达，上海的一些单位，如复旦大学、上海师大（华东师大），开始大张旗鼓地不点名批判"那个党内走资本主义道路的当权派""永不翻案的人"。

2 月 6 日《人民日报》发表记者的文章《无产阶级文化大革命的继续和深入——喜看清华大学教育革命大辩论破浪前进》。文章的主要论点为：

刮右倾翻案风的资产阶级代表人物，主要就是那些在文化大革命中被批判、被揭发过的不肯改悔的走资派。

他们有的在风头上认输，风过就翻案，有的根本就没有认过输。他们中间，有的是混进革命队伍的阶级异己分子，有的在民主革命时期是积极的，到了社会主义时期，却处处跟无产阶级对抗。有的人过去是党的同路人，但从来不是马克思主义者，世界观是个资产阶级王国。他们一上台，就顽固地代表着地主、资产阶级的愿望，坚持走资本主义道路。

事实就是这样无情地告诉我们：走资派还在走，投降派确实有。这股刮右倾翻案风的风源在哪里？就在党内那些坚持刘少奇、林彪的修正主义路线，至今不肯改悔的走资本主义道路的当权派。

这篇文章的发表，画龙点睛地点明了这场运动的性质、方向，向全国人民发出一个信号：给走资派敲起丧钟。

与此同时，上海这个"口头革命派"的大本营，几位干将活动更加频繁。张春桥、徐景贤、马天水、王秀珍等纷纷赤膊上阵，他们四出游说，煽风点火，左右群众，要让"革命风暴"在上海第二次卷起。

他们设置的两个点——复旦大学和上海师大，向上海广大群众开放，组织集体参观。去两个学校参观的群众可以说是人山人海，但是在这两面性的社会，去参观的人，究竟有多少人会高举双手，欢迎运动到来呢？就是执笔写大字报的人，又有多少人真的认为邓小平是走资本主义道路的当权派？写的人，看的人，都不过是在淫威统治下不能说话的人，他们只能被统治者当作填鸭！

运动至此，毛泽东还未正式向全国人民亮相。既然毛泽东未亮相，全国人民也就有议论的自由。群众以各种语言曲折地表现自己对运动的顶牛。

冯国柱这位新崛起的上海干将，在煽风点火的一次讲话中，曾把群众的活思想归纳成"四个不"：不理解、不搭界、吃不准、划不清。

不理解——群众对我国政治生活中不断发生的权力斗争怎么能理解呢？全国大大小小的干部，就剩下那么几个屈指可数的马列主义者，人民怎么能理解呢！

不搭界——人民很清楚，自己既然生活在社会中，任何政治运动都与国家利益、个人利益相关。不搭界是口头上的消极反抗，而内心里面，那一个人不关心国家的命运！

吃不准——是群众对运动顶牛的露骨反映。冯国柱引用了群众中一个生动的例子："有人说：你们发下来的材料东一句、西一句，又不具名，到底是大道还是小道？你们不是说不要相信小道消息吗？！"群众的问题提得何等好啊！事实上，如今的中国人民，对谁在搞阴谋诡计，心中非常清楚！

划不清——说明人民群众认为邓小平的言论句句入耳。冯国柱与他的同伙、上司本想通过批"走资派"的黑话，把走资派批臭，可惜事与愿违！许多人本来可能对邓小平还不够了解，现在看了他们发下来的邓小平黑话，反而对他的黑话产生共鸣。

冯国柱的这次讲话是不打自招，他的招供充分说明他们的运动不得人心！

今年 2 月 8 日，江青、张春桥等人在北京清华大学打招呼会议上杀气腾腾，可是在谈话中不得不承认：

全国各地都有阻力，工农兵发动有阻力。相信各省、市、地、县的广大群众会起来。上海、天津、辽宁，包括我们北京都比较好……

群众中为什么有阻力？群众通过"文革"，看透了野心家们的丑恶本质，他们一再在政治上玩弄人民，人民怎么会再相信他们呢？！如今，他们再也不会有"文革"初期中央文革小组那样得心应手的盛况了！

上海市的另一位干将王秀珍，是"文革"中的新贵族，她上窜下跳，到处贩卖主子的货色！可是，广大群众已经不再是驯服工具。他们责问王秀珍："邓小平以前是反修战士，解放战争中刘邓大军威振中华，连蒋介石都怕他，现在怎么成了地主、资产阶级？中央 20 号文件毛主席不是圈阅了吗？那上面也有三项指示为纲嘛！"王秀珍吱吱唔唔地作了回答，她的三寸不烂之舌，不能解决群众提出的疑问。现实生活使群众对政治生活疑团重重，他们提出的一系列问题，说明群众对批判邓小平充满强烈的抵触情绪。

马天水号召群众翻印上海市委发下来的"还乡团"的材料。他强调：

这不是小道。他们以前搞封锁，如邓小平接见科学院的讲话材料，他们不发给上海市委，市委是从科技系统取来的。我们现在印出来，是反封锁。

真是欲盖弥彰，此地无银三百两。

野心家们的一系列活动，早已被人民唾弃。他们搞派别活动，抢班夺权，群众早已怒火填膺。

2 月 17 日《人民日报》发表记者文章《要害是复辟资本主义——北京大学师生员工批判"三项指示为纲"的修正主义纲领》。

文章说：

"三项指示为纲"是党内不肯改悔的走资派全面对抗毛主席革命路线的修正主义纲领。党内不肯改悔的走资派，这样迫不及待地抛出这个修正主义的纲领，这样明目张胆地对抗毛主席关于学习无产阶级专政理论的指示，就是要抽掉以阶级斗争为纲，反掉党的基本路线，反掉对修正主义、对资本主义的批判，反掉党内走资派很害怕的对资产阶级法权的限制。"三项指示为纲"的要害就是要搞修正主义，复辟资本主义。

人民日报文章的发表，意味这运动要深入一步。运动进一步向全国人民亮相，锋芒直指以邓小平为首的"还乡团"。

同时，中共中央又下了 2 号文件，要将 1975 年 23 号、26 号文件传达至群众。这两个文件就是告诉全国人民，这场反击右倾翻案风运动是毛主席亲自指挥、发动的。

23 号文件的主要内容即是毛主席向全国人民打招呼："矛头是对着我的。"这个文件明确地告诉全国人民，邓小平这位还乡团头子的矛头指向毛主席，他们这些人"总是对这次文化大革命不满意，总是要算文化大革命的帐，总是要翻案。"

23 号、25 号、26 号、27 号文件，上海人民有幸在 1975 年 12 月就听到了，这是对上海人民最高的政治待遇。现在，23 号、26 号文件向全国人民传达，以及 2 月 17 日《人民日报》文章的发表，一个形式上轰轰烈烈的"批邓运动"就在全国展开。于是，群众又不得不演两面派戏：一面在各种场合（家庭中、亲友中、小集体中）发泄自己对"批邓运动"的牢骚；一面"举笔作刀枪，矛头直指邓"，各单位都召开批判"三项指示为纲"大会，贴出了批邓大字报。

中华人民共和国从建国以来，政治运动一个接一个，但从来没有一个运动像"批邓运动"这样受到群众的反感和抵制！若是说，以前仅仅是极少数富有政治头脑的先驱者们，曾经觉察了中国共产党政治运动的弊病和给社会带来的灾难，那么，这一次，极大部分中国人民感到这场"批邓运动"将要给自己带来灾难！若说以前人民群众小心谨慎，不敢在公开场合暴露自己的政治见解，那么，这一次，群众克制不住自己内心的愤怒，大胆地在公开场合暴露自己的观点。

群众大胆地向社会提出责问："文革"初期，邓小平就是一个走资派，被全国人民批臭。我们没有说过要解放他，是谁要解放他的？既然邓小平是坏家伙，那么，为什么一年前要把党、政、军三权交给他？"三项指示为纲"是复辟纲领，毛主席为什么要圈阅？一年前，毛主席评价邓小平"人才难得，政治思想很强。"又说，邓小平"棉里藏针，柔中寓刚"，是否是谣传和捏造？（群众开玩笑地自我回答：反革命人才难得，反动政治思想很强。"棉里藏针"说明邓小平是两面派，笑里藏刀，毛主席早就看穿了他。）

冯国柱代表他的主子指责群众：去年七、八、九月政治谣言四起，传的范围之广、内容之恶毒，是建国以来未有的。在火车上讲、马路上讲、电车上讲、办公室讲、家里讲，传得那么广，没有人追查。（群众听了他的报告后，含蓄而风趣地说："厕所里也要讲。"）

而今，对批邓运动，群众也在火车上讲、马路上讲、电车上讲、办公室讲、家里讲。尽管群众耳旁震荡着当权者的"金玉良言"，可内心对邓小平却恨不起来。不但不恨，反而同情邓小平。

通过这场批邓运动，邓小平的形象在群众中越来越高大。若在以前，邓小平或许不会在中国历史上留下英名，而今，邓小平一定要在中国历史上写上辉煌的一笔！邓小平说得好："打倒也是贡献。"批邓运动给全国人民上了最生动、最深刻的政治课！批邓运动发动者不但不能肃清邓小平在群众中的影响，反而搞臭了自己，效果正好适得其反，不能不说这是成语"物极必反"披露的哲理的现实硕果。

请看张春桥的一段话：

主席说：林彪一类如上台，搞修正主义很容易。确实是这样。因为有基础，有气候，有土壤。对林彪搞阴谋，一下子就恨起来了，对那个人，舒舒服服搞修正主义恨不起来，恨起来很不容易啊！

这些标榜自己最相信群众、依靠群众的政治活动家，从来是"叶公好龙"，在这里，最恶毒地对群众进行了谩骂！仿佛只有他们才是真理的卫护者，而群众却都是"修正主义"的忠实信徒。张春桥之流的独白，说明他们的一言一行，在全国人民中间不得人心！某一个单位的一支理论队伍，在业余学习中，曾经有过这样一场对白：

甲说：邓小平的政治纲领、组织路线、理论基础、翻案手法真是阴险毒辣！

大家附和道：是的。

甲话锋一转，悠悠地说：邓小平的政治纲领、组织路线、理论基础……人民日报早就给他准备好了！

大家一琢磨，恍然大悟，哈哈大笑起来。

当权者处心积虑发起的一场政治运动，就这样在幽默的谈笑中，给群众全盘否定了！

2月24日人民日报发表社论《抓阶级斗争，促春耕生产》。文章中毛主席向全国人民发出指示：

什么"三项指示为纲"，安定团结不是不要阶级斗争，阶级斗争是纲，其余都是目。

报纸上毛泽东这段话的发表，说明毛泽东发出战斗号令，"批邓运动"砝码加重。群众见到这段话，愤怒地指责："一段话断断续续发表，为什么以前不一起发表？这不是坑人吗！"往常，群众把毛主席的话当"圣旨"，今日群众对他的话评头论足，表示不恭，真是天翻地覆。

群众私下议论：邓小平即使不提"三项指示为纲"，即使不转呈刘冰的信，也要被野心家们当作活靶子，无非另找罪状！总之，邓小平干也不是，不干也不是，从他上台那一天起，别人就准备了"杀手锏"，要把他打翻在地再踏上一只脚。批判"三项指示为纲"是假象，制造舆论，夺权是真。

经过“文革”近十年锻炼的中国人民，已不能再像当初那样非常容易地被蒙蔽了！

想当初，“文革”发动者给刘少奇制造“提出和推行资产阶级反动路线”的罪名，设下圈套，让刘少奇进入死胡同，而广大群众出于政治上的天真，真的轰轰烈烈起来造资产阶级反动路线的反，结果一场空。而今，人民群众一眼就看穿狠批“三项指示为纲”的真实用意，统治者再也不能把人民群众蒙蔽住了！群众中流传着一首打油诗：

批批矮子，

抄抄报纸，

戴戴帽子，

梳梳辫子，

唱唱调子，

骂骂瞎子。（因为江青、张春桥戴眼睛。）

请看，群众是如何看待刘冰写给毛主席的信的：

毛主席说“清华大学刘冰等人来信告迟群和小谢，我看信的动机不纯，想打倒迟群和小谢，他们信中的矛头是对着我的。”可是，群众不但没有像毛泽东要求的那样激起对刘冰的义愤，反而，大家都破口大骂迟群这个政治上卑鄙透顶的野心家。群众说：“我还以为刘冰怎么反对毛主席和教育革命呢？原来刘冰仅仅是向毛主席反映迟群个人问题，这为什么不可以？怎么能说是非组织的阴谋活动？”

毛泽东以为自己说些耸人听闻的话，就能把别人置于死地，岂知他这一套本领已经完全失灵。凭借他自己的威信来决定事情的是与非，并要人民群众跟着他的指挥棒儿转，这已是老皇历，这样的时代早已一去不复返！可是，毛泽东现在还是没有明白这一点，“智者千虑必有一失”，他给自己制造了悲剧！

当 3 月初，关于 4 号、5 号文件的小道消息（还未和群众正式传达）在群众中传播时，在部分群众中造成这样的印象：邓小平是人民内部矛盾，不能一棍子打死。群众相互间兴高采烈地说："邓小平不会被打倒了！"官方舆论在一个劲儿地批判邓小平，可是，却磨灭不了邓小平在群众中美好的形象。

4 号、5 号文件不过是毛主席在玩政治游戏，说的话左可以解释，右也可以解释，给自己将来翻手为云、复手为雨留下余地。他既然整了邓小平，按他的性格，非要把邓小平置于死地而后快。但是，人民群众因为心里希望邓小平不要被打倒，所以，就过好地估计了毛泽东的讲话精神。

毛泽东若是真正帮助邓小平，仍然要把重权交给邓小平，那么，他就不会如此兴师动众地把邓小平批臭。毛泽东再次打倒邓小平，是在自己即将盖棺论定之前，再给自己的一生倒上一盆黑墨水！写到这儿，我只能为这位想流芳百世的巨人叹息，他在晚年一再用石头砸自己的脚！

3 月 10 日发表人民日报社论《翻案不得人心》。又发表了毛泽东的一段语录：

翻案不得人心。

社会主义革命革到自己头上了，合作化时党内就有人反对，批资产阶级法权他们有反感。搞社会主义革命，不知道资产阶级在哪里？就在共产党内，党内走资本主义道路的当权派。走资派还在走。

一下子，"翻案不得人心"成了人民群众日常生活中开玩笑的俏皮话。群众露骨地说"哼！谁不得人心，将来见分晓。"事实上，说别人不得人心的人，往往自己最不得人心，社会就是这样无情地嘲弄玩权的人！

3 月中旬，不知从那儿刮出一股旋风：把周恩来的《遗言》送到了人民群众手里。大家如饥似渴地看阅周恩来的《遗言》，如一股暖流温暖了人们的心房，不知多少人还流下了热泪。"周总理语重心长的肺腑之话"怎能不打动中国人民善良的心！尽管群众不知道这一白纸黑字的《周总理遗言》是真是假，但是，大家看了内容以后，都认为这是真的周恩来《遗言》，人们把它当作周总理的真心话，因为《遗言》为邓小平说了好话。

在《遗言》中，周恩来说：

小平同志一年来几方面的工作都很好，特别是贯彻主席三项指示抓得比较坚决，这充分说明了主席决定的正确。要保持那股劲，要多请示主席，多关心同志，多承担责任。提口号要注意，要考虑长远影响。今后小平同志压力更大，只要路线正确，都会克服的。春桥同志能力强，国务院工作小平、春桥要多商量。

在此弥留之际，回忆先烈遗言，对照我国人民目前的生活条件，我为自己未能多做一点工作而感到深深的内疚。唯一遗憾的是我再也不能和同志们一起前进，加倍工作，补回失去的时间，为人民服务了。同志们一定要将党和人民的利益放在一切之上，在毛主席的领导下，团结起来，争取更大的胜利。

周总理的《遗言》并不长，但他的言外之意群众心领神会。在这极权主义的国家，人民群众没有与统治阶级对抗的权利。名曰大辩论，但当权者根本不会让群众同他们辩论，他们也害怕辩论（否则他们岂非要遭到灭顶之灾，现出原形？），所以潜伏的对抗力量只能拿周总理《遗言》作为对抗的炮弹。这一《遗言》在群众中广为流传，群众手无寸铁，只能以这张半合法的《周总理遗言》，与貌似强大的社会舆论以及铺天盖地的大字报唱对台戏。极权主义者过高地估计了自己的力量和威信，以为凭借自己的威信还能在全国导演颠倒黑白的政治戏剧，岂知他们的威信早已冰融雪消，而周恩来的高大形象虽死犹生！

"批邓运动"在进行着。极权主义者们又拿起老一套手段，妄图把邓小平批臭。但是，这一次，他们对群众的政治水平估计得大错特错，他们自己却显示了政治上的幼稚、无能和无知。既然，人民群众对你们的崇拜可以虚假，那么，对别人的谩骂不也可以虚假吗！当年，"文革"初期，决策者为了给马列主义宝库增加新的理论，发起了大批刘少奇、邓小平资产阶级反动路线的运动，在这些运动领导者的眼里，邓小平大概真的臭不可闻。可是，事隔几年，当邓小平重新出山时，群众对他不是仍然报以热烈的掌声吗！这说明当年的"臭"何等的虚假。现在运动领导者仍然拾起当年的破烂伎俩，可惜，中国人民这一回连"批"也不想批，连假戏都不愿意演！甚至，在公开场合咒骂这场"运动"，只是热衷于小道消息，静候事态的发展！

3月已近尾声，忽然在群众中传开了毛泽东对华国锋、王洪文、张春桥、江青、吴桂贤、王海蓉七个人的讲话：

人生七十古来稀，我已经八十多岁了。人老了，就想后事。中国有句古话：盖棺论定，

我虽未盖棺论定，但已很快了，也该定论了吧！

我一生做了两件大事：第一件就是和蒋介石斗了几十年，结果把他赶到一个海岛上去了。抗战八年，把日本请回老家去。打进北京，总算也进了紫金城。这件事持异议的不多！……第二件就是你们知道的发动文化大革命，这件事反对的人不少，支持的不多。这两件事都得做完。这笔遗产该移交给下一代。怎么移交？和平移交不行，在动荡中移交。搞得不好，要血雨腥风，你们怎么办？天知道！

老百姓听到这条"小道消息"后，对"最高指示"议论纷纷。毛泽东在言谈中流露出来的悲凉凄愁情绪，中国人民心领神会。眼看着自己的事业谁来接班？朝思暮想的流芳百世能否实现？英名能否青史永留？想到此，毛泽东怎能不忧心忡忡，九肠欲断！

有的群众说："看来，他老人家到死也不会承认自己的错误！若是他在林彪爆炸后，能够收敛自己的行动，认真地安抚老干部、老百姓，那么，人民会把一切仇恨都集中到林彪这个替死鬼身上。"可是，毛泽东还是要翻江倒海，重新把老干部置于死地，把人民群众的希望——邓小平重振山河的行动化成泡影，那么，中国人民怎能再接受他与人民为敌的行动呢！他的所作所为，怎么能不叫老百姓义愤填膺呢！毛泽东怎么也预料不到他一生中的第二件大事，会给他带来覆舟式的灾难。毛泽东发动了"文革"，自己也在"文革"中被彻底埋葬！打倒一切，自己也就在打倒中了！哀哉，"一代天骄"会蹈此覆辙！

当周恩来逝世的消息在全国迅雷般传播时，中国人民在悲恸的同时，异口同声地说："周总理死得太早了！再晚死十年就好了！"中国人民哭总理，也在哭国家的命运，事实上就是在哭自己的命运！

周总理已经死了两个多月，但是，白纸黑字的巨幅标语"敬爱的周总理，你永远活在我们的心头！""挥泪继承总理志，誓将遗愿化宏图！"，依然完整美好地保留在许多城市街头。当人们在这些醒目的标语前走过时，人们总要停下来望一望！白纸黑字悲而壮，总理永在人心中！

山河垂泪，民怨沸腾！民怨将化为燎原烈火！

中国人民已经是一头醒狮。中国人民一定会把"个人崇拜"这座大山彻底推翻！

（后记：现在看这篇写于 1976 年 3 月的长文章，我认为本文写出了那个时代中国人民的最真实的心情。民心不可欺，统治者在实践中往往忘记这个最普通的规律。"文革"那个"风云多变的岁月"，使中国人民忧心忡忡。如今的社会，实际上也是"风云多变的岁月"，中国人民仍然忧心忡忡。那么，我们国家的社会问题产生的根本原因是什么呢？哪一位政治家、思想家能够一针见血地说出问题的答案呢？——写于 2004 年 8 月 18 日）

（后记：此文写得长了一点，显得有点杂乱，后来人阅读它肯定感到比较累，许多当年发生的具体事件，我看此文，记忆也模糊了。由于此文是 1975 年、1976 年时代风云的记录，是一个普通老百姓对国家命运的忧虑与关切，对淫威的痛恨，所以此篇文章有它的视角价值。——写于 2021 年 5 月 2 日）

六、玩火者，必自焚！

（写于 1976 年 3 月 30 日）

毛泽东在他即将"盖棺论定"的前夕，再次以他的"大无畏"精神，发动了"反击右倾翻案风"运动。毛说："翻案不得人心"，他要开展一场"批邓运动"，痛击邓小平"翻""文化大革命"的案。

如果按照"文革"初期的规律，只要"最高指示"一下，这场运动就会立即受到广大群众热烈的拥护，蓬蓬勃勃地开展起来。

可是，广大的人民群众通过多年开展的"文革"，政治水平大大提高，不愿意再受蒙蔽，认识到再也不能自欺欺人。于是，说"翻案不得人心"的"孤家寡人"，其倒行逆施的号令越来越不得人心，到了神人共愤！这场运动受到了巨大的阻力——上至党和国家的高级领导，下至基层干部以及广大群众，都在咒骂、抵制这场运动。这是"文革"发动者料想不到的一个局面，也是他不愿意看到的现象。

毛泽东现在最关心的是什么呢？是马列主义的继承和发展吗？是中国人民的革命事业吗？是中国的宏伟前程吗？

从毛泽东晚年的所作所为来看，能说他是一个他自己所提倡的"全心全意为人民服务"的"领袖"吗？他究竟是真正的信奉马克思

195

主义，还是把该主义作为自己实现千古一帝的"敲门砖"？他晚年的所作所为，令人感到他不过是把主义作为他向社会索取权力的理论武器，他根本就不欣赏马克思主义的核心思想——"让人民群众成为国家的真正主人"。他自称是"马克思+秦始皇"，更多的是拜倒在封建文化的糟粕之下，认为国家的权力应当是他一个人的意志表现。他既不是现在所说的封建社会中的法家，也不是儒家。他将古今中外统治经验得心应手地融会贯通，用最残酷的手段来统治社会，自成了一家。他把群众视为芸芸众生，把他自己的战友视为草芥，尽情地欺骗社会，玩弄国家政治，给中国人民制造了众多灾难。

毛泽东晚年的所作所为，向全国人民彻底地表明了他内在的政治思想与卑劣的人格。他毁灭了自己数十年浴血奋斗才建树起来的高大形象，他一生取得过的胜利，在他即将"盖棺论定"的前夕被泼上了永远洗不清的墨水。他不但毁了自己，而且毁了马克思主义在全世界人民心目中的神圣光环！

毛泽东在中华人民共和国三年自然灾害过去之后，错误地猜疑自己的战友，他内心潜伏的丑陋东西——虚荣心、嫉妒心、功利心迅速膨胀起来。在错误动机的驱使下，他发动了历史上空前绝后的"文革"——道地道地的一场政治大屠杀。

1966 年开始，毛泽东借助于林彪的力量，逐步废黜了在他心目中被认为已经是"喧宾夺主"的国家主席刘少奇。虽然，毛泽东或许事后可能明了到"刘少奇司令部"没有异心，并不是他原来所猜疑的那样——蓄意贬低他和他的"思想"。但是，木已成舟，他从来不会后悔。

随着刘少奇的倒台，林彪羽毛丰盛，毛泽东又感到林彪的可怕。他意识到林彪的心狠手辣不亚于自己，城府的深沉在自己的"亲密战友"中屈指可数，自己的英名不但不能借林彪之口和手传下去，还可能毁在林彪的手中。于是，毛泽东又果断地把林彪打翻在地。

毛泽东在晚年的最后岁月已经感到无奈和心寒，他深知自己发动的"文革"，在打倒刘少奇和林彪后，他的阴谋诡计已赤裸裸地向全国人民暴露。他在人民心目中的罪行，由于"文革"的发动而加重。他更害怕了：一生的雄心壮志真会付诸东流？

这位意志如铁的独裁者，只要他能活一分钟，他的诡计就要活动一分钟，他从不罢休。他要在漂亮的理论外衣的粉饰下，把"无产阶级文化大革命"进行到底——把自己心目中的异己分子一个一个地铲除，让自己的英名流芳百世。

可是，社会是这样的无情：想不朽的人往往只能成为历史的一个"反面教员"；而不想不朽的人，却绽出灿烂的历史火花！

周恩来以他巧妙的政治手腕和铁的意志，在四届人大上组织了政府领导班子。

"鸡飞蛋打一场空"。毛泽东很清楚，这个领导班子，除了张春桥及个别人以外，都是周恩来的战友。毛泽东的"文革"事业破了产，他现在只不过徒有虚名——一首革命歌曲《文化大革命就是好》。

可是，毛泽东知道绝症在身的周恩来，死期已经不远，他现在要防备的人是那个刚刚回到政治舞台后气壮如牛的邓小平。

邓小平在 1975 年正式回到政治舞台并挑起党、政、军三副重担后，一年来，以他的朴实的政治手段赢得了全党、全军、全国人民的信任和赞扬。邓小平在钢铁工业座谈会、农业学大寨会议、军委扩大会议上的一系列讲话，说明他是一个能旋转乾坤的人物。国家在邓小平的指挥下，渐渐步入正轨，各行各业热气腾腾、蒸蒸日上。经过邓小平的一系列整顿措施，除了张春桥仍然在狠抓意识形态外，"文革"将不会有什么遗产能在今后的历史中起作用。

毛泽东清楚地意识到，自己在世，人民已经在咒骂"文革"，而现在，人民更高举双手拥护邓小平的新政措施——逐渐变更"文革"中产生的"新生事物"，毛感到失望，种种现象使他不寒而栗。他觉得自己上了"克己复礼"者的当；他觉得自己如"晁盖"那样，被"宋江"摒弃在"一百零八将"之外。又何况，毛泽东知道天不借人寿，阎王已在向他招手，"盖棺论定"的时刻说不定就要到来。思前想后，毛泽东悲愤交加、百感交集，他觉得对于虎气凌人的邓小平，不能再让步了！"反击右倾翻案风"运动就在这样的政治背景下发动起来了！对于毛泽东来说：咬牙切齿恨难解，几番心血成空话。腥风血雨重出战，誓将英名传中华。

毛泽东不能不回忆在"文革"初期，他的威信在百姓中达到登峰造极的地步！从常规的逻辑来看，毛泽东自然认为凭借他固有的威望，再来发动一场"打邓运动"，不过易如反掌。想当初，他翻江倒海把"刘少奇邓小平司令部"打得人仰马翻，何等得心应手；看今朝，打邓再开战场，"反擊右傾翻案風"，更应该是弹指间的事。因为在他看来，邓小平曾经是个"落水狗"。可惜，事与愿违，料事如神的毛泽东，这一回打错算盘！群众对这场毛亲自发动的"反击右倾翻案风"运动产生公然顶牛！"文革"发动者清楚地看到，他们的指挥棒完全失灵！他们娓娓动听的一派谎言已欺骗不了全国人民！

刘少奇、林彪的垮台，教育了全国人民。人民从"文革"恶梦中猛醒了！人民看到自己的精神枷锁越来越重，在这场运动中什么利益都没有得到，国家经济搞得乱七八糟，社会成了两面性的社会，野心家们上窜下跳，社会的正气抬不起头，文化、教育每况愈下。

邓小平"拨乱反正"的执政措施使人民看到了社会前进的希望，人民对未来树立了新的信心！如今，毛泽东忽然又出尔反尔。一会儿说："邓小平人才难得！"一会儿又说："邓小平矛头指向我！"这令中国人民暴怒了！中国人民原来对毛泽东还有的一点幻想（认为是江青、张春桥蒙蔽了他）都破裂了，进而认识到这场政治把戏的导演就是毛泽东本人。

所以，这场运动得不到群众的拥护，破天荒地受到人民的抵制。群众咒骂这场运动，无论是公开，还是私下，都为邓小平抱不平。有爱必有恨，这恨自然都集中到了毛泽东、江青、张春桥、姚文元身上。

周恩来的逝世，全国人民极度悲伤，而上面却继续强行推进"反击右倾翻案风"运动，群众对这场运动的暴怒就更加增长！我甚至在火车上听到一个素不相识的青年人说："老头到死也不会认错，他是带着花岗岩脑袋去见上帝了。要使我们国家政治局面稳定下来，唯一的希望是他立即就死。他越活得长，我们越倒霉！"

一个国家领袖还活着，人民群众却盼着他死，这充分说明当代政治生活的残酷、悲哀。

毛泽东失败了。他毁了自己，他完全失败在这场"反击右倾翻案风"运动上。林彪死后，群众还曾经"谅解"起毛泽东，为他"昏庸受骗"而原谅他，现在连原谅也不肯了！

玩火者，必自焚。毛泽东玩"文革"，葬送于"文革"，毁了自己建树的英名和政治生命。毛泽东在临终前，宣告了自己的失败！哀哉！哀哉！

（后记：今日浏览这篇写于 1976 年 3 月 30 日的短文章，深感自己的文字充分反映了那个年代的民心所向，一个最底层的百姓，大无畏地运用"玩火者，必自焚"这个主题，铺述了自己的心声。文章的价值在于这是一个不愿做奴隶的人，在白色恐怖的生存环境中，敢于记录自己的独立思考。执政者的所作所为、一言一行，应该允许人民大众来评论，因为这个职业决定了他在众目睽睽之下没有了"隐私"。执政者的个人利益是不能代表国家利益的，执政者决不能以个人意志来指挥国家。人民大众有对执政者的评论权，这是文明政治的最大特色，"封口""禁言"是"专制政治"的产物。——2021 年 6 月 21 日）

七、春雷

（写于 1976 年 4 月 5 日夜晚）

4 月 3 日上午，我在××市市委前面看到了一些令人终身难忘的场面。

市委正门上面墙上，贴着巨幅横幅标语："周总理永远活在我们心中"。标语的一头挂着周总理的遗像，像两旁是一副挽联："总理功绩传万代，总理品德照千秋"。门的一边，群众转抄了 1 月 9 日中共中央发表的周总理逝世的讣告。门的另一边贴着周总理逝世二、三事的报道文章。这篇群众自写的文章，首先描述了总理逝世时全国人民悲恸的情景，接着汇集了《参考消息》登载过的世界各国对周总理的赞词。

市委正门的右边墙前，群众正在围看新贴出来的"中共中央电话通知"记录。这个电话通知在 4 月 2 日、3 日已对全国各地人民传达。电话通知内容如下：

中共江苏省委、南京军区党委并各省市自治区党委、各大军区、省军区、各野战军党委：

一、据了解最近几天，南京出现了矛头指向中央领导同志的大字报、大标语，这是分裂以毛主席为首的党中央，转移批邓大方向的政治事件。你们必须立即采取有效的措施，全部覆盖这类大字报、大标语，对有关群众要做好思想工作，要警惕别有用心的人借机扩大事态，进行捣乱破坏。

二、对这次政治事件的幕后策划者要彻底追查。

三、所谓总理遗言完全是反革命谣言，必须辟谣并追查遗言制造者。

四、任何人不准冲击铁路。

此件发至县、团级，此电话可传达至群众。

中共中央　　一九七六年四月一日

对中共中央电话通知中所指的政治事件，围看的群众心里很清楚。众所周知，从周总理逝世后，官方一直禁止人民群众自发地组织悼念周总理的活动。但是，他们不能禁止人民群众对周总理的衷心爱戴和深切怀念，更不能阻止人民群众由于伟人逝世和当前形势而产生的对祖国命运的担忧。3月下旬南京群众自发地送了一个悼念周总理的花圈到雨花台，遭到从上海到南京采访的记者的破坏，于是，发生群众痛打这个践踏花圈的记者的事件。接着，南京的一部分工农兵大学生，借3月5日和25日上海《文汇报》版面上的一些问题，上街游行悼念周总理，高喊口号"腥风血雨何所惧，誓将青春献人民"，并在南京街头刷出大幅标语："文汇报反对周总理，罪该万死！""谁反对周总理，就砸烂谁的狗头。""揪出《文汇报》的黑后台！砸烂《文汇报》！""《文汇报》为什么如此猖狂！""打倒中国的赫鲁晓夫！""百倍警惕中国的赫鲁晓夫篡党篡政！"同时在南北向的火车上，大学生用沥青在车身上刷上同样的标语。飞驰的火车把这些标语带到北京和上海，震动了铁路沿线的人民群众。在南京大学生革命行动的影响下，全国各地群众在清明节前夕，纷纷扎花圈悼念周总理并上街游行。这个活动已如燎原烈火，在祖国广袤的大地上燃烧起来。现在，这个"中共中央电话通知"向全国人民发出严厉警告，最高统治集团高举起消防水龙头，要把全国各地正在举行的悼念周总理活动扑灭，制止人民群众发出反对封建法西斯统治者暴虐统治的心声！

在市委正门左边墙上，我看到用墨笔刷的一首诗："忠奸群众分得清，爱憎怎能靠命令？永远怀念周总理，蓬雀无奈鲲鹏飞！"看到这首意味深长的诗，群众发出会心的微笑！这首诗无情地嘲弄了中共中央的"圣旨"，言简意赅地同"通知"针锋相对地进行答辩：群众要悼念周总理，群众要砸烂狗头，统治者为什么要靠行政命令来阻拦中国人民神圣不可侵犯的革命行动！

在市委前面的马路上，我看到一队接一队的游行队伍。不同单位的队伍，形式不一，群众抬着自己亲手做的花圈，大小不一，各具创造性，有的花圈中间有周总理遗像，有的花圈上迎风舞动着两根扎有蝴蝶的细长钢丝，犹如蝶恋花。有的花圈上有挽联，例如："五岳惜总理　普天蓄雷霆；继承忠骨志　同心击妖风""光明磊落，与日月共辉；丰功伟绩，同天地长存。""巨星陨落，悲咽千家；青松挺立，势与天接。"这些花圈是群众感情的结晶，是群众智慧的体现；是群众力量的硕果。群众的千言万语，都由这无语的花圈说了出来。也有队伍举着"永远怀念周总理"等横幅，有的队伍还跟有管乐队或者播放音乐的小汽车，或低奏哀乐，或播放国际歌。游行的群众踏着撕人肺腑的乐曲，慢慢地行走着。在游行队伍中，在路旁观看的人堆中，可以看到许多人脸上淌着泪水。周总理逝世已经近三个月，可是，中华民族悲哀的心情有增无减。

在清明前夕，看到这一幕肃穆、悲烈的场面，令每一个爱国者心碎和魂消。"中共中央电话通知"已下，可是，铁蹄下的人民无视淫威仍然上街游行，更使这个群众自发的行动显得光明磊落。我听见人行道上观看游行的一位群众不顾旁边左右前后有人，高声地对身边的朋友说："说得好听点，叫它游行！事实上，这是示威！"他的朋友会心地点了一点头。

我听到两个女同志的一段朴素的知心话："周总理，你为什么死得这么早啊！我们死一百个、一千个、一万个，都不要紧，就是不能失去你呀！你再多活上五年、十年，给我们把接班人培养好，那就是我们子孙万代的无上幸福。我们知道，没有你周总理，也就没有毛主席。我们百姓指望什么呢？无非指望国家好一点。如果让那个武则天上台，我们国家就要变色了！就要变得更加专制了！"啊，无语的花圈已经使人魂消、心碎，百姓的话更使我感到透心凉！啊，中华民族何等善良，而统治者却何等残酷！天不平，地不平，中国何日能成为一个真正平等、自由、能让人发声的社会？

在市中心走了一圈，我看到许多醒目的标语：

痛总理忠骨未寒，能忍看开棺抹黑？

周总理热爱人民，人民敬爱周总理。

周总理全心全意为人民，人民世世代代纪念周总理。

挥泪继承总理志，昂首阔步把革命进行到底。

周总理的丰功伟绩谁也不许抹煞。

头可断，血可流，谁反对周总理，我们就和他拼。

我们日夜想看悼念周总理的电影。

坚决粉碎反革命谣言，强烈要求把周总理遗言公布于众。

谁反对周总理，谁就是反对毛主席，谁就是搞右倾翻案。

揪出搞独立王国、大刮经济主义妖风的黑后台。

人心所向，大势所趋，中国的赫鲁晓夫的阴谋休想得逞！

没有老一辈革命家，就没有新中国。

说假话不得人心，说真话大快人心。

那个人反对周总理，那个人就是中国的赫鲁晓夫。

在一家商店的房顶上，我看到了两首最让人心领神会、最吸引人们注意的打油诗：

三家村，兴恶浪，皮红心黑，难犯众志；
文汇报，刮妖风，含沙射影，令人切齿。

主席健在，我们放心；
总理逝世，我们痛心；
小平犯错误，没有野心；
赫鲁晓夫篡政，应存戒心；
祖国山河，我们担心。

我看到周围群众在津津有味地背诵和议论这两首打油诗。这三家村，显然是指江青、张春桥、姚文元。群众对他们已是恨之入骨，认为他们三个人的罪状罄竹难书，他们是社会不稳定的制造者，是篡党篡政的中国"赫鲁晓夫"。

我还看到一张小字报：

向同志们说几句心里的话：
革命的同志们，
请你们不要忘记深挖的痛苦，
你们的革命热情，
绝不会给你们带来"梯子"，
只能是一根绳子！

这张小字报无异是对"白色恐怖"的抨击与控诉！

啊，花圈运动如春雷滚滚，人民的感情汹涌澎湃：群众借清明节来临悼英灵，怒不可遏地向社会发出呐喊："人心所向，大势所趋。中国的赫鲁晓夫的阴谋休想得逞！"我的心也和周围的群众一样，波涛起伏！我为看到中国人民制造的精神原子弹的爆炸而雀跃！我为听到中国大地上的春雷而高兴！我为总理的遗灰撒在祖国的大地上、江河里，绽放出朵朵怒放的傲花而仰天大笑——我看到了真正的民众的力量，这力量摧枯拉朽势不可挡！

从 1949 年以来，在我们国家，几曾见过群众真正自发的运动？那一个运动不是"党"来指挥？那一个运动偏离过"上头"所规定的路线？

从 1949 年以来，在我们国家，几曾见过群众毫无遮盖地向社会披露自己的感情？训练出来的"感情"在这个社会已是司空见惯，个人的言行内外不一已成了社会的通病。

可是，花圈运动在各个城市上演了！这个深刻的政治背景天知、地知、人民知！一个又一个花圈，表达了人民群众对国家政治生活的见解。"说假话不得人心，说真话大快人心。"是群众真正的心里话。

周总理逝世快近三个月，老百姓为什么依然如此深切地悼念他？毛泽东亲自发动的"反击右倾翻案风"运动，正在按照他的步骤步步深入，为什么却会在全国各地爆发花圈运动？中共中央四月一日电话通知下达以后，为什么老百姓仍然置若罔闻，花圈运动依然不断地高涨？统治者心里清楚，全国人民心里清楚！花圈运动在社会上所起的作用及其深远的政治意义，历史将会作出应有的评价！

经过"文革"的中国人民，创痛深不可测，而毛泽东仍然在周恩来即将逝世前，铤而走险发起"反击右倾翻案风"运动，人民内心的怨愤已到极点。毛泽东发起这场运动，旨在打倒邓小平。可是，人民群众天然地认为邓小平重返政治舞台是周恩来的意志。批邓、打邓即是批周、打周、反周，更何况邓小平以他在 1975 年的实际行动，博得全国人民群众的信任和爱戴，群众已经把无限希望寄托在邓小平身上。今日批判邓小平，怎么能叫群众在思想感情上扭转过来呢？周总理的逝世，人民群众已是哀不胜哀，批邓运动的深入开展，使人民群众的悲哀更加深了一重。"普天蓄雷霆"，人民心中已蓄雷霆万钧之怒；"同心击妖风"，人民群众决心"同心干"，反击"反击右倾翻案风"妖风。统治者的一意孤行，终于遭到人民群众的吐弃。一场暴风骤雨似的花圈运动以排山倒海之势，轰轰烈烈地在全国开展。花圈运动，是中国人民悼周、保周、保邓、反对"孤家寡人"专制统治的示威运动。

花圈运动，是一曲悲壮的颂歌！是震天塌地的滚滚春雷！让我们高呼：花圈运动的革命精神万岁！

（后记：写这篇文章的时候，我还不知道北京花圈运动的具体情况以及天安门广场上可歌可泣的壮丽场面。更不知道统治者即将制造"天安门反革命事件"。这篇文章真实地记录了那个时候我的所见所闻，在历史的长河里有它的闪光点。现在回想起来，那时候的人民

群众是何等朴实和勇敢啊！——写于 2004 年 8 月 18 日）

八、"四五花圈运动"赞

（写于 1976 年 4 月 9 日）

几年来，我总预料着中国早晚要发生非常事件——人民群众中间潜伏着的反独裁统治的怒流，总有一天要掀起滔天巨浪！历史事件的必然性，都是由偶然性来表现的，所以，非常事件何日能来到我们的身旁，任何人都难以预卜先知。

四月七日夜晚八点，我从中央人民广播电台的联播节目中，终于听到了这悲惨壮烈的非常事件——天安门广场花圈运动。

赤手空拳的首都人民，在壮丽的天安门广场上，代表全国人民，同统治者的御兵进行了英勇的斗争，向极权主义者发出怒吼！发出心声！

伟大的花圈运动，以汹涌澎湃的激涛，冲击法西斯统治者的"宝座"。

伟大的花圈运动，犹如一颗重磅的政治核弹在天安门广场爆炸，震撼了全世界！

伟大的花圈运动，向全世界人民表明：中国人民忍无可忍，深切的悲哀、如火的愤怒，终于泪飞化雨，卷起狂飙！

伟大的花圈运动，向全世界人民庄严地宣告：中华民族已经醒悟，他们不再甘心接受这残酷卑鄙的极权统治。他们以自己雄伟的力量，向走封建法西斯主义道路的当权派挑战！

一九七六年四月五日这一天啊，请历史记住它吧！

一九七六年四月五日这一天啊，请中华民族永远纪念它吧！

一九七六年四月五日这一天，中华民族为自由而战！为民族尊严而战！为人民的权利而战！为真理而战！

一九七六年四月五日这一天，统治者露出狰狞的面目，使中国人民清楚地看到他们的反动罪行，历史将会审判他们！

四月五日这一天，请后来人把它命名为"自由节"吧！待来日，幸福之花在祖国大地上盛开时，请后来人隆重纪念这个珍贵的自由节。待来日，自由之花在祖国大地上盛开时，请后来人在人民英雄纪念碑上镂刻新的画雕——伟大的四··五花圈运动。

"文化大革命"，使中国人民深刻地认识了封建法西斯统治集团的专制！"文化大革命"，使中国人民对中国的社会制度开始了无情的思考！"文化大革命"，使中国人民思想僵化的悲剧，随着多年来一幕又一幕悲喜剧的揭开而逐渐告终！

周总理的逝世，使中华民族失去了心中的"明灯"，全国人民悲恸难禁，感情的巨澜如汹涌的大海不能平静。遵照周总理的遗愿，中国人民把新的希望寄托在邓小平身上。可是，任凭全国人民感情的海洋汹涌澎湃，封建法西斯统治集团仍然倒行逆施，仍然要把自己的意志强加在全国人民身上——他们要彻底打倒拦路虎邓小平。人民悲哀深沉，对封建法西斯统治集团的愤怒在不断的增长，犹如地层下的岩浆欲喷薄而出。这就是伟大的花圈运动发生的时代背景。

三月底，花圈运动在江苏省南京、常州、无锡等地首先兴起。又以燎原之势，在全国各地蓬勃开展。北京，这个富有战斗精神的英雄城市，把花圈运动推向最高潮！

伟大的花圈运动，表现了全国人民对周总理深重的敬爱。小小的花圈，凝聚了人民群众对周总理最深切的感情。花圈的珍贵，在于她完全是人民群众自发做成，在这两面性的社会，这是破天荒的奇迹。

伟大的花圈运动，表现了全国人民内在的爱和憎，这强烈的爱和憎把现实政治赤裸裸地剥开！伟大的花圈运动，表现了全国人民对封建法西斯统治集团残酷统治的愤怒反抗——反对他们的政治大屠杀；反对他们的一手遮天；反对他们一再玩弄政治游戏！全国人民以花圈作武器，向统治者无情地开火！波澜壮阔的花圈运动，是中华人民共和国诞生以来，人民群众第一次作为群体向封建法西斯统治集团发出政治示威！伟大的花圈运动，以它悲壮的战歌，拉开现代中国人民群众与淫威展开不屈斗争的序幕！

伟大的花圈运动，是祖国的第一声春雷，将迎来祖国第二次解放的春天！

伟大的花圈运动，已被暴虐的统治者残酷地镇压了。但是，她的革命精神却播入了每一个中国人民的心房！

花圈运动的革命精神万岁！

（后记：今日来看此文，不得不说，这些文字表述了那个年代一个普通百姓爱憎分明的感情。人来到世界上，从出生到老去，接受教育，接受文化，在实践活动中，使人对社会发展的认知度不断得到提高。对人生来说，什么是最宝贵的？此文告诉我们，保持自己独立的人格，有自己的是非判别能力，这样的人生才具有意义。——写于2021年5月4日）

九、历史的悲剧

（写于 1976 年 5 月）

毛泽东在周总理病危的前夕，不费吹灰之力，发动"反击右倾翻案风"运动，轻而易举地走向胜利。对这次运动的被擒对象邓小平来说，一点招架之势都没有。毛泽东弹指一挥，邓小平的政治生命就此走向"黄泉之路"。

忆当初，毛泽东发动"文革"摧毁刘少奇"资产阶级司令部"的时候，他是把刘少奇当作一个铁老虎来打的。他认为，刘少奇一伙结成了死党，这个"司令部"已经根深叶茂、盘根错节，对他搞阴谋诡计，以至使他大权旁落、名存实亡。于是，毛泽东为了"废刘"而用尽锦囊妙计。他一方面动用一切舆论工具，在提高自己的威望的同时，不断地破坏刘少奇在人民中的威信。另一方面，他又运动群众，蛊惑人心，叫群众起来"造反"，斗倒"走资本主义道路的当权派"，借群众的力量来动摇刘少奇"司令部"在各地各部门的阵营。这位善于运用战略战术、善于打政治仗的"军事家"，亲自挂帅上阵、孤注一掷，他的"造反派"智囊团赤膊上阵、摇旗呐喊，向刘少奇、邓小平"司令部"展开进攻。在这场"进攻"中，他动员了全国男女老少齐上阵，上演了一幕又一幕亘古未有的悲喜剧。

1949 年以来，中国人民在"平静"的政治生活中，对党对领袖无限信任，这场兵不血刃的"文化大革命"鏖战，他们雾里看花，被蒙在鼓中。毛泽东以他惊人的气魄，为自己赢得了这场史无前例的"政治战争"。刘少奇"司令部"兵败如山倒，因为刘少奇"司令部"的大小官员压根儿没有一点反对毛泽东的意念，压根儿谈不上相互结成死党，所以，一旦如虎般的"君皇"向他们进攻时，还在梦中的他们，怎么能有力量抗击当代"君王"治人的"绝招"呢？刘少奇"司令部"垮台了。刘少奇在"明枪易躲、暗箭难防"的背景下，牺牲了自己的政治生命。毛泽东易如翻掌般实现了自己预期的目标。

毛泽东在这场政治斗争中，打击了他心目中的"异己分子"，打破了 1949 年以来最高统治集团政治生活的规律，进一步使自己成为全国人民心中的偶像，完全使自己站上了权力象牙宝塔之顶。

于是，已经为人民所唾弃的"一人治国"的封建社会政治生活，就这样明目张胆地进入中国社会，封建王朝中的政治枷锁，就这样悲惨地在中国现代社会重现：封建君王的话就是圣旨，即使最高统治集团中的成员，也不能站出来进行抗拒；封建君皇的意志就是国家权力的最高表现，举国上下都得绝对服从。

习惯成自然：从此，封建社会中的政治糟粕"正统观念"在这个国家就更加浓厚，从上到下，无人再敢逆龙鳞。

在这样的政治背景下，现在毛泽东又要用双指捏田螺般把邓小平从政治舞台上拿下。

邓小平受周恩来重托，重返政治舞台，向中国人民表现了他杰出的政治才华。这位锋芒毕露、性格刚强的政治家，一肩挑起党、政、军三副这担。在乱云飞渡、淫威高举淫鞭的政治气候中，他冒淫威之大不韪，置个人生死于度外，大刀阔斧地干了起来。他果断的执政措施，他语尖言锐的讲话，博得全国人民的好感。同时，邓小平又把斗争的锋芒直指毛泽东的几个心腹，更赢得全国人民的信任。人心向着邓小平。

毛泽东本来就是无可奈何地让邓小平重返政坛，随时随地他都可以废掉邓小平。现在，邓小平竟敢向由他一手造成的社会问题开刀，他怎能容忍一丝一毫呢？

于是，他又让他的宠儿掀起评《水浒》的高潮。他们一手操纵的舆论工具明确地向社会宣告：现在，当代的"宋江"要摒弃"晁盖"于一百零八将之外。

毛泽东伺机而待。当周恩来卧床不起、无力从事政治活动的时刻到来时，毛泽东掀起滔天巨浪，他要捉邓小平这条大鱼了！

毛泽东抓住邓小平转呈刘冰给毛泽东写信这一件事，开始对邓小平举起屠刀。给毛泽东写信，这是任何一个中国公民的权利，可是，欲加之罪，何患无词，毛泽东对刘冰的信件下了这样的罪名：

清华大学刘冰等人来信告迟群和小谢，我看信的动机不纯，想打倒迟群和小谢，他们信中的矛头是对着我的。

说得明白一点，就是邓小平的言和行的矛头正在对准我毛泽东。

毛泽东捡起他苦心经营而得到的硕果——成了法律的"正统

论"，要将邓小平的政治生命判"死刑"。但是，他不是将邓小平的政治生命判了"死刑"就算了，他还得轻松愉快地导演一场戏，他让清华大学展开教育革命大辩论，他让邓小平去向邓的老战友"打招呼"，他让报纸大肆宣传"教育革命大辩论"的文章。他让邓小平下了一系列中共中央文件以后，就由自己下了二十三号文件，把邓小平的权夺了过来，判了邓小平"矛头指向我"的罪名。1975 年，在全国人民心目中，邓小平到了他的鼎盛时期，而现在，在最高统治集团内部，邓已走到悬崖边缘！

"小小的刘冰算个啥？"为了擒王，毛泽东不必顾忌社会道德而为冤屈刘冰自感惭愧。当初，毛泽东牺牲北京大学陆平而给刘少奇制造"提出、执行资产阶级反动路线"的罪名；而今，毛泽东牺牲清华大学刘冰而给邓小平制造"矛头指向我"的罪名。

在这个社会里，黑白颠倒，是非混淆，政治腐败到极点。反动的"正统论"，给"指鹿为马"的现象披上了一件合法的外衣。白纸黑字，天理昭昭，刘冰的信，究竟触犯了哪一条王法？历史会下结论的！毛泽东不过是在自己的肮脏的统治史上又添上一笔罪恶。

周恩来死后，宣传机器对邓小平掀起新的批判高潮。"三项指示"本是毛泽东的话，邓小平在这个社会条件下为实现自己的政治主张，不得不以毛泽东"道"来实现自己的"道"，但是，毛泽东既然要打倒邓小平，他就可以从邓小平的合法外衣上找出破绽。于是，"三项指示为纲"成了邓小平的复辟总纲，"阶级斗争熄灭论""唯生产力论""折中主义诡辩论"成了邓小平的反动理论武器。几经政治波折的中国人民，对毛泽东玩弄的一套把戏已极端厌烦，胸中怒火已压制不住。清明节借悼念周总理，中国人民向社会发出呐喊。在这个意识形态无孔不入的社会，中国人民无法行动起来推翻专制统治，现在，中国人民发出呐喊之声，无异是惊人巨雷！

毛泽东终于一手制造了天安门事件，他牺牲了无辜的百姓，镇压了中国人民的怒吼巨浪，并将深受人民信任的邓小平赶出政治舞台。

从刘少奇、邓小平的悲剧，从"文革"一幕又一幕的悲喜剧，我们可以看到统治者推行反动的"正统论"，给社会带来了多么大的灾难！毛泽东的话，可以决定国家的命运、百姓的命运，这种政治生态和封建社会有什么两样？"君叫臣死，臣不得不死"的封建格言，在毛泽东的推销下，在现代中国张牙舞爪，吞吃善良的老百姓、正直的先驱者。十年来，毛泽东尽情地表现了他邪恶的天才。这位亘古罕见的心理学家，从封建社会贩卖来"正统论"，给自己的丑恶统治涂脂抹粉！

我深深地相信，随着社会的进步，随着中国人民政治水平的提高，无情的历史一定会把反动的"正统论"扫进历史的拉圾堆！

（后记：怀着激动的心情，看完了 42 年前自己写的文章，这是时代风云的记录，真实地描述了当年的政治斗争。我为自己当年的洞察力高兴。——写于 2018 年 7 月 8 日）

十、李君旭与《周总理遗言》案

（补写于 2004 年 10 月 4 日）

1976 年 2、3 月，一份《周总理遗言》在中国亿万群众中广为流传。这篇当年引起中国老百姓在感情上强烈共鸣、被人飞速传递并信以为真的《周总理遗言》，应当在青史上占有光辉的一页。

1976 年 4 月 1 日，中共中央发出紧急电话通知，通知中说"所谓总理遗言完全是反革命谣言，必须辟谣，并追查谣言制造者"，紧接着，公安部根据中央精神，向各省市、自治区公安局发出 1976（12）

号文件《关于认真追查所谓总理遗言的反革命谣言的通知》。

1976 年 1 月 8 日周总理逝世，全中华变成了悲哀的海洋，中国人民哭总理，更是哭自己，担忧着祖国的命运。经过"文革"近十年折腾的中国人民，那时候已经渐渐醒悟。当毛泽东再次发动"反击右倾翻案风运动"，要把邓小平再次打倒时，中国人民已经到了"孰可忍，孰不可忍？"的程度。但是，舆论一律的中国社会——一个极端专制的社会，人民是无法发出自己心声的。在这个令人沉痛、绝望、愤怒的时刻，老百姓的手中却出现了一份《周总理遗言》，大家感到它是那么的亲切，那么的让人振奋，人们似乎又产生了新的希望——毛主席是不是会尊重周总理的遗言，不把邓小平打倒？这份《周总理遗言》语重心长的讲话，太符合周总理的性格和处世哲学了，谁能想到它是一份伪作呢？当年，当我拿到这份《周总理遗言》传单时，我就请我的同事用蜡纸在钢板上刻写，然后我们一起进行油印分发给周围的人。

"主席年龄大了，要注意身体。有主席为我们党和国家掌舵，是全国人民莫大的幸福，也是我莫大的欣慰。""不能为主席分担一些工作，我十分难过。为了我们祖国和人民的前途，主席一定要保重。"

这多么像周总理平时对毛主席的一贯态度，恭恭敬敬，唯恐不周。

"朱德同志和剑英同志年事已高，要多锻炼身体，当好主席的参谋，具体分工是可以摆脱的。但是，你们的地位是举足轻重的。我们老一辈人，跟主席那么多年了，更要以高昂的战斗精神，保持晚节。"

真可谓"人之将死，其言也善"，周总理对老战友的期望，跃然纸上。

"小平同志一年来几方面工作都很好，特别是关于贯彻主席的三项指示，抓得比较坚决，这充分证明了主席判断的正确。要保持那么一股劲，要多请示主席，多关心同志，多承担责任。今后小平同志压力更大，但只要路线正确，什么困难都会克服的。"

这一段话才是《遗言》作者最要说的话，大胆地与媒体制造的"邓小平是还乡团头子"舆论分庭抗礼。作者说出了全国人民的心中话：邓小平应该继续工作，邓小平是中国人民的希望。

"春桥同志，要协助小平同志做好工作。"

《遗言》作者完全揣摩透了周总理"四平八稳"、擅长"和稀泥"的性格。

"对照我国人民目前的生活条件，我为自己未能多做一点工作而感到深深的内疚。"

作者借周总理之口，含蓄、婉转地指出：目前我国人民的生活水平是不够理想的。

对于这份《遗言》，杨国选在他的文章《1976年震惊中外的"周总理遗言"案始末》中给予如此评价：

这份"总理遗言"，无论是说话的口吻；无论是对当时活跃在中国政治舞台上的中央领导人评价的分寸把握和不偏不倚；无论是对中国革命历史的了解；无论是文字的干净简洁和节制、不张扬……一切都像极了人们心目中周恩来为人处世的秉性和风格。所以这就体现了当年这个"总理遗言"炮制者的文才和水平，后来这位青年人说：他研究了胡志明的悼词，研究了任弼时的悼词，看了很多这类东西，看了周总理讲话的大量文稿，琢磨他的文风和语气。实际上"总理遗言"的撰写是一气呵成。

天安门花圈运动被打成"反革命"事件后，全国大张旗鼓地开展

"追查运动"，其中最重要的一项任务就是追查"反革命政治谣言"《周总理遗言》的制造者。每个单位都要追查"政治谣言"的散布情况、每个人都要交代清楚自己手中传阅过的"政治谣言"的来源和去向。"追查运动"涉及面之广，恐怕为 1949 年以来之首，如果用"白色恐怖"来形容当时的政治氛围一点也不为过。我手头保留了一份我们单位当时的追查表格，凡是手中传阅过"政治谣言"的人都必须填写：

＿＿＿＿＿科＿＿＿＿＿组＿＿＿＿＿情况统计表

分类／姓名	来源					去处						
						外传					上缴	烧毁
	手抄油印	份数	单位	时间	姓名	手抄油印	份数	单位	时间	姓名	份数	份数

　　杨匡满在他写的文章《"周恩来遗言"案始末》（见张守仁编《"周恩来遗言"案始末》一书，警官教育出版社 1993 年 4 月第 1 版）中有这样描述（第 2、3 页）：

　　"周恩来总理临终遗言"二月中旬在杭州出现，几天内风靡全城。……到三月底、四月初已经传遍了大半个中国。除西藏、新疆这些偏远的省分之外，各地均有数以千万计的抄本。而且十多家外国及香港的广播电台播发了有关这个遗言的消息。……三月底，当时的中央就以公安部的名义发了紧急文件，追查这一"严重的反革命政治事件"。而在镇压"天安门暴徒"取得"辉煌胜利"之后，这种追查也就火箭升级。凡看过、抄过、传过"遗言"的，一律要受到盘问。在东北某省的某个文化局内，局长大人亲自坐镇，召集几十名干部训话，限令当晚二十四点前一定要查出本局出现的"遗言"是从哪儿来的，不然一个都不准回家；在北京的某所大学，"工、军宣队"命令所有的学生都交一份书面保证，讲清楚自己同"遗言"的一切情况。自然，更不必说公安部门使出了十八般武艺，调动了现代化的侦破技术来对付不知从哪里冒出来的众多的"新生反革命分子"。仅在不大不小的安徽省就查出六千九百三十五份，以后收缴上来的又有三千零二十八份。神州大地，一时间风声鹤唳，草木皆兵。

中国人民无论如何也想不到被公安部捉拿归案的"反革命要犯"，竟会是一个 23 岁的小青年，他是杭州汽轮机厂的学徒工李君旭。

一封能够揣摩周总理感情世界和思想境界并打动全国亿万人民心的《周恩来遗言》，竟出自一个 23 岁的青年人，不得不让人佩服这位才华出众、具有政治洞察力与爱国热情的青年人。

忧国忧民的李君旭，用血泪写出文章，来和国家最高权威抗衡。"明知山有虎，偏向虎山行"，他是那个时代的骄傲。中国不是一个无声音的中国，民心没有死。淫威虽然一手遮天，可就有那么一个小小的百姓勇敢地来逆龙鳞。

当年，李君旭落笔写《遗言》时，他的思想和观点决不是一下子冒出来的。"冰冻三尺，非一日之寒"，他对"文革"肯定有自己的思考。

杨匡满写道（第 7、8、9 页）：

1976 年 2 月 5 日，李君旭的一个刚从农村抽调回城的同学宴请小朋友们。这群二十刚出头的热血青年，一聚到一起便指点江山，粪土王侯，无所顾忌。他们谈总理，谈时局，忧国忧民。这大概是"文化大革命"的仅有的积极成果吧！既然国家的政治关连到了每一个人的生死荣辱和生活命运，每一个人，包括这些刚从父母羽翼下初登人生舞台的小青年，也不能不关心起国家的政局来。

"这次我们一定要有所行动，再不能等下去，时间对他们有利。我们不能让他们安静下来，造成既成事实，按部就班地夺权。我们要给他们制造混乱……"

"广大群众是否同我们想得一样，一定要搞得更清楚。有一点是肯定的，大家一是怀念总理，二是要保持一九七五年的形势……"

"对！写文章！不是说'对着干'吗？同他们对着干！"……

杨匡满引用李君旭2月5日的日记（第9页）：

今天开始上班，得知中央1号文件消息。晚上建树请客，中伟、建人、建新、小路、辰光都到席。畅谈，畅吃，畅饮。看来，我们的一些打算应提上日程。人、路兄明天离杭返湖……我们在凛冽的寒风中紧紧握手。简短地话别。

朋友，不，同志！我们将不会忘记，这是我们走向成熟的新起点，这是在总理逝世后的悲痛的日子里。

杨匡满写道（第10、11、13页）：

他陷入了冥思苦想之中。他要动手写一篇文章了。……灵感终于来了！遗言！写成周总理诀别信的口气！……但这个主意，不能同任何人，哪怕最亲的亲人、最知心的朋友谈。他于是……收集和阅读有关总理的生平资料。白天一有空儿，哪怕是去食堂到车间的路上，他都打着腹稿。

这一天下班之后，李君旭没有回家。他的宿舍在四楼。天色暗了下来。李君旭坐到靠窗的自己的床上。……思绪竟喷泉一样涌了出来，一切都已瓜熟蒂落……

草稿很快写成了，他马上抄一遍，然后将底稿烧掉。

第二天晚上，李君旭又将"遗言"看了一遍。他觉得毛主席同周总理在遵义会议上的谈话是不能乱编的，也编不出来，于是灵机一动，加上一个括号："此处文字原件不清"，这样就更像一个辗转传抄的消息。……他又将全文重抄一遍……他摊开自己的绿皮红花塑料面日记本，写上了这样一行字：二月十一日，星期三，阴。这两天住在厂里……

李君旭把他制造的"炮弹"抛向了社会（第14、15页）：

他是在二月十七日，第一次把"遗言"拿给厂里的电工小陈看的。……第二天，几个小朋友到他家，他又出示了"遗言"，几个人当场要了纸抄了起来。"遗言"就这样传开了。……仅过了几天，他的父亲、杭州市第一人民医院的院长李容兴致勃勃地拿了一份油印的传单回家，老头子做梦也想象不到那竟是自己小儿子的杰作。

5月5日，杭州市公安局的一辆中吉普驶进了汽轮机厂。杨匡满写道：

……五天之后，李君旭承认了自己就是"遗言"的制造者。（第5页）

……他竟株连到他的父亲、他的同学中伟……他们的父亲。……二十天之后，他们一共七个被秘密押送北京……另有他的老师、同学、同学的母亲四人被押送天目山一个隐蔽处秘密监禁。……自古以来"灭九族"的宝贵传统，于今得到发扬光大。（第15页）

一年之后，李君旭回到杭州，父亲和另外几个难友是先期获释的。1977年11月3日，公安部给李君旭下的结论是：

经审查，李君旭伪造"总理遗言"，流传全国，政治影响极坏，并有攻击伟大领袖的言论，问题性质是严重的。鉴于李君旭有反对'四人帮'的一面，他的问题又是在'四人帮'搞乱浙江的复杂情况下发生的，保护审查后，能主动交代问题，并有所认识。属于严重政治错误。解除保护审查，回原单位工作，工资照发。

1979 年 12 月 7 日，公安部下达了《关于李君旭同志的复查结论》：

经复查，李君旭是积极反对"四人帮"，制造所谓"总理遗言"，系出于悼念周总理，但其做法是错误的。现按中央精神，决定撤消本部一九七七年十一月三日的审查结论。

杨匡满同志写道（第 34 页）：

李君旭这位二十三岁的学徒工的这篇创作在我国历史的转折关头所起的动员人民大众的作用，已是无可争辩的了。它是"四·五"运动的有机组成部分……即使正史家可能对它不屑于一顾，但它将在民间野史上长存。

李君旭制造的"总理遗言"事件，是我们国家政治生活的一个缩写。在一个报国无门、一个不能让人说话的社会，李君旭只能采取这样的行动来与淫威抗衡。可令人叹息的是，在李君旭获释时，1977 年11 月 3 日公安部对李君旭下的结论仍然认为他的行动"属于严重政治错误"；1979 年 12 月 7 日，公安部下达的关于李君旭的复查结论改为：李君旭制造所谓"总理遗言"，其做法是错误的。

杨国选在他的文章中，如此评论"总理遗言"事件：

"总理遗言"案事件不是一个孤立的事件，它不仅对中国命运的成功转折作出了贡献，具有承上启下的意义。而且，这部一群年轻受难者的心灵史，传递了那个时代的精神追寻，是那样纯真、厚重、激烈，是时间沉淀下的经渭分明，也是为了理想而追寻的执着，有着在当下重温的价值和意义。

我深深地希望，我们的社会，将来能够给每一个爱国青年一个生存和说话的空间，只有这样，我们国家的政治生活才是真正的文明。

2014 年 2 月 9 日清晨，李君旭，在杭州去世。

李君旭由于在狱中身体被严重摧残，留下严重后遗症，他走出监狱的 38 年人生，有 30 年与病榻和轮椅相伴。李君旭的悲剧人生告诉我们，社会应该善待政治犯。

（说明：这篇文章不是在"文革"中写的。在整理完我在"文革"中写的文字后，觉得当年追查传阅《周总理遗言》的"运动"，是我人生中难以忘怀的插曲。可惜那时我没有文章详细记录这场人人自危的追查运动，仅仅保留了我自己在追查运动中写的检查与追查表格。为了反映 1976 年的政治风云，特地补写了此文。今日回首往事，不得不让我提出这样一个疑问：一篇《周总理遗言》为什么竟然引起执政者如此的害怕，不惜花费巨大人力在全国展开"追查运动"，可见，执政者对自己的统治是多么的不自信！如果执政者对自己的统治充满自信心，相信自己得到人民大众的拥护，那么又何必惧怕《周总理遗言》产生的能动量呢？置之不理不是最好的冷处理方法吗？可是执政者为了把邓小平罢黜到底，掀起了滔天浊浪，不让人民大众对邓小平的政治生命有一丝的希望。李君旭作为政治犯，在狱中受到严重摧残，就凭他在狱中的遭遇，我们应该得到什么样的反思呢？——写于 2021 年 5 月 5 日）

（后记：谈到《周总理遗言》案，不能不想到此案的另一位受到严重迫害的思想者袁中伟。他的妹妹袁敏出版了一本书《重返 1976：我所经历的"总理遗言"案》，此书与其它同类文章永远在历史的记忆中发出光芒。李君旭、袁中伟与他们的难友和亲人的遭遇，是拍电影、电视剧的最好素材。回忆这段可歌可泣的历史故事，可以教育青年人如何坚守人格、如何关心社会命运与国家大事、如何做一个真正的人；统治者也可从这样的历史镜子中，思考自己怎么样对待"政治犯"。——写于 2019 年 3 月 18 日）

十一、追查运动和我的违心检查

（三次检查写于 1976 年 5 月，其它说明文字写于 2019 年 3 月上旬）

"天安门事件"发生后，就在全国开展"追查运动"。

每个单位要清查做"悼念周总理"花圈的发起者，每个人要讲清楚自己手中油印"政治谣言"《周总理遗言》的来源与继续散发对象，各个单位要搞清楚本单位"政治谣言"的来龙去脉，并且再把来源追查出去。中央决心要把《周总理遗言》的制作者追查出来。

市革委会宣传组发下了统一的标语口号，单位宣传科在 5 月 10 日把它转印了过来，现在摘录一部分，可见当时的社会氛围：

全市人民行动起来，掀起追查反革命的新高潮！

动员起来，打一场追查反革命的人民战争！

彻底追查我市反革命政治事件的幕后策划人和指挥者！

彻底追查反革命政治谣言制造者！

加强无产阶级专政，坚决镇压反革命！

受蒙蔽的同志要提高觉悟，划清界限，积极投入追查斗争！

深入批判邓小平，把反击右倾翻案风的斗争进行到底！……

在追查"反革命政治谣言"《总理遗言》》制造者的运动中，在人人过关的高压恐怖形势下，我终于难逃幸免，违背自己的心愿被迫写了三次检查，它是我们这一代人经历过的"政治生活"的记录。根据领导的要求，我的检查上纲上线一次比一次厉害，最后才被通过。我也算体味了一下写检查的滋味。于 1976 年 5 月 13 日写的第一份检查全文如下：

关于参与"反革命政治谣言"的检查

反击右倾翻案风运动开始后，由于自己的路线觉悟不够高，政治学习不够努力，所以对运动存在不理解、不搭界、看不准、分不清的想法。

邓小平在1975年重返政治舞台以后，我被他的各种表演所迷惑。认为他敢说敢做，"敢"字当头。他在军委扩大会议、大寨会议上的讲话被领导传达后，我们在政治学习中讨论过多次，我中了毒：认为邓小平大胆、泼辣，一针见血地指出了当前社会存在的问题。

事实上，邓小平讲军队状态的"肿、散、骄、奢、惰"五个字，讲工业、农业发展速度不够快，都是对我们国家建设攻其一点不及其余，扩大阴暗面，抹煞成绩。邓小平说："我们向全世界人民赌了咒、发了誓，明年我们一定要大干，要搞四个现代化。"我的眼中就只看到"干！干！干！"只想到四个现代化，而没有用阶级分析的观点去分析邓小平是干什么样的现代化！邓小平推行反革命修正主义路线，他以"三项指示为纲"为复辟纲领，挥舞九根"整顿大棒"，目的是复辟资本主义，否定文化大革命新生事物。

由于自己是工会小组组长，负责小组政治学习。我总希望把小组学习搞好，希望学习内容尽量丰富些、生动些，使大家能够在一个小时的学习中有所收获。为此，在小组学习中，我除了遵照党支部领导布置的学习内容组织大家学习外，另外我又找了报纸上有关文章来组织学习。

反击右倾翻案风运动上海先走了一步，上海市委领导讲话比较多，印发的批邓材料比较多，我虽然思想跟不上形势，但为了搞好小组学习，我就把上海市革命委员会副主任马天水、徐景贤、王秀珍、冯国柱的讲话拿来在小组会上学习，又组织过小组同志学习张春桥同志对上海开展运动的指示和毛远新在朝阳农学院的讲话。为了帮助大家加深对运动的理解，我还翻印了张春桥同志、王秀珍同志的讲话。

当时批判"三项指示为纲"，由于手头没有批判材料，就翻印了《工业十八条》70份，并在星期三下午毛选学习中组织大家批判《工业十八条》。

以后又翻印过邓小平言论摘录中部分材料以及清华大学运动经验介绍，目的都是为了搞好小组学习。

周总理逝世后，大家心情都很悲痛，都深切地悼念伟大的无产阶级革命家周恩来同志。

三月中旬科里有人说，现在工厂里面在流传所谓"周总理遗言"。由于对总理的热爱以及出于好奇心，很迫切地想看到它。后来我从别人那里拿到了"周总理遗言"手抄材料，就把它拿到小组里来了，由同事用蜡纸刻写，然后我同他一起印了数十份。

二月底在工厂里流传所谓的"三首长讲话"，某一天在小组学习时有人把手抄材料拿了出来，我叫人把它刻写并进行了油印。

拿到了毛主席对七位首长的所谓"在动荡中移交，搞得不好，要血雨腥风"的一段"谣言"后，我拿到科里进行了油印。

我从油印批邓材料、上海市委领导讲话，发展到宣传、油印小道消息、反革命政治谣言，教训是深刻的。

因为文化大革命初期流传的中央首长讲话很多，没有发生过什么政治谣言，误认为现在流传的东西也不会有什么谣言，并且荒谬、天真地认为反革命分子即使造谣，也不敢狗胆包天造到周总理和中央首长的头上。这是中了刘少奇、林彪、邓小平"阶级斗争熄灭论"的毒。

毛主席说："文化大革命是干什么的？是阶级斗争嘛。刘少奇说阶级斗争熄灭论，他自己就不是熄灭，他要保护他那一堆叛徒、死党。林彪要打倒无产阶级，搞政变。熄灭了吗？"

制造反革命政治谣言，这是反革命分子在新的斗争形势下的新动向、新反扑，是他们在作垂死挣扎，蒙蔽群众，大造反革命舆论。这些反革命政治谣言和小道消息的流传、散播，旨在保邓，干扰批邓大方向。我们传、印这些东西，客观上起了为反革命舆论推波助澜的作用，偏离了斗争大方向，影响很坏，既害自己又害同志。

反革命政治谣言的散播、泛滥，充分说明"走资派还在走，反革命确实有。"给我们上了生动的一课。

今后，我应该旗帜鲜明、态度明朗，揭开邓小平画皮，认清邓小平这个党内不肯改悔的走资本主义道路的当权派的本质，积极投入批邓运动。

检查交给领导以后，没有被通过。同事私下告诉我，我这份检查不符合追查运动中上级领导布置下来的统一口径，就是说我必须承认是"客观反革命"。我，作为一个对"文革"完全有自己独立见解、晚上有时还要挥笔写"反动文章"的人，在形势逼迫下为了求生存，不得不写检查，我决不会大义凛然地说出自己真正的观点对"文革"进行彻底的否定。于是，5月17日我又重新写了检查：

第二份检查

……在反革命政治谣言兴风作浪时，我翻印了反革命政治谣言，客观上参与了反革命活动，干扰了批邓大方向，为反革命舆论推波助澜……

制造反革命政治谣言是阶级敌人用卑劣手段大造反革命舆论，蛊惑人心，矛头对着以毛主席为首的党中央，制造分裂。在反击右倾翻案风运动深入开展的形势下，阶级敌人用谣言迷惑群众，是作垂死挣扎，为邓小平鸣冤叫屈。而我由于路线觉悟低，对反革命政治谣言识不破，参与了翻印反革命政治谣言的活动，客观上是参与了反革命活动，扩散了反革命政治谣言，为反革命舆论的泛滥助了力，起到了保邓的作用……

党内最大的不肯改悔的走资派邓小平，是这次大刮右倾翻案风、天安门广场反革命政治事件的挂帅人物。他的凶恶面目已经赤裸裸地暴露在全国人民面前……

我已经在小组里对自己的错误行为多次作了检查。追查运动的深入开展，更使我认识了参与翻印反革命政治谣言的破坏性、危害性，我客观上参与了反革命活动，我的心情是沉重的，教训是深刻的……

可是这份检查仍然没有被通过，于是再次写检查。

第三份检查

由于自己的资产阶级世界观没有改造好，路线斗争觉悟低，阶级斗争观念模糊，参与了翻印反革命政治谣言的活动，扩散了反革命政治谣言，为反革命舆论的泛滥推波助澜，客观上参与了反革命活动。我的心情是沉痛的，教训是深刻的。我市反革命政治事件和天安门广场反革命政治事件、南京反革命政治事件的性质是一样的，它们的时间、手法、矛头、目的都是一样的，都是妄图颠覆无产阶级专政，反对毛主席，反对以毛主席为首的党中央。中共中央根据伟大领袖毛主席提议做出的两项英明决策，首都工人民兵在人民警察、警卫战士密切配合下，迅速粉碎了天安门广场反革命政治事件，是伟大领袖毛主席亲自发动和领导的反击右倾翻案风运动的伟大胜利，是毛主席无产阶级革命路线的伟大胜利，是无产阶级专政的伟大胜利。

今年春天，当反击右倾翻案风运动步步深入、节节胜利的时候，一批反革命政治谣言像污泥浊水般从阴沟里冒了出来。一小撮阶级敌人施展了十分阴险毒辣的反革命策略，丧心病狂地伪造所谓"总理遗言"，伪造所谓"毛主席对七位首长讲话"，伪造所谓"中央首长讲话"，妄图利用毛主席、党中央在全国人民中的崇高威望来贩卖他们的私货。在三月份中，我上了阶级敌人的当，受了蒙蔽，成为反革命政治谣言的推销员，干扰了批邓大方向，给党和革命事业带来了损失，现在想来，自己的所作所为是何等的危险啊！

随着追查运动的步步深入，我看到了翻印反革命政治谣言的危害性、破坏性。我不但自己受了蒙蔽，又用它去蒙蔽别人。这些反革命政治谣言内容之反动、语言之恶毒、情节之离奇、手段之卑劣，简直到了无以复加的地步！阶级敌人用谣言迷惑群众，是作垂死的、疯狂的挣扎，为邓小平鸣冤叫屈。而我扩散反革命政治谣言，起到了保邓的作用，后果是恶劣的、影响是极坏的……

由于我中了邓小平推行的反革命修正主义路线的毒，中了他的反动的"唯生产力论""阶级斗争熄灭论"的毒，对他的背叛马克思主义的反动本质认识不清。邓小平炮制的"三项指示为纲"的修正主义纲领，否定党的基本路线，把三项指示并列起来，把政治和经济并列，玩弄折中主义和诡辩术。而我由于无产阶级专政理论没有学习好，就被邓小平的反动的折中主义迷惑了。天安门广场反革命政治事件的粉碎，教育了我，使我猛然醒悟过来。从反革命政治谣言四起，到天安门广场反革命政治事件的发生，都有深刻的政治背景，其源盖出于邓小平……

邓小平网罗、重用不肯改悔的"走资本主义道路的当权派"，"请隐士、举逸民"，拼凑翻案复辟的"还乡团"，邓小平就是"还乡团"的总头子。

毛主席说"翻案不得人心"。邓小平的复辟梦已经彻底破灭了，胜利的凯歌响彻长空！

当前，反击右倾翻案风运动正以排山倒海之势在全国展开。面对这大好形势，想到自己翻印了反革命政治谣言，客观上参与了反革命活动，逆历史潮流而行，感到无比的痛心。我决心：今后加强无产阶级专政理论学习，认真学习毛主席著作和中央有关文件，加强思想改造，放下包袱，提高觉悟，轻装上阵，和同志们一起同仇敌忾，积极投入战斗，狠狠地批判邓小平的反动罪行。

写了这违心的第三份检查后，我总算过了关，得到"解脱"。

（后记：这些检查是那个年代的典型产物。我写的检查在当今的现实中，没有任何价值，我把这些已经被遗忘的检查亮相于本书中，主要的目的是希望后来人能够理解那个年代的人，是怎么样痛苦地做着两面派？是怎么样无可奈何、违背心愿地说假话？

"文革"中，上至国家各级领导、各级"走资本主义道路当权派"，下至"牛鬼蛇神"、知识分子、普通百姓，相当多的人写过检查。"文革"初期，在马路传单中就广泛流传过刘少奇与邓小平对提出与执行"资产阶级反动路线"的检查。"检查文化"是中国的特色文化，在"文革"博物馆中，各式各样的"检查"应该占有一席之地。"检查文化"值得后来人进行深入的研究。——写于 2019 年 3 月 11 日）

附 录

第一章　位卑未敢忘忧国

（写于 2020 年 7 月）

秦始皇"焚书坑儒"的丑戏又在今天重演——在他眼里"文革"是"政治阴谋"——

想把错误政策用一个过去的威望弥补掉——人们被无意识地动员在这个可怕的运动里——

《紧急呼吁》的作者具有穿透历史的思想力量

在"文革"疾风暴雨席卷全国之时，一位小人物不顾个人安危，发出了讨伐"文革"的檄文——《给全体共产党员的紧急呼吁》！

最近在百度搜索中，我看到了中共中央党校教授王海光的文章《反"文革"檄文——〈给全体共产党员的紧急呼吁〉解读和考辨》（来源：《二十一世纪》第 55 期，文章定稿于 2006 年 2 月 15 日），非常惊叹，居然早在"文革"开始后不久的 1967 年 2 月，就有一位小人物一眼看穿了"文革"的本质，自刻油印传单进行散发，向独裁者发出了挑战！

我情不自禁地沉思在小人物的呐喊中，无数的思考在脑海中翻滚。

这位具有忧国忧民高尚情怀的无名英雄，他对施逆者的非凡洞穿力，是历史长河里的雷鸣电闪，闪现了平民百姓"位卑未敢忘忧国"的思想光辉。在当时极其残酷的"红色恐怖"环境下，此文无愧为一份"勇敢者的宣言"。他敢于傲视并识透最高统治者，敢于揭穿其制造灾难的卑鄙伎俩。

这个最普通的小人物，是"文革"年代中的精神巨人，真正体现了"民不畏死"的高贵品格。这样的人，是中华民族精神与优秀文化的体现者，是真正的爱国者！这样的人，值得后来人学习他捍卫真理、分清大是大非的优秀品格，这样的民族精神应该世世代代传承发扬！

王海光的文章（下称《反"文革"檄文解读》）指出：

多年前，笔者清理中共中央党校的"文革"小报资料，在成堆的油印资料中，翻检出一份油印传单，题为《给全体共产党员的紧急呼吁》（下称《紧急呼吁》）。这是一篇观点鲜明地反对"文革"的檄文。传单署名是一个共产党员。在"文革"的"恶攻"（注：即"恶毒攻击毛主席和毛主席无产阶级司令部"的简称）罪行中，应属于"反革命匿名信"一类。

《紧急呼吁》义正辞严地谴责"文化大革命"造成的党难国难，直言不讳地指责毛泽东晚年的一系列错误和对这场政治劫难不可推卸的责任。其为文之大胆，观点之鲜明，言论之犀利，感情之真诚，思想之深刻，超过了笔者所接触到的当时同类反"文革"的文论。可以说，这是一份研究"文革"史和"文革"思潮的十分珍贵的历史文献。

王海光的文章《反"文革"檄文解读》由三部分内容组成：一、

《紧急呼吁》的主要内容和观点评析；二、《紧急呼吁》的写作背景和思想价值；三、《紧急呼吁》的作者身份考。

感谢王海光在他文章的后面，把小人物写的《紧急呼吁》作为附件公布于社会，让后来人看到一位小人物如何向最高统治者发出怒吼。《紧急呼吁》让人们看到，原来"最高统治者"不过是个"纸老虎"，小人物的火眼金睛完全可以把他发动"文革"的低劣伎俩批得体无完肤！

《紧急呼吁》的落款日期为1967年2月，此时是"文革"正式发动的第二年。王海光在《反"文革"檄文解读》中指出了当时的形势；

此时，"文化大革命"进入到了夺权阶段。毛泽东向全国发出了"无产阶级革命派联合起来，向党内一小撮走资本主义道路当权派夺权！"的号召，并树立了张春桥、姚文元夺取上海党政大权的一月夺权的样板。为了支持夺权，毛泽东明令军队介入运动，进行"三支两军"。全国各地大大小小的群众组织蜂起夺权，各单位的党政权力悉数被夺。在夺权的纷乱中，多数人是被动地盲从"革命"，少数人是别有用心，只有极少数人能有这份审视时局的清醒，而能够将身家性命置之度外的敢言者又更少之。作者却挺身而出，直抒胸臆，谴责这场运动将党和国家带进了"水深火热"，这不仅要有卓尔不群的思想质量，更要有敢作敢为的救世情怀。

在1967年，中共中央党校每天可以收集到各类群众组织的传单小报，有铅印的，有油印的，大大小小，形式不一。"文革"结束后，这份充满"恶毒攻击"言论的《紧急呼吁》，作为油印传单夹杂在随意堆放的"文革"资料中，能够幸存下来，也是奇迹。也许是当年中央党校收发室与资料室的人粗心大意，或者是存心"将枪口抬高一寸"，没有将这份"反革命匿名信"提交上级部门，否则《紧急呼吁》一定被公安部门作为全国特大案件一追到底！

　　《紧急呼吁》分四节：“开篇”“文化大革命的目的”“政策的实质”“前途”，全文共 3800 多字。下面分别来介绍这四节的主要观点。为了便于区分原文与王海光的评论，用仿宋字体表示原文。

第一节　秦始皇“焚书坑儒”的丑戏又在今天重演

　　《紧急呼吁》在“开篇”一节中写道：

　　建国十七年来，伟大的中国共产党今天正处在水深火热万分危急的时机……。

　　现在，从党中央到基层党支部都受着残酷的斗争和无情的打击，各级党的组织和其它社会团体已处于瘫痪状态。

　　今天成为被攻击的主要对象，不是别人，正是我们共产党人，是党的核心骨干，其中绝大多数是几十年来为祖国、为人民的解放事业过雪山过草地立下功勋的中国人民的优秀儿女。他们今天却被中央一小撮政治投机分子扣上了所谓“走资本主义道路的当权派”“反革命修正主义分子”“右派”“叛徒”“军阀”“工贼”等罪名。

　　我国悠久的文化遗产和人民光荣的优良传统几乎全部被践踏，建国以来的文学艺术所获得的巨大成就全部被摧残了。各种书籍不加区别地被焚烧了，犹如帝王秦始皇“焚书坑儒”的丑戏又在今天重演了。我国著名的各种专家、学者，在所谓“反动学术权威”这支恶棒的打击下，在暴压面前走头投无路，不得不被迫自杀……

　　大、中、小学停止学习，文化教育、艺术活动从此中断，一片凄凉。可是一个人的著作和语录却超过任何时代，不惜任何代价的出版着，借此代替一切文化教育和马列主义经典著作，强迫全国人民把他的语录用鲜红的颜色装饰着⋯⋯

在"自己教育自己","自己解放自己"的一种无政府主义的口号下，全国组织起了千万个"造反集团"⋯⋯。这一可怕的事实竟由某一个人的独断理论"造反有理""正当化"了。

《紧急呼吁》的这些文字，言简意赅地概括了从"文革"发动以来这位小人物的所见所思，他对形势的分析独具慧眼，勇敢地用匕首刺向毛泽东。可惜这篇檄文在当时没能在中国上空形成滚滚春雷，否则它的地位决不亚于后来的《五七一工程》。

上述文字中"强迫全国人民把他的语录用鲜红的颜色装饰着"这句话，让人不免回忆起当年在中国大地上出现的让人厌恶的现象。那时，全国成为"红海洋"，城市的每家商店墙面都涂上红色，马路两旁的人行道上隔几十米就是"红色"毛泽东语录牌。家家户户的门窗上，都贴上大红剪纸：上面为一个大忠字，下面是向日葵花衬托。无论是家庭，还是商店、工厂车间、机关办公室，墙体上都贴着或者挂着各种版本的毛泽东画像。无数大学校园或者城市广场都树立了毛泽东巨型雕像。当时还形成了一股风，每个人在外衣左胸口上别上各种类型的毛泽东纪念章，全国不知道消耗了多少铝材。作曲家创作毛主席语录歌也蔚然成风，当时"红卫兵"与"造反派"最喜欢唱的毛主席语录歌是由中央乐团谱曲的《"造反有理"》：

马克思主义的道理千条万绪，归根结底，就是一句话，"造反有理"。根据这个道理，于是就反抗，就斗争，就干社会主义。

这首音调杀气腾腾的《"造反有理"》语录歌，成

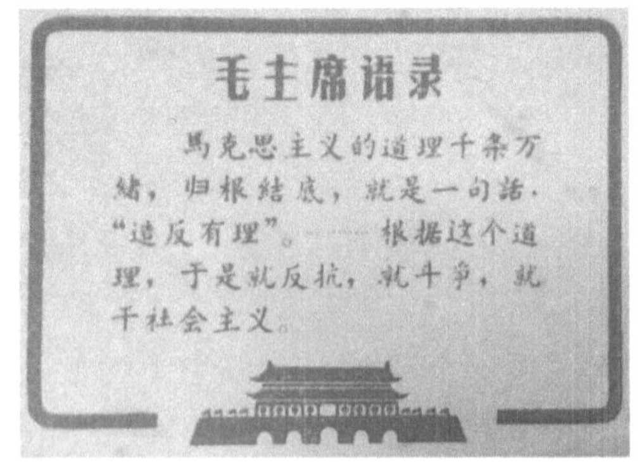

为红卫兵与"造反派"采取所谓的"革命行动"的精神支柱，得到广泛传唱。

当"造反有理"的歌声响彻祖国大地的时候，"小人物"义无反顾地反其道行之，点破了国家灾难的根源在于独断理论"造反有理"这个人人都不敢对它发生质疑的命题，不得不让人敬佩他的英雄虎胆。

类似的语录歌如《不管什么地方出现了反革命分子捣乱，就应当坚决消灭他》：

原有的反革命分子肃清了，还可能出现一些新的反革命分子。如果我们丧失警惕性，那就会上大当，吃大亏。不管什么地方出现了反革命分子捣乱，就应当坚决消灭他。

此首语录歌是阶级斗争"年年讲、月月讲、天天讲"的时代缩影（参见《毛主席语录趣谈》，2014 年 1 月 17 日发布，来源：人民网-中国共产党新闻网，《党史纵览》授权中国共产党新闻网独家发布）。

《紧急呼吁》的作者作为小人物挺身而出，"剖析"毛泽东的战略部署，作者不惧怕被当作"反革命分子"而被杀身，他"生死度外"的品格值得今人赞美与学习！

在"开篇"中，作者还写了这么一段话：

当权者公开地号召破坏旧的国家社会制度，建立新的制度，破坏社会主义制度，究竟建立什么社会制度呢？全国一些"造反"集团在这种号召下合法地取得了几十年我们革命先烈用鲜血换来的无产阶级政权，尤其是公然号召我们不理解事态实质的光荣的人民解放军去"帮助"清算我们党的"斗争"，这一事实不能不使我们感到痛惜。

1967 年，各个单位基本上都分裂成为两大派——"造反派"与"保守派"，社会撕裂现象极其严重。毛泽东是搞政治平衡的高手，他派出解放军参加地方支"左"，可《紧急呼吁》作者却藐视毛泽东的布局，大胆地说出解放军"不理解事态"这个事实，不能不说他有先见之明。1967 年，解放军在地方支"左"中，确实犯了许多错误，武斗成风，全国各地一些造反派组织被打成"反动组织"而取缔，事后又相继被平反，形势反复无常。

王海光在《反"文革"檄文解读》中分析说：

"文化大革命"是将毛泽东的个人迷信推到极致的一场全民性的现代造神运动。反毛之罪是"全党共诛之，全国共讨之"的弥天大罪。

1967 年 1 月，"公安六条"颁布，规定"凡是投寄反革命匿名信，秘密或公开张贴、散发反革命传单，写反动标语，喊反动口号，以攻击污蔑伟大领袖毛主席和他的亲密战友林彪同志的，都是现行反革命行为，应当依法惩办。"（注：1967 年 1 月 13 日《中共中央、国务院关于在无产阶级文化大革命中加强公安工作的若干规定》第二条）此时，全国上下对毛泽东的个人崇拜已经达到了宗教狂热的极致。谁人的言行对毛泽东稍有不恭，就不单是群众暴力的"砸烂狗头"，"扭送公安机关"，而是法定的"现行反革命"，不仅个人有杀头之虞，就连家庭亲友也逃脱不了政治干系。作者置身家性命全然不顾，挺身犯险，严厉指责毛泽东发动"文革"给党和国家造成了巨大灾难。作此言论，足见作者的"胆大妄为"。

《紧急呼吁》开篇中的一些文字矛头直指毛泽东，《公安六条》家喻户晓、人人皆知，小人物明知杀身之祸在等待他，可"大爱之心"驱使他拿起笔作匕首，为历史留下这位现代荆轲的印迹。

第二节　在他眼里"文革"是"政治阴谋"

《紧急呼吁》在"文化大革命的目的"一节中写道：

多年来党的领导，在国际国内政策方面所犯的错误，在党内不能不引起巨大反映。

1965 年底在上海进行了政治阴谋，66 年 6 月公开改组了北京市委，既然北京市委"烂了"，全国各省市怎么会健全呢？……

现在谁都明白了"文化大革命"与反对党内一些腐化堕落分子的斗争毫无共同之处。那么，当权者通过这场"文化大革命"想达到怎样的政治目的呢？

一、把那些真正认识到了过去几年党所犯的政治错误是由于一人独断专行的共产党员以"走资本主义道路的当权派"的罪名打入冷宫，以除后患；

二、把从 58 年以来由个人的独断政策而淤积的各种不满转到"党内一小撮走资本主义道路的当权派"身上。这个政治阴谋被八届十一中全会所作的决议《十六条》"合法化"了……。

因某一个人的政治目的，利用多年来由于自己错误政策造成的群众不满，在中央委员会内把自己的不利处境，用"群众路线"的手段去解决，这不是创造性的马列主义，而是一种政治阴谋……

"紧急呼吁"作者的这段文字写得相当出色。说明他不是在"文革"开始时才思考毛泽东执政的错误，而是长期来对毛泽东的执政效果与弊病一直在不断的思索，相当早就看到了毛泽东独断专行的庐山真面目。

作者对个人崇拜现象泛滥成灾的根源作了比较透彻的分析：

另外，为什么"群众"显得把一个人的旗帜举得更高呢？这里有几种因素：

1、1957 年以前，我党的集体领导，在各方面获得了伟大成就，以后这个成绩逐渐成为对某一个人的无条件的崇拜，把功绩归于某一个人，把罪过强加别人，好像只有他个人才是中国人民的救世主。一些片面的歌颂，片面的宣传，在人民群众中产生了认为某一个人永远不会犯错误的错觉。造成部分群众盲目崇拜，盲目支持的原因就在这里。

2、多年来通过各种政治运动，特别是经过反右派斗争后，群众也聪明化了。他们在发泄自己的不满时，总是高举某一个人的思想旗帜而去获得自己的目的。这样的人只是把独裁者的旗帜当作暂时的护身符。

3、政治投机分子为了实现个人的野心，也不能不假惺惺的对独裁者表示支持，只有这样才能对其开绿灯，顺利通过。

小人物无情地披露了毛泽东发动"文革"的内在动机。从《紧急呼吁》的内容来看，作者对国家上层领导政治活动的具体内容知之甚少，但是他根据蛛丝马迹却对大人物的行动作了比较正确的判断，他的洞察力让人佩服。

王海光分析说：

《紧急呼吁》全然否定把"文化大革命"说成是"全面地，深刻地，创造性地发展了马克思列宁主义"，"把马列主义创造性地提高到一个崭新的阶段"的主流观点。认为毛泽东发动的这场"文化大革命"，并不是什么"创造性"的马列主义，而是一场政治阴谋。因为党内生活已经很不正常了，所以毛泽东要肯定群众"自己解放自己、自己教育自己"的无政府主义口号，要以群众运动"炮打司令部"的形式搞党内斗争，以便利用"多年由于自己的错误路线造成的群众不满"，用群众路线的"法宝"来改变自己在党中央的不利处境。

　　在整个社会高唱中国是一个红彤彤的毛泽东思想大学校、毛泽东思想是"马克思列宁主义"第三个里程碑的时候，《紧急呼吁》能够对毛泽东战略战术进行彻底的否定，他的魄力与洞察力，在这个封建极权社会里拔了头筹，是逆龙鳞第一人。

第三节　想把错误政策用一个过去的威望弥补掉

　　《紧急呼吁》在"政策的实质"这一节写道：

　　从 1958 年以来，我们党领导所推行的政策，无论在理论上或实践中，都证明推行了一条错误路线。但是我们党的领导不能（注：看上下文，此处"不能"应为"不但"）不承认错误，反而想把错误政策用一个过去的威望弥补掉。

　　我们党的领导把主观、冒险主义政策失败的原因，都推给客观条件，1、自然灾害；2、苏修的背信弃义；3、下级领导犯了错误等。……这是我党领导欺骗党员和全国人民的开始，从这个时候起，我们党领导也就开始在政策上、理论上陷入被动的地位。

　　为了堵塞政策上连续出现的漏洞，我们党的领导，时时刻刻做出了各种各样的政治"动作"。这次文化大革命也就是这个政治"动作"之一。

　　在对外政策和国际共运上，我们党完全推行了一系列的错误政策，使我们党和国家在国际地位上大大降低了，处于空前孤立。

　　在国际共运中，曾坚持团结和统一路线的中国共产党，当把党领导的霸权主义政策逐渐表面化的时候，我们党就开始丧失兄弟党对我党政策的信任。

看到《紧急呼吁》这段文字，不由想起毛泽东的词《沁园春·长沙》（1925 年）中的名句：

……怅寥廓，问苍茫大地，谁主沉浮？

……恰同学少年，风华正茂；书生意气，挥斥方道。指点江山，激扬文字，粪土当年万户侯。

毛泽东借湘江寒秋图的景来抒发心情，提出了苍茫大地应该由谁来主宰的问题？在他踌躇满志登上最高政治舞台后，恰恰就充分暴露了"中国大地究竟由谁来主宰"的个人内心活动。今日，《紧急呼吁》的作者，真正做到了"书生意气，挥斥方道"，其"激扬文字"没有丝毫胆怯，彻底批判了玩弄权术的大人物！

王海光的文章对《紧急呼吁》这段内容作了高度评价：

《紧急呼吁》把"文化大革命"的发生，与 1958 年大跃进运动、"三面红旗"的失败联系起来考察辨析……

这几段对"文革"起因的分析和认识，彰往考来，寻根究底，剖析毫厘，洞若观火，是《紧急呼吁》中最为精彩的内容。

《紧急呼吁》还考察了"文革"发生的国际背景。它将 60 年代以来中共领导人在对外政策和国际共运中推行的极左路线，称为"霸权主义政策"。认为这种霸权主义政策在国际共运中的推行，使"曾坚持团结和统一路线"的中国共产党，失去了兄弟党的信任，党际关系全面恶化，处于空前孤立的境地。文章深入剖析了当时大力推行的"世界革命"理论和政策，尖锐地指出：所谓"战争不可避免论"，帝国主义的本质是不会改变的，以苏联为首的社会主义国家发生了资本主义复辟，能够消灭帝国主义、现代修正主义和各国反动派……，都是没有事实根据的，完全行不通的。推行这一理论和政策的实质，是"独裁者"想通过推行世界革命，把当年的错误抹煞掉。

《紧急呼吁》对中国当时全力进行的援越抗美活动的"无私"性提出了大胆地质疑。

中共中央党校教授王海光作为体制内的知识分子，能够对"紧急呼吁"的作者做出公正而实事求是的评价，显示了他的大无畏勇敢精神，同样难能可贵，令人钦佩！

第四节　人们无意识地被动员在这个可怕的运动里

《紧急呼吁》在"前途"这一节写道：

因为不知道在文化大革命的名义下掩盖可耻的政治阴谋，我们的部分党员、团员，光荣的人民解放军和其它正直的人们无意识地动员在这个可怕的运动里。

这是多么可怕啊！

摆在全党和全国人民面前的出路有两条：

一、从党的中央到党的支部重新建立集体领导。发扬党内民主，恢复党的权利，只有这样才能纠正独裁者所犯的严重错误，但这种可能性几乎没有希望了。

二、当权的独裁者，为了继续维持自己的权力，不顾党和人民利益，……我们只有全体党员和全国人民呼吁公开揭露独裁者所犯错误及其本质。并在真正的马克思列宁主义基础上重新团结起来……

进行公开的斗争是有流血牺牲的，但比袖手旁观，眼看着这样白白失去党和人民用鲜血换来的祖国江山不知要强千百倍。

独裁者如果对自己的错误路线继续执迷不悟。久经考验的共产党员如果继续袖手旁观，中国的社会主义和共产主义也就从此吹到九霄云外去了。

　　共产党员们！对祖国和人民的命运不愿袖手旁观的同志们！行动的时刻已到来了……

　　　　　　　　　　　　　一个共产党员　　一九六七年二月

　　在《紧急呼吁》中，有一句话相当有内涵：

　　因为不知道在文化大革命的名义下掩盖可耻的政治阴谋，……正直的人们无意识地动员在这个可怕的运动里。

　　我在"文革"中有条深刻的体会——人的本能是活动与对社会现象进行思考。所以人们会忘却"反右斗争""四清运动"等一系列政治运动的创痛，全中国的人民都投入了这场轰轰烈烈的"文革"运动，无论是"保守派""造反派"或者"逍遥派"，既是"演员"，又是受骗者、牺牲品，就是一些冲锋陷阵的打手，也是悲剧人物。毛泽东的这场"政治阴谋"，让社会撕裂，至今难以弥补与彻底改变。

　　在最高执政者逆天而行的时候，在现代化军队被最高执政者管控的社会里，渺小的小人物，连发出自己的声音都不可能，更谈不上成为一面旗帜来集结与凝聚进步力量。可《紧急呼吁》的作者又十分清楚：人应该追求真理、捍卫真理，人应该活得正义、真诚。具有独立人格的人，是不能够对国家的命运袖手旁观的。这位小人物只能盼望用这篇《紧急呼吁》来启迪中国人民和中国共产党党员进行理性思考并立即采取行动！

　　王海光在《反"文革"檄文解读》中写道：

　　在最后的"前途"一节中，《紧急呼吁》提出了坚决反对当前席卷全国的夺权运动的要求……

　　既然这场党和国家的政治危机是"独裁者"一手造成的，那么，怎样能摆脱这场危机？怎样去"纠正独裁者所犯的严重错误"呢？

　　文章（注：指《紧急呼吁》）中说：虽然这种斗争是"尖锐的、

复杂的、反复曲折的"，是"有流血牺牲的"，但如果共产党员继续袖手旁观，那就会白白丧失掉我们的江山，断送中国的社会主义和共产主义事业。但作者并没有进而说明，这种自下而上进行的反抗活动，是否具有任何行动意义上的可能性。或许，他真正要强调的是，在国难当头的时候，共产党员要有舍生取义的殉道精神。

《紧急呼吁》以呼吁党员同志行动起来的号召作为结尾："共产党员们！对祖国和人民的命运不愿袖手旁观的同志们！行动的时刻已到来了。"这是在全面夺权的大动乱中，从党心、民心、良心发出的一个不无悲壮的抗争之声。

王海光赞美《紧急呼吁》的作者，他只能发出凄凉的赞美——《呼吁书》是从党心、民心、良心发出的一个不无悲壮的抗争之声。

第五节　《紧急呼吁》的作者
具有穿透历史的思想力量

王海光对《紧急呼吁》的思想价值作了高度评价。作为体制内的知识分子王海光，写出不落俗套、字字见真知的文字，不能不让人对他刮目相看。下面比较详细地摘录王海光对《紧急呼吁》思想价值的探讨，不再对他的文字进行剪辑与解读：

它不仅表达了一个党员在党和国家处于危难之际，应有的道德风骨和与极左路线决死战斗的大无畏精神，还表现了中共党内对这场"文革"劫难进行深入思考的思想水平。它不仅弥补了"文革"思潮史在表现中共普通党员思想活动上的文献空白，更以其深刻性和尖锐性把党内反"文革"思潮的表现提高到一个新的档次。

此外，《紧急呼吁》中关于“文革”是乱党祸国政治动乱的观点，关于毛泽东个人专断和制造个人迷信的观点，关于发扬党内民主、建立集体领导的观点，关于名为“群众运动”实则运动群众的观点，关于“文革”与反腐败毫无共同之处的观点，关于中共在国际共运中执行了一条“唯我独革”的“左”倾路线的观点……等等这些，都是人们经过这场十年“浩劫”后，痛定思痛所达到的认识高度。这使我们感受到了作者具有穿透历史的思想力量，不能不钦佩有加。

特别是，《紧急呼吁》对毛泽东“文革”错误的认识，足见作者的非凡胆识。应该说，“文革”进行到夺权阶段，感觉到问题严重的是不乏其人。但敢于完全否定这场运动，并把反对的矛头直接指向毛泽东的，只是极少数的个别人物。当时反对“文革”的言论，多半是反对“中央文革”中的某些人物，反对“中央文革”在运动中的瞎指挥，反对口含天宪到处颐指气使的江青，反对不竭余力鼓吹个人迷信的林彪。在“文革”风暴中，能够起来反对他们，要有极大的勇气，已经是十分难得了。但就思想水平而言，这还是停留在反对“乱臣贼子”的层次上。遑论有些反对者还是出于“看不惯”的直觉感知，虽是胆气可嘉，但提供不出多少有思想价值的东西。

《紧急呼吁》是把“文革”的错误，直接归咎于毛泽东本人，并不旁及他人。真正应了“彻底的唯物主义者是无所畏惧的”这句名言。有无畏之心，才能有思想的彻底性，才能有洞察历史的智慧。作者把毛泽东发动“文革”的原因，与1957年反右派运动的错误，1958年大跃进的错误，以及以后为掩盖这些错误而采取的更为错误的国际国内政策联系起来分析，论证毛泽东发动“文革”是一个错误迭加的历史发展过程。这个分析框架现在已得到人们普遍的认同，这就是现在学界通常所说的毛泽东晚期思想的错误形成和发展过程。

《紧急呼吁》认为毛泽东发动“文革”，不是好心的昏聩，而是出自个人专断的需要。

这从文章中用"独裁者"的称谓就可以看出。作者把 1965 年 11月 10 日上海《文汇报》发表姚文元的《评新编历史剧〈海瑞罢官〉》作为"文革"发动的开始，认为这是一个"政治阴谋"，搞垮了北京市委，并为继而搞垮全国各省市党委树立了榜样。这是笔者所见最早出现的"文革阴谋论"的观点。"阴谋论"的观点或许有些简单化之嫌，但作者对"文革"起点的把握无疑是准确的。《紧急呼吁》还认为，毛泽东在这场运动中的政治措施，如"整党内一小撮走资本主义道路当权派"，提出"群众自己解放自己"的无政府主义口号，号召向各级党政组织夺权等等，都是出自个人专断的主观动机。并以不无激烈的言辞，表示了强烈的批判态度。

……而在当时，全国上下都笼罩在"个人迷信"的阴霾之中，作者仍能坚持独立思考，指出这场政治动乱的肇事者和主要责任，这是极不容易的事情。经过多年强化宣传，毛泽东在人们的心目中实际上成为了党的化身。《紧急呼吁》对毛泽东的批评言论，发人所不敢想之想，言人所不敢言之言，虽是痛快淋漓，但也毕竟是太超前了。在几亿人民群众正在为"捍卫毛主席革命路线"斗争得你死我活的时候，这篇言论无疑是大大超越了当时人们的接受能力。即使在"文革"结束后，如何认识毛泽东晚年的思想和错误，也是中共党内一个十分棘手的问题……

关于毛泽东与"文革"的研究与评论，是一项十分艰难的历史任务，但倘若在我写此文的时候，《紧急呼吁》的作者还活在人世间，相信他对"文革"的认知度一定又上了一层楼，他对"党""执政者""体制"与国家、人民之间的关系一定有更高的认识。也可能他仍然不能被当下主流社会认同，而被"禁言"，被"封口"，但一切艰险不能摧毁他爱国的拳拳之心！

《紧急呼吁》自然有它的局限性，这里就不作详细的讨论与评论。

第六节　《紧急呼吁》留给我们的思考

由于"反动传单"《紧急呼吁》没有被作为"反革命案件"立案，这位小人物的姓名与背景至今还是一个"谜"。

小人物独自起草《紧急呼吁》，自己刻蜡纸，自己油印，他的原始动机是什么？他印了多少份？散发了多少个单位，还是仅仅邮寄给了中共中央党校？他为什么不写成大字报在夜深人静时进行张贴？如果将《紧急呼吁》写成"大字报"，其轰动效应会让整个社会都知道人世间还有如此胆大妄为之人，为了追求真理与爱国，愿冒天下之大不韪，说出最普通的事实，可他也知道，那时牢狱之灾就等着他了。在这一点上，这位小人物有自知之明。

《紧急呼吁》已经成为历史文献，从这篇 3800 多字的文章，应该留给当代人、后来人以及小人物的同代人什么思考呢？借此《紧急呼吁》，让我们一起来拷问"文革"！拷问那个至今又被请上"神坛"的"威权人物"的所作所为！

（1）《紧急呼吁》的作者是共产党员，共产党倡导批评与自我批评，一个党组织内的成员有没有权利评论党的"领袖"的行为与缺点错误？在党纪国法面前人与人是不是平等的？当一个最高权力施行者把国家带入灾难时，为什么党纪国法不能保护组织内清醒者发声的权力，而是让最高执政者运用权力把清醒者推到敌对分子这一方，并且残酷地再踏上一只脚？！

今天我们回顾历史、伸张正义，不得不说，毛在这位小人物面前是渺小的。小人物的思想水平、洞察力与忘我精神，远远超过中共中央的高层领导。为什么他只能采取地下斗争的方式？就像共产党在推翻国民党政权时，一些共产党员在白区发动工人运动时的方式方法？如今的电视剧，不断的歌颂共产党员在 1949 年以前与旧政权作斗争时的光辉形象，喜欢回顾党的"红色历史"，像电影《在烈火中永生》中的许云峰、江姐，像电影《永不消逝的电波》中的李侠（原型人物为李白），被人赞美。既然共产党的文化要歌颂为真理献身的英雄人物，那么在共产党执政后，为什么"党"对自己的组织成员在发表观点时，竟然要采取灭绝手段？把爱国者、救"党"者推到水深火热中？

"文革"从发动到结束，历史让人们清晰地明白——谁是破坏社会的反动力量，谁是思想先驱者？

就凭"紧急呼吁"作者所采取的行动，我们难道不应该深刻的反思，我们究竟建立了一个什么样的共和国？我们的体制究竟出了什么问题？我们的社会土壤是不是应该进行彻底的改造？

"文革"中真理蒙尘，思想先驱者被打入地下，这样的人间悲剧难道不能警醒全党吗？一个社会不让人说话，不让人理性思考，这个社会一定病入膏肓。

（2）毛泽东在位时，他究竟建立了一个什么样的共和国？不得不问：他的执政理念与措施是不是跟上了现代文明步伐？还是他头脑中根深蒂固的封建帝王思想之充分表现。

在"改朝换代"中，毛泽东最大限度地展现了他的"智谋"与"雄才大略"。在改朝换代成功后，他为什么推翻自己在向旧政权宣战时在报纸上承诺的"宪政"言论？难道仅仅是玩弄谋略？为什么他会从反对个人崇拜堕落成为一个"独裁者"？他的初心究竟是什么？为什么他在执政措施中一而再，再而三地犯下错误与罪行，直至发动"文革"把国家推入灾难？

善于玩弄权术的毛泽东，能让"文革"发动成功，他的欺骗性确实胜人一筹，他发出的彻底批判刘少奇、邓小平执行资产阶级反动路线的"最高指示"迷惑了大部分中国人民、知识分子与众多官员，让人民大众都积极响应毛的号召，向"资产阶级反动路线"的"提出者"与"执行者"开火。"文革"开展初期，连刘少奇与邓小平竟然都迷迷糊糊地承认自己犯了错误——老革命遇到了新问题，还都写了检查，被群众刻成蜡纸并油印，成为传单广泛流传。

如今，我们要拷问，究竟什么叫修正主义？资产阶级反动路线的实质究竟是什么？按照毛泽东对资产阶级反动路线的定义——当权派对待群众的态度，那么，这条路线的实质问题被彻底批判了吗？毛泽东自己在执行什么路线？无数次的政治运动，毛泽东是如何对待人民大众与知识分子的？难道这不是他对待群众的态度？

国家是谁的？权力在为谁使用？在现代文明社会，难道还允许寡头政治存在吗？

（3）"文革"是毛泽东探索国家体制的路吗？

一个人活在世界上，应该有自己的品格——正直、真诚、诚实、正义，实事求是应该成为"大写人"的最基本素质。那么，一个"政党"要不要具有一个"党"的品格呢？当"党"的最高代表者违背社会发展规律时，是让不明事理的广大党员为他背锅？还是必须清算那个最高执政者的责任？要不要把一个"党"与寡头政治操纵者区别开来？

做人尚且要真诚，不能说谎，难道一个政党可以涂脂抹粉掩盖权力运用者的错误吗？何况这些错误都是在光天化日之下犯的，中国人民有目共睹的。"党"犯的一系列政治错误已经成为事实，在历史的进程中，只有承认这些错误与罪行并进行彻底批判与清算，才是一个政党自救的唯一出路。

（4）李锐提出三件事要弄清楚：要搞清楚历史是怎么回事，党是个什么玩意儿，主义是个什么东西。他的建议能够被执政者正视吗？能够展开"理论"大讨论吗？

李锐的女儿李南央在《李锐绝唱》中，有这样一段让人非常值得回味并需要深入思考的文字（她是日记形式，记录于 2018 年 4 月 6 日）：

下午两点钟左右到医院。……我惊喜地发现父亲睁眼躺在床上，精神甚好。听到声响，偏过头来。见是我，就说："胡德华一会儿来，我要坐起来。"我把床摇起来，老头儿闭目养神。

胡耀邦三子胡德华和夫人三点过后到了，老头子高兴地跟他们握手，底气十足地说："我难受的事儿，国家这么多年搞成这个样子，三件事要弄清楚。（老头子晚年见人就说：要搞清楚历史是怎么回事、党是个什么玩意儿、主义是个什么东西。）中国就是没有民主、科学，后来又出了个主义，一个共产党，怎么办呵？'五四'本来出现转机，又出了马克思、共产党、毛泽东，只有中国才能产生。"

德华应和着："只能专制才能出共产党。"

老头子说："中国改朝换代靠农民战争，干掉一个皇帝，又出一个皇帝。他（毛泽东）第一篇原稿我看过（《中国社会各阶级的分析》），外国留学回来的、大学教授、大官统统是反革命……"

这段文字值得今人与后来人认真的思考，其内涵非常深刻。共产党内的老前辈李锐提出的"三件事要弄清楚"，他自己就能够回答得非常清楚。如果权力不再操纵舆论，如果社会允许人说大实话，这三件事完全可以搞清楚。

让大家一起来弄清楚三件事吧，本文不再展开。

我只是希望：历史不再成为权力者的垄断产物，历史是千万不能运用权力来解读的。

"党的功能"与"主义"，在思想彻底解放、启蒙运动真正在中国开展时，也不难让大部分中国人民有个比较全面的认识。

李南央的《李锐绝唱》上篇的标题是《在党的钳制下讲常识》，像李锐这样当年真心实意奔赴延安真心参加"革命"的人，在晚年都大胆放言，说出了对一些常识性问题的思考，尽管党的组织性纪律性困扰他们，可他们追求真理的人性仍然无法磨灭他们独立思考的品格。这些所谓"两头真"的思想者，代表着体制内、党内的进步力量，代表着体制内、党内的改革力量。相信在未来的中国社会里，一旦中国进入文明潮流，进步的改革派一定会成为社会主流，他们被边缘化的悲剧一定会结束。

第七节　什么是党性？

《反"文革"檄文解读》一文，在第三节"《紧急呼吁》的作者身份考"中，王海光提出了这样一个振聋发聩的问题：

问题在于：作为一个党员，竟敢如此严厉地谴责党的领袖，甚至呼吁全体党员和全国人民"进行公开的斗争"，这是不是符合党性原则？……

"究竟什么是党性？"，这个问题非常典型。要说出思考后的大实话，怕是一个禁区。

不能不连带思考一个问题："文革"中上层官员（或者说是所有官员）表现了"党性"吗？表现了"人性"吗？"党性"与"人性"是对立的吗？

王海光如此解读党性：

党性，历来是有两个标准：一是服从领导的组织原则。个人服从组织，下级服从上级，全党服从中央。中共成为执政党后，曾有党员要做党的"驯服工具"的说法（注：1958 年 6 月 30 日，刘少奇同北京日报社编辑的谈话中曾说过"做党的驯服工具"，"文革"中被批判为"驯服工具"论）。在组织纪律性的约束下，党员不仅要求行为上的绝对服从，还要求思想上的完全一致；一是立党为公的道德原则。恪守国家人民利益至上的信念，有为"真理而斗争"的思想觉悟和为共产主义理想而奋斗的牺牲精神。

……在成为执政党后，党掌控了全部国家资源，把理想信念和现实利益的冲突凸现出来了。领导意志的贯彻，需要党员成为"驯服工具"；个人进步的实现，需要靠领导的帮助关照。个人利益的营营苟苟与对上惟命是从，有了统一性。权力意志的扩张，对错误的盲目服从，都可以借用党性的道德名义，滋长了党内唯唯诺诺的因循风气。……这是党在执政以后面临的道德困境。这种道德困境的解脱，只有靠发扬民主。

共产党执政后，由于"党性"的第一个标准"三个服从"（个人服从组织，下级服从上级，全党服从中央）发展到"绝对服从""盲目服从"，王海光毫不留情地说出了这样的"党性"所产生的社会弊病，并开出了药方——这种道德困境的解脱，只有靠发扬民主。

王海光上述这段文字，没有透彻的回答《紧急呼吁》的作者是不是没有"党性"？他说的党性的第一个标准，应用到《紧急呼吁》作者这位小人物的身上，显然行不通。实际上，王海光解释"党性"的第一个标准，已经成为"党员"思考问题与立身为人的"紧箍咒"，共产党几十年的执政史，其犯的大大小小错误都已经说明了这个"紧箍咒"的严重副作用。在强大的习惯势力与"权力舆论"面前，如何破这个"紧箍咒"，需要真正的思想启蒙，任重道远，这里，不进行讨论了。

《紧急呼吁》的作者，做到了党性的第二个标准——立党为公的道德原则，他说了真话，追求真理与正义，维护了自己的人权。

在 2006 年，王海光凭借自己的大无畏勇气，点出了"宪政民主"：

执政党的民主，应是"权为民所有"的宪政民主。这是对过去"集中指导下的民主"（注：刘少奇在中共七大上关于修改党章的报告，《刘少奇选集》上卷，人民出版社 1981 年 12 月版，第 358 页。）的军事民主的超越。可惜的是，在经过反右派运动、大跃进运动、反右倾运动等政治运动之后，中共党内的民主风气颓坏。个人专断严重，一言堂盛行，谀风炽盛，赞颂之辞无所不用其极。……同僚中间为追求政治"进步"相互倾轧之风，在领导面前唯唯诺诺的市侩之风，在群众面前言行不一的虚饰之风得以蔓延开来，使党在群众中的道德资源发生了严重流失。

不能不为王海光写的这段文字拍手叫好。他作为中共中央党校的教授，难能可贵地指出了社会重大弊病产生的根源之一。

"为什么入党"？为什么现在的党员队伍扩大到了 9 千多万？真正意义上的党，队伍要不要如此庞大？这是个体制加理论的问题，本文不展开讨论。

王海光歌颂了《紧急呼吁》作者的"党性"：

（《紧急呼吁》）作者在国家危难之际，以匹夫之勇，拔剑而起，挺身而斗，公开揭露和谴责最高领袖陷全党于危难的严重错误。这是何等坚定的党性。这种党性，是恪守理想信念的大德，是捍卫国家人民利益的大忠，是不畏强暴坚持真理的大义。作者在大动乱排山倒海的浊流滔滔中，能够不计得失，不顾后果，宁为玉碎，不为瓦全，以精卫填海的精神来担当历史，应是张志新一流具有烈士情怀的人物。"时穷乃节见"。试想，"文革"过后，如果没有张志新这些为坚持原则而杀身成仁的烈士，这个以理想主义起家，曾为理想信念牺牲了无数革命志士的执政党，将何以面对历史。

王海光把《紧急呼吁》作者的优秀品格，赞扬为"坚定的党性"。我认为，《紧急呼吁》作者写此《呼吁书》，更多的是他自己品格与人生理念的展现，应该与官方所说的"党性"有所区别。

王海光又进一步赞扬《紧急呼吁》作者：

……但作者的难得之处是，他恪守了常识的底线，因而没有在阶级斗争扩大化的宣传舆论全面控制中失去自己观察社会的独立判断能力。作者分析"文革"的基本价值判断，是以 50 年代为历史参照系的。他对 1957 年以后毛泽东个人崇拜的发展，对反右派运动对群众造成的伤害，特别是对大跃进的失败及其由于这个失败对国内外政策产生的严重影响，都有着十分真切的体会和感受。所以，他能够鉴往知来，深刻分析时局，提出自己分析"文革"的真知灼见。作者对国际形势也有独立的分析能力，断然摒弃了当时"反修防修"形势教育的观点，直言批判当时中国的"左"倾对外政策造成了自我孤立的不利局面。也就是说，作者对"文革"的认识和分析，完全是从自己的生活感知出发的民间思考，是保持了真实历史记忆的独立判断。

能够把"文革"的发生和 50 年代后期毛泽东的错误发展轨迹联系起来考察，不为当时把迷误当作发展的舆论宣传所惑，这份独立思想的定力是十分难得的。在当时严密的信息封闭环境下，作者能够一直保持住这种历史感知的真切和独立思想的定力……。

《紧急呼吁》作者对社会的认知度，在"文革"开展的初始年，不能不说他在中国人民这个庞大的队伍中首屈一指。王海光能够在 2006 年 2 月写出《反"文革"檄文解读》，也显示了他作为体制内知识分子的大无畏勇气！

2016 年文革发动 50 周年时，"爱思想"网站采访了王海光教授，百度上的信息是《"文革"是增长社会理性认知最好的历史》。对话就从这封传单《给全体共产党员的紧急呼吁》谈起。王海光再次高度赞扬了这份《呼吁书》：

多年前，我在清理中共中央党校的文革小报资料时，翻检出一份油印传单，题为《给全体共产党员的紧急呼吁》。这是一篇观点鲜明地反对文革的檄文。传单署名是一个共产党员。在夺权的纷乱中，多数人是被动地盲从"革命"，只有极少数人能有这份审视时局的清醒，而能够将身家性命置之度外的敢言者又更少。这份传单的作者却挺身而出，直抒胸臆，谴责这场运动将党和国家带进了"水深火热"，这不仅要有卓尔不群的思想品质，更要有敢做敢为的救世情怀。

　　本人阅读王海光的文章《反“文革”檄文解读》，是在 2020 年 7
月，离开王海光定稿此文的时间 2006 年 2 月，已经有 14 年了，不
知道这位正义的中共中央党校教授在思想上、在理论上、在对体制的
认知度上，有没有更上一层楼？他的生存环境与“放言”的客观条件
有没有对他产生影响？希望能够看到他进一步启迪人们思想解放的
论文。

第二章　假如鲁迅活到现在

（写于 2009 年 6 月）

意识形态化的鲁迅——"毛罗对话的公开"，一石激起千重浪——在《我亲聆毛泽东与罗稷南对话》中，我们看到了什么？——《毛泽东棋局中的鲁迅》读后感

2002 年 12 月 5 日的《南方周末》，登载了电影演员黄宗英的文章《我亲聆毛泽东与罗稷南的对话》，其中一段史料让人震动：

1957 年 7 月 7 日，毛泽东在回答罗稷南对他提出的问题"要是鲁迅今天还活着，他会怎么样？"时，竟然爽朗地答道：

要么被关在牢里继续写他的，要么一句话也不说。

啊，无论如何想不到，毛会如此坦率地回答罗稷南提出的问题。让人仰视的"国家领袖"毛泽东，竟然也会显山露水，也有失控而说"大实话"的时候。

舆论的长期潜移默化，让人们认为毛泽东与鲁迅是心灵相通的两位旗手——一个代表着正确的"政治方向"，一个代表着正确的"文化方向"，他们俩人，已经成为人民心目中的偶像人物。可现在毛泽东竟然在"大庭广众"中把鲁迅放在对立面——鲁迅的处境只有两个：沉默与坐牢。毛如此居高临下地蔑视鲁迅，这叫善良而不懂政治的人们不可思议。

就"毛罗对话"一事进行剖析，以小见大，来认识毛泽东的思想与行动，来认识那个时代意识形态如何玩弄人，对人们将是非常有帮

253

助的。历史不应该放弃时代中发生的任何细节事情，有时候大人物的一句话、一个行动往往反映了他的庐山真面目。

第一节　意识形态化的鲁迅

在对鲁迅的公开评价中，我们可以看到毛泽东的许多溢美词。毛把鲁迅引为知音：

鲁迅的心与我是相通的。

1937 年 10 月 19 日，陕北公学举行纪念鲁迅逝世一周年大会，毛泽东发表演讲：

我们今天纪念鲁迅先生……不仅因为他的文章写得好，是一个伟大的文学家，而且因为他是一个民族解放的急先锋，给革命以很大的助力。

毛泽东认为鲁迅：

不是共产党组织中的一人，然而他的思想、行动、著作，都是马克思主义的。他是党外的布尔什维克。

1940 年 1 月在延安的《中国文化》创刊号上，毛泽东在《新民主主义论》一文中，对鲁迅作出最高评价：

鲁迅是中国文化革命的主将，他不但是伟大的文学家，而且是伟大的思想家和伟大的革命家。鲁迅的骨头是最硬的，他没有丝毫的奴颜和媚骨，这是殖民地半殖民地人民最可宝贵的性格。鲁迅是在文化战线上，代表全民族的大多数，向着敌人冲锋陷阵的最正确、最勇敢、最坚决、最忠实、最热忱的空前的民族英雄。鲁迅的方向，就是中华民族新文化的方向。

1957 年 3 月 10 日，毛泽东接见新闻出版界代表时说：

有人问，鲁迅现在活着会怎么样？我看鲁迅活着，他敢写也不敢写。在不正常的空气下面，他也会不写的，但更多的可能是会写。俗话说得好："舍得一身剐，敢把皇帝拉下马。"鲁迅是真正的马克思主义者，是彻底的唯物论者。真正的马克思主义者，彻底的唯物论者，是无所畏惧的，所以他会写。

我们可以看到，毛泽东在 1957 年 3 月的讲话与同年 7 月的"毛罗对话"有矛盾，罗稷南的侄子陈焜，在他写的文章《"天人之际"的困惑》中，发表了自己的观点：

3 月用最高等级的革命词汇赞扬鲁迅是榜样，7 月把鲁迅看成可能是反革命分子一流的阶下囚……事实上，连号召大鸣大放和坚决镇压右派这样大的自相矛盾都发生了，3 月和 7 月的矛盾还会有什么不能成立的理由呢？……同样，毛主席 1957 年 7 月的话和后来的文化大革命也有矛盾。文化大革命起来以后，鲁迅又可以用了。中央文化革命小组召开盛大集会纪念鲁迅，号召学习鲁迅的"造反精神"，为红卫兵造势……

事实上，前后一致的完整性从来都不是政治人物的特征。

1966 年 7 月 8 日毛泽东在给江青的信中写道：

我跟鲁迅的心是相通的。我喜欢他那样坦率。他说，解剖自己，往往严于解剖别人。在跌了几跤之后，我亦往往如此。

1971 年"九一三"事件之后，毛泽东重读《鲁迅全集》，于同年

11 月 20 日对相关人员说：

我劝大家再看看鲁迅全集……鲁迅是中国的第一等圣人。中国的第一等圣人不是孔夫子，也不是我，我算贤人，是圣人的学生。

毛泽东在他执政后，随着他开展的一个又一个政治运动，他整人的本领确实到了炉火纯青的地步，在"文革"中更到了登峰造极的程度。他今天整这个，明天整那个，无论是知识分子还是高级干部，挨整后还要"山呼万岁"，臣服到了"愚昧"的程度。毛泽东为什么能够整人"心不慈，手不软"？显然，鲁迅的"痛打落水狗精神"最为毛泽东欣赏。当然，后来人可以考证，鲁迅的"痛打落水狗精神"与毛泽东的"斗争精神"，是否是风牛马不相及？

"文革"不但把毛泽东奉为"神"，而且把鲁迅也奉为神，鲁迅进一步被意识形态化。1968 年，镇江红代会、工农大学东红通讯社、一中红旗宣传组，编印了像《毛主席录》一样大小的小红书《鲁迅》。内容是鲁迅语录，分为十二部分：

一、对党和毛主席的无限热爱、无限崇拜；二、阶级、革命、战斗；三、敢、硬、韧；四、痛打落水狗、俯首甘为孺子牛；五、哀其不幸、怒其不争；六、斥"正人君子"及"第三种人"；七、文艺、革命；八、破旧立新；九、青年、希望；十、读书、学习；十一、杂感；十二、诗。

1966 年 10 月 19 日，鲁迅逝世 30 周年纪念日，第十四期《红旗》杂志发表社论《纪念我们的文化革命先驱鲁迅》，写道：

鲁迅最值得我们学习的，在于他对伟大领袖毛主席无比崇敬和热爱。他在早年曾有过"彷徨"，但是，当他找到马克思主义，特别是找到了以毛主席为代表的中国共产党，找到了以毛主席为代表的革命路线之后，他就下定决心，俯首听命，甘愿做无产阶级革命的

"马前卒"和"小兵"。鲁迅不顾国民党反动派的白色恐怖，不顾托洛茨基匪帮的造谣中伤，不顾周扬们的欺骗攻击，他始终坚定地跟着毛主席走，勇敢地捍卫以毛主席为代表的正确路线。

《人民日报》则在《学习鲁迅的硬骨头精神》的社论中写道：

我们学习鲁迅，就要像他那样，在斗争中活学活用毛主席著作，用毛泽东思想改造自己的灵魂，在无产阶级文化大革命中，迎着斗争的暴风雨奋勇前进！

这些官方语言描述的鲁迅，完全歪曲了鲁迅的真实形象。鲁迅不再是思想先驱，而成了热爱领袖、活学活用领袖著作、捍卫以毛主席为代表的正确路线的"先进典型"。

与上述社论的时代语言一样，鲁迅的遗孀许广平在《毛泽东思想的阳光照耀着鲁迅》的文章中写道：

毛主席称赞鲁迅是文化革命的主将，但鲁迅总是以党的一名小兵自命……鲁迅一生所遵奉的命令……是党和毛主席的命令。他努力学习和掌握毛泽东同志制定的党的方针政策……

鲁迅对我们最敬爱的毛主席是无限地崇敬和无限热爱……鲁迅的心，向往着毛主席，跟随着毛主席，我们伟大的领袖毛主席，是鲁迅心中最红、最红的红太阳。

战无不胜毛泽东思想，在当时就是鲁迅和一切革命文艺工作者的最高指导原则。而鲁迅则是在毛泽东思想指导下，在文化战线冲锋陷阵的一名最勇敢的战士，一名伟大的旗手……毛泽东思想的阳光，指引和鼓舞着鲁迅成为一个伟大的共产主义战士。

在"文革"个人崇拜的极端氛围中，人们只能唱着时代的音符，与"时代主旋律"合拍。许广平以其特殊身份，把鲁迅作为政治工具来烘托毛泽东的权威，不知她当时内心是否痛苦？是否充满矛盾？

在毛执政的年代，中国悲剧产生的深层次原因之一，在于毛成功地"改造"了知识分子，使知识分子噤若寒蝉，失去了"自由思想、独立人格"。另一方面，部分知识分子被毛泽东彻底意识形态化，成为毛整人的工具，帮助毛一起奴化人的思想。

郭沫若曾与鲁迅展开论战，被鲁迅称为"才子加流氓"，但在1949 年新政权建立后，他逐渐成为鲁迅之后的"又一面光辉旗帜"。郭沫若在《纪念鲁迅的造反精神》文章中说：

鲁迅愿意把毛主席和毛主席的亲密战友"引为同志"而能"自以为光荣"，在我看来，这可以认为是鲁迅临死前不久的申请入党书。毛主席后来肯定鲁迅为"共产主义者"，这也可以认为鲁迅的申请书已经得到了党的批准。

他又以鲁迅生不逢时的不幸及自己生逢其时的幸运托出毛泽东的伟大：

今天我们的时代比起鲁迅在世的当时，在一切条件上都有天渊之别了。我们每一个人差不多都有毛主席语录、毛主席选集、毛主席的诗词。入目有辉煌的成绩，入耳有浩荡的歌声。我们还可以亲眼看到毛主席，亲耳听到毛主席的指示。我们是多么幸运啊！

鲁迅如果活在今天，他会多么高兴啊！他一定会站在文化革命战线的前头行列，冲锋陷阵，同我们一起，在毛主席的领导下，踏出前人所没有走过的道路，攀上前人所没有攀的高峰。

郭沫若是个典型的擅长"歌功颂德"的文人，肉麻的吹捧词，廉价的语言垃圾，他往往信手拈来，所以郭沫若被人称为"党喇叭"。这位才华横溢的文人在毛泽东时代上演了文人的悲剧，值得后人好好解剖。

如何选择自己的处世哲学，这在毛泽东时代是一个最大的难题。在中国没有世外桃源，为了生存，为了个人与亲人的利害得失，在暴力、权力和软暴力面前，人们必须把自己的真面目掩盖起来，不能说出自己的思想观点，不能按自己的意志行动，这是那个年代人们的共同命运。在社会舆论的重重压力下，郭沫若同大多数人一样，只能随波逐流地出卖知识分子最高贵的"灵魂"。

第二节　"毛罗对话的公开"，一石激起千重浪

1996 年 10 月下旬，鲁迅的儿子周海婴应邀到宁波参加纪念巴人（王任叔）诞辰 95 周年的学术讨论会。会议开始前，宁波师范学院中文系主任贺圣谟，受学院领导委托，去饭店看望与会代表，与周海婴初次见面。在交谈中，贺圣谟问周有没有听说过 1957 年毛泽东曾同罗稷南谈到过鲁迅。周说没有听说过，于是贺就转述罗稷南（逝世于 1971 年）亲口告诉他的话（陈明远编《假如鲁迅活着》第 12 页，文汇出版社 2003 年 8 月第 1 版）：

1957 年夏天，毛主席在上海请一些人座谈。会上我问毛主席，要是鲁迅现在还活着，会怎么样？毛主席回答说，无非是两种可能，要么是进了班房，要么是顾全大局，不说话。

贺圣谟在《"孤证"提供人的补正》（发表于 2001 年 11 月 6 日《宁波晚报》）一文中回忆说：

1965 年暑假，我应邀在罗稷南家住了十来天。那时罗老的夫人去世不久，他孑然一身，我们白天晚上都毫无拘束地谈话，还常到上海文艺会堂去。毛、罗谈话就是罗在那时告诉我的。

2001 年 9 月，周海婴著的《鲁迅与我七十年》由海南出版公司

出版，他在此书的最后一篇文章《再说几句》（第 370 页）中，把贺圣谟对他回忆的"毛罗对话"向社会公开。因为距贺对周的谈话已经数年，加上周的情感想象，周在《再说几句》中的文字描述有不少错误，所以贺圣谟写了《"孤证"提供人的补正》一文，指出该文的多处谬误。

2001 年 10 月 26 日，罗稷南的侄子陈焜，在美国新泽西州写了一封信给周海婴，也对"毛罗对话"作了说明（《假如鲁迅活着》第 20 页）：

1960 年，我从北大回上海，在伯父家养病住了几个月，听伯父讲过那次接见的情况。他说，毛主席进来坐定以后，有人递了一张在座人士的名单给他。毛主席看了名单，就挑了伯父第一个和他谈话。他们先谈了一段他们以前在瑞金相见的事，毛主席又感谢伯父翻译了《马克思传》，说他为中国人民做了一件好事。后来毛主席问伯父有没有什么问题，伯父想了一下就问，如果鲁迅现在还活着会怎么样？毛主席没有马上回答。他也想了一下以后才说，如果鲁迅现在还活着，他大概不是关在牢里，就是不说话了。

周海婴在他的书中向社会公开披露"毛罗对话"，落笔时很矛盾：

是不是应该写下来，心里没有把握，因为既有此一说，姑且把它写下来请读者判断吧。

他万万没有想到，《再说几句》一石激起千重浪，围绕着这段"毛罗对话"，众说纷纭，争论热烈，信者说其有，疑者说其无，在社会引起巨大反响。

有人说：

毛泽东虽然是一个非常有个性的人，但在 1957 年那样的形势下，以他政治家的身份，会说大实话般地回答罗稷南所问的问题，在逻辑上好像不是很合理……

有人说：

作为一个成熟的政治家，很难设想毛泽东会在公开场合说出自毁形象的话，让别人吓出一身冷汗。

有人说：

对于评价鲁迅而言，毛泽东公开发表的言论跟非公开发表的言论，一贯的评价跟个别的提法，庄重的提法跟随意的说法，决不具有同样的意义和价值。

《鲁迅与我七十年》出版后引来了强烈的批评，主要原因恐怕不是因为《再说几句》中细节的不实，而是一些人无法接受《再说几句》发表后产生的后果——"贬损毛泽东、贬损鲁迅"这个事实。在公开场合，毛泽东对鲁迅曾经作过那么高度的评价，现在突然发现毛泽东对鲁迅内心原来还有另外一根秤，可见他在执政过程中对知识分子强调"思想改造"、把许多知识分子打入另册，决不是心血来潮。如果"毛罗对话"确实存在，靠崇拜毛泽东生存的"传声筒"，怎么再去号召人民爱戴至高无上的领袖啊！毛的"粉丝"们不希望心中偶像由于偶发事件而使其头顶上的光环褪色，所以"粉丝"们无法接受"毛罗对话"。

再让我们看看，网民们是如何就"毛罗对话""假如鲁迅活到现在"话题展开评论的。"雨虎"在网络上这样说：

在"臭老九"大行于世的年代，以先生之刚烈人格，以先生之铮铮铁骨，以先生对毛的评价"山大王"，先生会喊"毛主席万寿无疆吗？"先生会表白"服从毛主席要到盲从的地步，相信毛主席要到迷信的程度。"？

不，先生决不会坐视自己的门生胡风因言获罪……单这一点就不难得出：早死，是先生的幸运。

有人在网络上这样说：

如果鲁迅活到"文革"时代，早就被毛泽东整得七死八活，按鲁迅的个性肯定以死抗争！毛泽东又会说：又一个用笔杆子杀人的反革命！

有人说：

难道仅仅指责个人就行了？
那不仅是个人、领袖的污点，而是整个民族平均水平的体现，每个中国人都要审视自己的内心，才能够找到新的起点！

2007年4月24日"老看客"在网络上留言：

毛罗谈话，毛泽东还没有说实话。鲁迅如坐蒋介石的牢，写作可以照旧；如坐毛泽东的牢，只能写坦白交待认罪材料。

"风落雪影"在网络上写道：

其实不管是马克思主义，还是毛泽东的思想或者邓小平的理论，都只是一种学说，一种社会实践性的政治学说，无需绝对化、神化。要让一种思想统领社会，社会是麻木的；要让单一思想占据个体，个体是悲哀的。曾经有段时间它们是全民的信仰，但一元理论的社会毕竟是病态的。病总是要被治好的，这点我是相信的。

"清水君"在网络上写道（后来发表在《黄花岗》第五期）：

从小的时候，我们就被强加了一种观念：鲁迅是中华民族之魂！这不仅有毛主席他老人家所高度颂扬的"鲁迅的骨头是最硬的"为证，也有 1936 年鲁迅逝世时，其身躯上所覆盖的"民族魂"旗帜为证。

后来读书，几乎每个学期都能读到鲁迅先生的大作，比如《祝福》《阿 Q 正传》《纪念刘和珍君》等等，特别是在《纪念刘和珍君》里，"真的勇士，是敢于面对淋漓的鲜血，敢于面对惨淡的人生……"云云，成为年青人激励自我的名言。

对鲁迅的怀疑，是从尊敬他的风骨而来。

记得是在"八九年六·四"之后，我和很多学者闲聊之间，便常常引发一个话题：鲁迅如果生活在这个时代，会怎么样？该怎样描述一九八九年天安门"六四"事件这个比"刘和珍之死"更严重千万倍的屠杀？

……鲁迅如果没有死，活到建国后，或者像钱钟书一样不再创作，或者像老舍一样被迫害致死！

有人这样认识"毛罗对话"：

我们不能以那些"主旋律"影视和出版物中表现的毛泽东来领会他的"智慧和风度"。从许多有关毛的回忆录中我们可以发现，他是个大开大合、性格鲜明的人物，许多清规戒律在他那儿是无效的，而且当时整个中国只有他是任何话都敢说并能说的。况且，他那些话虽然是公开说的，但却是在控制了范围的"座谈会"上，听众都是一些"高级党外人士"，自然与公开发表、任何人都能看到的"毛选"中的说法是不同的。而毛泽东在类似场合的"敢想敢说"，已经在许多回忆文章中有所涉及了。1998 年 11 月 20 日《南方周末》登载的《刘少奇、毛泽东和四清运动》一文披露：据薄一波（当时任副总理，政治局候补委员）和安子文（当时任中央组织部部长）告诉刘源（刘少奇之子），在 1964 年 12 月 15 日至 1965 年 1 月 14 日召开的中央工作会议上，毛泽东提出当前的工作是要抓"敌我矛盾"，刘少奇却认为"有什么矛盾解决什么矛盾，不能都上升为敌我矛盾"，两人因此发生了激烈的争论，毛泽东一怒之下对刘少奇说：你有什么了不起，我动一个小指头就可以把你打倒！当着那么多"党和国家领导人"能说出这样的话，那么他对那些党外人士"估计"一下鲁迅怎么不可以呢？

人不是铁板一块，貌似强悍、四平八稳的人，也有他最薄弱之处，人的偶然失态，是人的最真实本性。毛泽东敢对刘少奇发雷霆之怒，说出违背'宪法'的话，当然是滑天下之大稽，这种失态简直犹如儿童吵架，无忌地发泄自己的愤怒。但是人们臆想不到的是，毛泽东在"文革"中确实不费吹灰之力就打倒了刘少奇。但是毛万万没有想到的"文革"产生了最大的副产品——毛搬起石头砸了自己的脚，把自己钉在了历史的耻辱柱上而身败名裂！中国社会就此揭开了政治的"神秘面纱"。

清华大学教授张绪山说得非常深刻：

1957 年夏天毛在回答"假如鲁迅还活着"这个提问时，似于不经意间流露出新环境下其内心深处的秘密：事过境迁，毛对鲁迅已经形成居高临下的支配心态……

……一个人有醒着的时候，也有睡觉的时候；要了解一个人，固然要听他醒着说的话，但梦呓也有用处，它能使人们知道他潜意识中的欲念，让人知道他清醒状态不愿告人的想法；透过他在非常状态下的表现，人们可以看到他潜意识的真实内容。

第三节　在《我亲聆毛泽东与罗稷南对话》中，
我们看到了什么？

　　赵丹夫人黄宗英在《我亲聆毛泽东与罗稷南对话》（注：此文，被收集在《假如鲁迅活着》一书中，第88页）一文中，充分显露了她的写作才华，现在摘录该文的部分内容：

　　……那桩事——既非"军事秘密"，也非"党内绝密"，可竟然披在我心角落里45年，从来没有说过，从来没写过，不久前却由当年的后辈，现今亦年逾古稀的周海婴给捅了出来……

　　鲁迅之子周海婴在《鲁迅与我七十年》一书中写到，1957年罗稷南在一次座谈会上向毛泽东提出了一个大胆的疑问：要是今天鲁迅还活着，他可能会怎样？不料毛主席对此却十分认真，深思了片刻，回答说，以我估计，（鲁迅）要么是关在牢里还是要写，要么他识大体不作声。

　　这段"毛罗对话"，我是现场见证人……我永远忘不了"对话"在当时给我的震颤……

　　作为经历过旧社会的演员，我曾在黑暗中憧憬、追索、企盼、等待，并一厢情愿就全心全意跟定了共产党，哪怕肝脑涂地也在所不惜。

　　解放初期，我所有的工作总结、年终鉴定，第一条就是"听党的话"，哪怕是在某个早晨，我们突然发现报纸头版头条大标题是《应当重视电影〈武训传〉的讨论》时，也是如此（在全国开展的对这部影片的批判，把我吓懵了）。记得那时赵丹踏上26路车往徐家汇去电影厂时，售票员也会悄悄问他："侬吃没进去啊？！"［上海话，意为：你怎么没进（监牢）去呀？〕可是，我们本来还以为深受观众欢迎的影片《武训传》能荣获"毛泽东奖章"哩。

……《武训传》的事情过了也就过了，我们和党不隔心，还是一门心思想为人民拍出好影片，只是……只是到反右时，党内传达大鸣大放是引蛇出洞，是阳谋不是阴谋，我才头一次陡地感到自己的心结凌挂霜了。那以后……那以后我才开始对政治有了神经兮兮的一面，虽然至今依然糊里马虎。

1957 年 7 月 7 日，忽传毛主席晚上要接见我们。反右已风起云涌，我忐忑不安想请假不出席，怕的是会被点名发言……及至我们被领进一间不太大的会场，只见一张张小圆桌散散落落，一派随意祥和气氛……此番动笔前查找到《光明日报》1957 年 7 月 11 日和《解放日报》1957 年 7 月 9 日刊载新华社通稿及会场全景照片，赵丹和我是坐在毛主席身后，照片右角背影是罗稷南，他坐在毛主席的斜对面……我们还见到一些经常在重大聚会时见面的各界朋友（根据当时报纸记载共 36 人），上海市领导柯庆施、陈丕显、曹荻秋等也来了。

那天，毛主席和在座各位似乎都熟悉。……毛主席放下手中的黑折扇查看手中的一份与会者名单……毛主席对照名单扫视会场，欣喜地发现了罗稷南，罗稷南迎上一步与主席握手，就像久别重逢的老朋友。他俩一个湘音一个滇腔，我听出有"苏区一别"的意思……

我又见主席兴致勃勃地问："你现在怎么样啊？"罗稷南答："现在……主席，我常常琢磨一个问题，要是鲁迅今天还活着，他会怎么样？"我的心猛地一激灵，啊，若闪电驰过，空气顿时也仿佛凝固了。这问题，文艺人二三知己谈心时早就悄悄嘀咕过，"反胡风"时嘀咕的人更多了，可又有哪个人敢公开提出？还敢当着毛主席的面在"反右"的节骨眼上提出？我手心冒汗了，天晓得将会发生什么，我尖起耳朵倾听："鲁迅么——"毛主席不过微微动了动身子，爽朗地答道："要么被关在牢里继续写他的，要么一句话也不说。"呀，不发脾气的脾气，真仿佛巨雷就在眼前炸裂。我懵懂中瞥见罗稷南和赵丹对了对默契的眼神，他俩倒坦然理解了……

那天晚上回家，我疲惫得几乎晕厥……那两天，报上大标题的反右社论、通讯一篇比一篇"结棍"（上海话，意为：厉害）……

我不敢再想 7 月 7 日晚上的"毛罗对话"，更不敢想"鲁迅关在牢里"的事情。不该想的偏又想：怎么过后没见什么文件、简报记载此事？……禁不住怯怯地问阿丹："没听到批判罗老的提问吗？"阿丹神色严厉地瞪了我一眼："侬笨伐？！格事体摊出来啥影响？"（上海话，意为：你笨不笨呀，这种事发表出来会有什么影响？）

黄宗英的文章，让我们明白那个年代政治生活的许多内涵：

第一，文章告诉我们，在建国初期，社会欣欣向荣，共产党犹如东升的旭日，给人民以无限的希望，知识分子对党一心一意、无比信任。由于意识形态的强烈渗透，"听党的话"已经成为知识分子的共同语言。虽然在传统文化的熏陶下，知识分子没有完全丧失自己思考社会问题的能力，可知识分子和党依然"不隔心"。是毛泽东一次又一次地搞运动，对知识分子始终不信任，把他们推向了对立面。

第二，文章告诉我们，毛泽东发动整风，事后又涂脂抹粉，以"大鸣大放是引蛇出洞，是阳谋不是阴谋"来哄骗人民群众，使无数知识分子的心开始"结凌挂霜"。反右斗争后，知识分子有了神经兮兮的一面：政治逐渐使人感到害怕，意识形态使人具有了两面性。

但是在"文革"前，毛泽东的本性还没有大暴露，人们仍然信任毛泽东，因为毕竟都是凡夫俗子，有多少人能够洞察"政治"呢？

毛泽东"翻手为云，覆手为雨"，把社会玩弄于孤掌，让自己的"领袖欲"得到充分满足。他只沉湎于表面现象：人们拥护他、爱戴他、吹捧他、惧怕他，他完全没有意识到自己的"威望"不过是淫威，自己离"现代政治家"已经越来越远。

第三，文章告诉我们，罗稷南是一个非常勇敢并且对社会问题经常在思考的人。在"反右斗争"方兴未艾的时候，罗稷南大胆地向毛泽东提出自己的疑虑——你已经批判了那么多的爱国知识分子，知识分子已经丧失"话语权"，那么对受到你高度赞扬、敢说敢写的鲁迅，如果他活着，你又会怎样对待他呢？

罗稷南是在什么时候产生这个问题的？他对一个又一个政治运动是如何思考的，可惜没有文字留给我们看。

"要是鲁迅今天还活着，他会怎么样？"黄宗英在文章中坦率地指出：

这问题，文艺人二三知己谈心时早就悄悄嘀咕过，"反胡风"时嘀咕的人更多了，可又有哪个人敢公开提出？

黄宗英这一段文字写得相当好。可见，在铁蹄下，人们仍然不会停止自己的思索。可惜那时黄宗英没有把文艺人二三知己嘀咕的话以日记形式记录下来。人活在社会里，不可能对周围发生的事情熟视无睹，每个人都会有自己的见解，可毛泽东就是不让人说话，不希望人有思想。他处心积虑把社会变成为无声的社会，把自己的思想、主义强加于社会，但是他的"事业"并没有如他设想的那样"千秋万代"。随着毛的死亡，自己一手提拔的妻子就被送进监狱，一生玩弄"政治"的毛泽东，寿终正寝时却被政治玩弄了。

陈焜写的《"天人之际"的困惑》是值得一读的好文章，他对一些问题的分析相当透彻。他说：

黄宗英的文章《我亲聆罗稷南和毛泽东的对话》在《南方周末》（2002 年 12 月 6 日）等报刊发表以后，许多人奔走相告。一篇短文的发表成了一件震动社会的大事，按说是奇怪的。……一个假设引起这样大的震动是值得思考的。

其实，罗稷南提出的假设并不是只有他一个人问过一次的怪问题，是许多中国人在不同时候都曾经问过的老问题。

鲁迅已经成为历史人物，可政治仍然需要他，文学界、学术界要研究他、评论他，他已经成为人们一个永远的话题。要评论，就必然产生分歧与争论，谁是谁非呢？陈焜认为：

毛主席评鲁迅就是评价鲁迅的尺度之一。

陈焜又认为：

鲁迅已经成为一种尺度……鲁迅也是衡量一个人物、一种事态以致一个时代的尺度。

……在反右派的时候提问题就有衡量反右的意思了。如果鲁迅敢于批评的态度在反右派的时候还能受到肯定，打击追随鲁迅的人就讲不通了；如果鲁迅那样的良知和良心在反右派中也要加以摧残，反右派的正当性就要有疑问了。所以，鲁迅是一个尺度。

陈焜以"毛罗对话"作为引题，谈了许多自己对人文问题的认识，在文中他也评价了毛泽东：

……有错不肯改，犯了错误还要倒打一耙，不但保护了错误，犯了更大的新错误，以致错误一个更比一个大，几乎完全毁掉了中国。这是 1949 年以后中国酿成大悲剧的基本原因之一。

诸葛亮说，要"咨诹善道，察纳雅言"。毛主席如果能察纳雅言，中国不知能避免多少大祸、取得多少成就。可惜毛主席没有善用他当时的威望做更多的好事，错过了许多可以有伟大建树的好机会，也错过了许多可以改正错误的好机会。

……不肯改正错误是我不能理解的疑团。是真的看不见错误还是看见了不肯承认？是真的相信自己绝对正确还是发现了错误也要说绝对正确？是真的把错误当正确、把正确当错误还是心里只有权力没有是非了？我也不清楚。

……我也不明白，这样有天才的人，怎么会不知道人的认识一定不完善？怎么会认真地相信20世纪只有自己一个人找到了正确思想的道路，发现了绝对正确的思想？怎么会认真以为掌握了无产阶级世界观的人就不会犯错误了？怎么会认真相信正确的世界观得到的认识一定和现实的内容完全对等？怎么会认真相信世界上真的有"放诸四海而皆准"的主义和"战无不胜"的思想？

陈焜的文字，启迪人们的思索，具有一定的震撼力！

第四节　《毛泽东棋局中的鲁迅》读后感

2009 年第 6 期《炎黄春秋》上登载的张绪山文章《毛泽东棋局中的鲁迅——从"假如鲁迅还活着"说起》，语言大胆，观点尖锐，他在文章中的几段话第一次映入我的眼帘时，我竟然非常震动而对这位清华大学的历史系教授刮目相看，佩服他放言的大无畏精神。他的文字具有感染力、穿透力，起到使人茅塞顿开、醍醐灌顶的作用，让人不得不对 1949 年以来中国社会现状作进一步的思考：

可以说，从建国之始以至毛故去，鲁迅始终是领袖政治棋盘上的鲁迅，一个被现实政治作为棋子使用的鲁迅。

这些特点说明他在很大程度上并非现代意义上的政治家，毋宁说是中国两千余年皇权专制传统的最高产儿。因此，他为巩固新政权所采取的措施不可能跳出中国传统吏治文化的窠臼，突破专制传统的藩篱。

然而，但凡书生，思维能力就相对发达，就会有独立思考的能力和倾向，不管其从前立场如何。……在接管中国以后，精于国情的毛对于这一切洞察秋毫，了如指掌。所以对于书生一直坚持非经改造不可使用的态度。批胡适，反胡风，反右派，批右倾，"文化大革命"，最后釜底抽薪以求彻底解决，将应该接受教育的青年学生赶到乡村山区，接受贫下中农再教育——其本质是文盲化和愚昧化——这一次次的思想改造运动实际目标只有一个：显见的动机是钳制舆论，巩固政权；深层的动机是完成不朽的"圣人"功业。

张绪山的笔，语出惊人，毫不留情地对毛泽东 1949 年坐上"龙椅"后的一系列执政措施定了性，嘲笑了毛泽东这样一位"中国两千余年皇权专制传统的最高产儿"，对毛泽东的执政史作了最精练的概括。张绪山说得何其痛快，毛泽东的执政史，从"皇权文化"中吸取了最腐朽、最糟粕的专制文化，而对中国传统文化中的许多民主理念，如"善为民者，宣之使言"等经典，完全唾弃。2009 年，国内公开出版的杂志《炎黄春秋》的编辑，能够发表如此尖锐的批毛观点文章，魄力何其大！

张绪山淋漓尽致地剖析了毛泽东的执政手段：

他掌握了至高无上的权柄后，习惯性地以"斗争哲学"和"斗争精神"维护自己的政权，不仅将"斗争哲学"磨砺的锐利矛头指向了对新政权构成威胁的敌人，同时也无情地指向了与自己意见不合的昔日与之出生入死、并肩作战的战友，于是，彭德怀、贺龙、刘少奇、邓小平等都成了他"斗争哲学"的牺牲品，死的死，伤的伤，付出了惨重的代价；当他感觉需要调动全体国民参加斗争、维护其政权时，则不惜发动"文革"这样摧毁国计民生的内乱，终至导演了一场陷整个中华民族于水火的千古浩劫，而为这一切进行辩护的，是他那套以"斗争哲学"为核心的冠冕堂皇的所谓"无产阶级专政条件下继续革命的理论"。这一理论的起点是毛对马克思主义的独到"领悟"："马克思主义千头万绪，一言蔽之，曰造反有理。""马克思主义千言万语，一句话，阶级斗争。"这样的理论又被他掌握的舆论工具鼓吹为"对马克思主义的重大发展"。

张绪山对毛泽东政治品行中的要害，分析得相当透彻，言简意赅，鞭辟入里，把毛泽东披上的华丽理论外衣剥得干干净净。

张绪山的文章，对毛泽东时代的社会走向作了一针见血的分析："鲁迅还活着"，当然属于"假设"，但由此虚拟的"假设"所得到的"要么闭嘴，要么坐牢"历史解答，却显示出极为丰富的历史和社会意义。人们从这个似乎简单的回答中看到的是，历史在彼时走向了一个延续旧传统弊端的错误方向。这个错误从秦始皇"焚书坑儒"开其恶例，一直延续两千余年，在一个关键的历史阶段本应得到彻底改造，却未能得到改造，相反又死灰复燃。中国传统中根深蒂固的文化毒素与陋习再次沉渣泛起，甚嚣尘上，犹如一盆污水，熄灭了新文化运动先觉者们历经艰辛才点燃起来的思想启蒙之火，**中国社会由此走向了一个错误的方向，完全背离了近代世界历史发展的潮流。**

当时的中国有没有可能走向历史要求的正确方向？怎样才能走向正确方向？后来走向错误方向，原因何在？能否避免？如果说历史上发生的一切都是所谓的"不以人的意志为转移"的，不可避免的，难道说中国人民活该遭受那"要么闭嘴，要么坐牢"的折磨？活该要历经十年人为浩劫的苦难？**如果说，历史上的一切都是命中注定，历史研究还有何意义？**

张绪山的这段话，写得铿锵有力、画龙点睛，把毛泽东给中国社会造成的祸害批判得入木三分。他发出了振聋发聩的呐喊："如果说，历史上的一切都是命中注定，历史研究还有何意义？"我要接着张绪山的话说：如果真实的历史被长期掩盖与粉饰，帝皇将相的作为不允许作评论，那么我们祖先创造的文字其功能在哪里？

如果我们实事求是、客观地梳理毛泽东的整个执政过程，我们不得不承认一个血淋淋而让人痛心的事实：毛泽东最大的失误是他的执政理念完全违背了现代文明。他的思想始终停留在中国几千年集权统治者们的愚民、驭民政策理念上，实现"一尊天下"极权政治。

如今的中国，积重难返，习惯成自然的执政方式，很容易被后继的保守执政者全盘保留，且不断地添砖加瓦、变本加厉，使驭民政策越来越周到，达到让相当多的民众、知识分子与官员臣服；而现实中，各个阶层中的思想先驱者却如雨后春笋，思想的活跃、思考的深刻、醒悟的程度及其内心的强大，远远超过"文革"年代的民众，于是，社会严重的撕裂。

今天中国成堆的社会问题源于毛泽东时代的执政理念与执政方式："神化"中国共产党与"领袖"；党内没有民主，一言堂；权力至上，一个人的认知度决定了全党与国家的命运；采用意识形态治理国家而不重视法制的建设与执行；庞大的共产党官僚统治体系；官僚主义和形式主义泛滥；歌功颂德风、溜须拍马风层出不穷；官媒姓党，"党文化"何处不在；对民众长年累月的进行洗脑教育；官与民在"民生"领域中不平等；人民没有话语权与思维权；政治改革滞后于经济改革，致使经济与政治双双腐败……。一言蔽之，体制与社会土壤是国家发展的拦路虎，变异的文化与教育同时异化了人！

"文革"把毛泽东在执政过程中的所有不足暴露无遗，也使中国人民越来越清楚地看到：领袖与党都不是"神"，当初许诺的建立"共和国"的口号已经成为肥皂泡！

"文革"必须解剖，希望更多的中国人不断地把"文革"这本书读懂读透。

第三章　"社会土壤"的思索

铁骨铮铮王容芬——"文革"前夕的政治小浪花：哪个皇帝骑在我头上拉屎——高华笔下的中国政治生态环境——"右派"帽子满天飞的背景——毛泽东的"千秋大业"——政治究竟是什么？

第一节　铁骨铮铮王容芬

（写于 2015 年 6 月 7 日）

她指出，"文革"就是国家暴力跟青春期少年的暴力扭结在一起，要砸乱中国社会的荒诞恐怖剧。

1966 年，王容芬是北京外国语学院四年级学生。8 月 18 号，王容芬参加了毛泽东在天安门广场接见百万红卫兵的集会。如果现在回放当年的纪录片，可以看到百万红卫兵热泪盈眶的画面，对政治幼稚无知的红卫兵，崇拜毛泽东到了迷醉、疯狂的程度。

王容芬身处"个人崇拜"的红海洋，她的思想却离经叛道。鹤立鸡群的她，目睹周围发生的一切"社会现象"，思维的高度，竟然远远胜过那些在天安门城楼上与毛泽东一起检阅红卫兵的国家领导。她透过铁幕看到了社会最深处的悲剧：

"这个国家完了！这世界太脏，不能再活下去！""不忍了，豁出去了，把想说的话说出来！"

经过一个多月的思考，她被悲愤的心情折磨到了极点，手无寸铁的她决心为国捐躯。国家的主人怎么能够在风口浪尖中保持沉默呢？她决定发出心声：开始动手写信，写给党中央、团中央、团校以及"伟大领袖"毛泽东。

9月24号，忧国忧民的她上书毛泽东。语言的尖锐，直指皇帝"新衣"。她大义凛然地发出最强音：

请您以一个共产党员的名义想一想，您在干什么？

请您以党的名义想一想：眼前发生的一切意味着什么？

请您以中国人民的名义想一想：您将把中国引向何处去？

"文化大革命"不是一场群众运动，是一个人在用枪杆子运动群众。

我郑重声明：从即日起退出中国共产主义青年团。

北京外国语学院东欧语系德语专业
四年级一班学生王容芬

王容芬对"文革"作了最高度的概括——一个人在运动群众，她的几个问，问到了"文革"发生的要害。后来人可能无法理解一个如此年轻的姑娘，为什么能够在"文革"方兴未艾时，就有如此强的洞察力？

她的信，是"文革"中的"绝唱""匕首"；她的信，是小百姓对最高权威的怒吼；她的信，是"文革"中的春雷，虽然未能响彻在中国大地，却在历史上留下最可贵的民族精神；她的信，说明民心不可欺，大人物的作为未必能够逃过小百姓的火眼金睛；她的信，是"文革"中最有价值的檄文，永远被历史赞美。

我对"文革"的思考是从1967年开始，目睹"打倒保皇派陶铸"的大字报浪潮，目睹姚文元光天化日之下发表的《评陶铸的两本书》的文字狱伎俩，浏览被打成"反革命分子"的蒯大富写给工作组叶林的几封为自己辩护的信，目睹"三审王光美"的大字报与传单，目睹

《群丑图》，浏览"文革"初期刘少奇、邓小平的检查，我的思想才逐渐潜移默化地发生"质"的变化，走上了不归路：认为中国"国破山河在"，中国大地上发生了"浩劫"与"政变"，而在 1966 年，我还是那么信任毛泽东，那么拥护"文革"。

那么，是哪些社会现象，使王容芬在 1966 年就开始对"文革"进行深入的思考，在解剖"文革"上胜人一筹？我没有看到她本人写详细文章来叙述她在"文革"中的心路历程，不能乱加分析。无法从收集到的资料中进行提炼来猜测她思想的变化过程，所以我仅仅打算从网络上看到的文章中，摘取四段文字（分别是个人、家庭的遭遇与看到的社会现象），来反映这个有正义感的姑娘怎么会敢怒敢言并采取行动：

……我倒霉是倒霉在刘少奇手里。他派工作组下来整人来了，我才知道上当了。我们响应号召，给党委提意见，结果被打成反动学生。我的名字被打上三个红叉贴在路上，我去食堂吃饭要踩着自己的名字进入，就这么整我们。"文革"不是整学生，但就因为我们说了几句不满教育改革的话，就成了反动学生。结果呢，毛泽东给反动学生平了反，我就被派到天安门去了。

"文革"开始以后，王容芬的家被抄了三次，所谓刨地三尺（"文革"时，任何人的家只要认为"涉嫌"什么，任何群众组织就可以以革命的名义前来"抄家"）。她的妈妈主动"迎接"这场革命，把她认为属于资产阶级的照相机砸了，算是破四旧。没想到反倒惹了事，名目是：销毁"特工器材"。

王容芬虽然是大学生，但是她没当"造反派"。因为刚进大学的时候，她读过沃尔夫的《马门教授》，觉得历史似乎在重演。当时她们的学校在魏公村附近，平日王容芬常到湖南公墓，在齐白石墓地看书。一天，亚非语系的学生突然扛着铁锹镐头跑过来，把美丽安静的墓地砸得一塌糊涂。王容芬当时就想，这叫"文化革命"？

北外学院党委书记是革命时期的"红小鬼"，十七岁就当县长。他妻子当过王容芬的老师。有一次王容芬病了，就是她把王容芬背到医务室。这样的一个人，完全是基督徒式的共产党员，但她竟被斗得……还有陈教授夫妇的自杀，校医室黄医生夫妇的自杀——王容芬至今还说：他们死了也好，省得受那十年煎熬。王容芬还亲眼在街上见到一孕妇被剃光了头，厕所的纸篓扣在她头上，一边抽一边朝她泼浆湖，逼她喊："我是黑帮……"

民不畏死，她终于采取了视死如归、赴汤蹈火的行动，以卵击石、飞蛾扑火，以唤醒千千万万还没有觉醒的狂热群众。

她把同样内容的信翻译成德文带在身上后，到药店买了四瓶 DDT 杀虫剂，来到苏联驻中国大使馆附近，把毒药一瓶瓶喝下。她希望苏联人能够发现她的尸体，把她以死抗争"文革"的事迹公诸于世。

她没能死成。醒来时，她已经躺在了公安医院，然后被送往监狱。

2011 年，王容芬曾经对《德国之声》记者回忆了监狱生活，说了下面一段话：

我妈不知道怎么给我送进一本《资本论第二卷》，那本书我是看烂了。我是被上的背铐，所以吃东西都没法吃，扔一个高粱面的窝头，我就在地上啃，跟狗似的。就算是狗还有四个爪，人没有手怎么办呀，而且我是手背在后面，麻木的感觉难受极了。我也是傻，就当作是锻炼意志，用舌头舔着翻书看。

关押了十多年后，于 1978 年 1 月，她被判处无期徒刑，1981 年，她被无罪释放。后来经费孝通先生推荐，她到中国社科院社会学所从事研究工作。1989 年 6 月，她前往德国定居。

百折不挠的思想前驱林昭，有一首《自诔》诗明志：

恶不能辍，愤不忍说。

节不允改，志不可夺。

书愤沥血，明志绝粒。

此身似絮，此心似铁。

自由无价，年命有涯。

宁为玉碎，以殉中华。

这首诗同样可以用来刻画王容芬的铮铮铁骨、高尚的精神世界。

网络上记载王容芬事迹的文章很多，这里不准备详细引用。我只是想借王容芬的英雄行为以及她的遭遇，说明下面两个问题：

1. 中国社会为什么不允许王容芬这样的爱国者存在？爱国者与"反革命""敌人"为什么只有"一步之遥"？当国家风雨飘摇的时候，为什么王容芬这样的爱国者无法救国家？"指鹿为马"发生在古代，这个成语故事一直在教育人、警惕人。可为什么在现代社会，毛泽东指"红色恐怖"为"革命"，会得到群臣的"拥护"？毛泽东倒行逆施十年，妙龄少女的信把毛泽东的阴谋诡计赤裸裸地剥开，在毛一生的第二件"大事"刚起步时就点穿了它，可这样一位现代版"秋瑾"，却被送进了监狱。

我不能不问：产生王容芬这样的政治犯的根源是什么？我们的宪法保障了人民说话的权力没有？宪法在我们国家是不是一纸空文？当社会制度不能让司法机关判别普通百姓是不是一个爱国者时，究竟应该如何处置"犯上者"？

如果王容芬这样的爱国者允许存在，那么相信共产党内肯定会涌现更多的"王容芬"，"文革"还能够发动成功吗？"文革"发动的政治生态环境、社会土壤难道不值得当代人无情地解剖吗？

2、王容芬是"政治犯"，根据网上大量资料，可以看到王容芬在狱中受到令人发指的摧残，可用"惨无人道"四字来概括狱警对一位爱国者所采取的不法行为。如今的国家领导人看了这些报道后，有没有想到好好整顿监狱制度？善待"政治犯"，应该是司法底线，不知道当今社会接受了这个理念没有？

2008 年 9 月 8 日，方心田在他的博客中写道：

"文革"过去四十多年了，许多人，包括如今的年轻人，也许已经忘记或陌生了那段历史，但王容芬从来没有忘记。谁能否认——"文革"依旧是富有良知的中国人心里的一个大结，如何彻底清算它，予历史与国人尤其是所有遇难者和受迫害者一个公正的交代，这是全体国人的庄严使命。

王容芬在"文革"初期的英雄行为，无愧为女中豪杰、巾帼英雄，她的精神世界在历史长河里永远放射光芒，远胜须眉而流芳千古。

附：胡守钧的遭遇

"文革"中，与王容芬一样经受牢狱之灾的复旦大学学生胡守钧，是另外一种悲剧。胡守钧是当年"红卫兵小将"的一个典型代表，他的遭遇，历史同样不应该遗忘。

十年"文革"所展现的各种事件错综复杂，某些典型人物在期间采取的行动与受到的遭遇，会让后来人觉得这简直像是梦幻般的神话！然而，当年的大多数人真真切切地认为自己是在投身于一场关乎中国命运的史无前例的大运动，是在响应伟大领袖的号召起来闹"革命"，到后来却发现，自己恰恰是参与了一场不可思议、参悟不透的"政治闹剧"，且给自己和家人带来各式各样的悲剧。

我在 1970 年 3 月 30 日的日记中写了这么一段文字：

昨天星期日上午我去了复旦大学看大字报。這次复旦大学（3 月初）揪出以胡守鈞为首的"反革命集团"。据说有 28 个半人，有 66、67、68、69、70 届的大学生，也有中学生。

看到复旦大学整理的批判胡守鈞为首的"反革命集团"的材

料，原来也有那么多的青年人在关心国家大事、在探讨社会问题……

那次我到复旦大学看大字报，收集到了《胡守钧小集团的有关材料》和《战报（第 1—9 期汇报）》两本小册子，由复旦大学"胡守钧小集团"专案组编写于 1970 年 3 月。后来我又收集到其它资料：《革命大批判文选》（一）（二），分别由复旦大学政宣组编写于 1970 年 3 月与 4 月。

《胡守钧小集团的有关材料》前言中写道：

伟大领袖毛主席亲自发动、亲自指挥的无产阶级文化大革命，在我们祖国的广阔地大地上，兴起了一场具有雷霆万钧之力的革命风暴，它席卷一切枯枝朽叶，荡涤一切污泥浊水……

根据当前战斗的需要，我们从胡守钧小集团有关人员的六十多件密信、日记中摘编出这份反面教材，并加了一些注释和按语，供读者研究和批判。这个小集团在行将暴露的时候销毁了大量重要材料，这里所公布的难免"挂一漏万"。尽管如此，读者还是可以清晰地看出这个小集团的反动面貌。这是他们对党对人民犯罪的铁证。

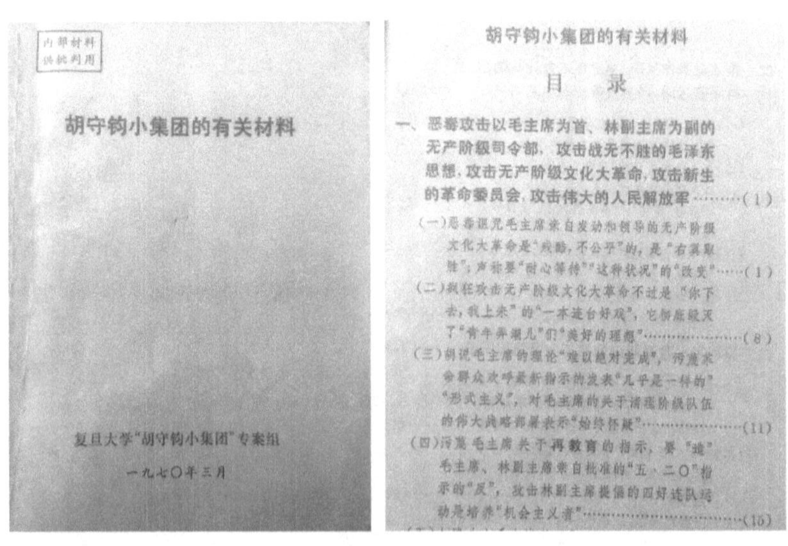

　　杂志《世纪》总第 7 期（1994 年 4 月）刊登了秦维宪写的文章：《上海滩文革大案"孙悟空"炮打张春桥——"胡守钧小集团"》，详细介绍了当年以胡守钧为代表的"革命小将"的遭遇。2005 年第 9 期《炎黄春秋》刊登了秦维宪的另一篇文章《反张春桥的"胡守钧小集团"》，是前一篇文章的缩写。

　　根据秦维宪的文章，我简要地梳理一下胡守钧及其伙伴们的遭遇，从而让我们理解：为什么"文革"中会发生那么多匪夷所思的事情？是什么"文化"让一批青年人蒙难？

　　1967 年 1 月 4 日，毛泽东委派张春桥、姚文元到上海处理"文革"大事。次日，"工总司""红革会"等众多造反派、红卫兵组织在《文汇报》联合发表向上海市委采取行动的《告上海人民书》。8 日，毛泽东表态："这是一个阶级推翻一个阶级，这是一场大革命。"9 日，经毛泽东亲自决定，向全国广播了《告上海人民书》，《人民日报》也在头版头条位置作了全文刊登……自此，"一月风暴"拉开了席卷全国的夺权闹剧的序幕，张、姚一步步登向上海第一、二把手的宝座，成为毛的新"宠臣"。

　　1966 年毛泽东在天安门 8 次接见红卫兵，学校停课闹革命。随着学生们在全国大串联，熊熊的"造反"烈火在全国各条战线燃烧。大学生们响应心目中伟大领袖毛泽东的号召，积极地投入革命：在"誓死捍卫毛主席、誓死捍卫党中央！"的口号下，迅速成立了各种红卫兵组织；在"怀疑一切、打倒一切"的社会环境中，采取各种所谓的"革命"行动。许多红卫兵组织的头头，以"造反"精神，寻找阶级敌人，包括扫描台上的风云人物，要把他们斗倒批臭，这些红卫兵小将自认为这样的行动是"关心国家大事""以天下为己任"。

　　1967 年 1 月 23 日夜晚，上海复旦大学学生胡守钧等"革命小将"骑着装满浆糊桶、白纸、墨汁、排笔的黄鱼车，向北站、外滩、南京路、淮海路……行进，凡是看到有拥护张春桥、姚文元的标语，便针锋相对地贴上"坚决反对张春桥当上海第一书记、姚文元当第二书记！""警惕反革命两面派！"等标语，标语后面皆署名"孙悟空"。这些"孙悟空"，为自认为的"革命"行动热血沸腾！

1月28日，"孙悟空"在复旦大学召开2万多人参加的炮打张春桥誓师大会。胡守钧作为"孙悟空"头头作了重点发言。全场高唱毛主席语录歌《革命不是请客吃饭》，并在胡守钧带领下宣誓"不打倒张春桥誓不罢休！"

1月29日晚，复旦大学再次召开炮打张春桥大会，这天外校来了更多的大学生。可见，革命小将的热情何等的高涨！山呼海啸般的倒张运动迅速展开。

2月5日，在人民广场成立了仿照法国革命的巴黎公社名称的新机构"上海市人民公社"，张春桥任上海市人民公社第一书记、姚文元任第二书记。后因毛泽东反对这个称呼，24日，上海市人民公社更名为上海市革命委员会，张春桥任主任，姚文元任副主任。

"孙悟空"没有幕后背景，"倒张运动"不是毛泽东的棋，胡守钧与他的伙伴更不是张春桥等当权派的对手，炮打张春桥运动的烈火终于被扑灭了。

1968年春，"清理混进革命队伍的阶级异己分子"的清队运动开展。上海"03"专案组成立，开始搜集"孙悟空"67年炮打张春桥的材料，胡守钧被列为"复旦头号变色龙"。于是，"孙悟空"的许多成员逃往外地避风头，胡守钧也乘客轮溯长江而上，去欣赏祖国山河。

4月6日，胡守钧悄悄回到上海，他刚踏进一位战友的家门，就被埋伏已久的"革命群众"绑押回复旦，宣布隔离审查。

"清队"期间，复旦有几百名师生遭囚禁，胡守钧耳闻目睹好几位学生被逼自杀。

7月的一天黄昏，胡守钧在战友的帮助下，逃离了复旦大学，开始了浪迹天涯的流亡。

1970年初，全国开始了"一打三反"运动。春节，在外流浪多年的胡守钧回到校园被一群工宣队员抓获，进行隔离审查。胡守钧落网后，"孙悟空"的其他成员也一一从各地押回复旦。

《解放日报》《文汇报》于 1970 年 2 月 5 日发表评论员文章，文章云："有些同志往往只注意历史的反革命，不大注意现行的反革命；只注意公开的活动，不大注意地下的阴谋活动。老的反革命分子打下去了，还会有新的反革命分子长出来。……"这些舆论是针对"孙悟空"的。

专案人员秉承上级指示开始整理材料，要给"胡守钧小集团"定罪名。他们在胡守钧的宿舍，抄出他从中学起开始写的日记、笔记、私人信件和照片，选出其中"过硬"的材料。同时，他们对"孙悟空"其他成员也发动了同样的袭击。随后，专案人员整理出了小册子《胡守钧小集团的有关材料》。

3 月，在复旦大学，"讨胡"的大字报满天飞，《胡守钧小集团的有关材料》《战报（第 1—9 期汇报）》陆续散发给前来复旦大学看大字报的群众，还寄发到上海市各个单位。

胡守钧被隔离后，在 8 个月中被批斗了二百余次，每天吃饭、睡觉前，看管人员逼他跪在毛主席像前请罪，稍有不服，即拳打脚踢。

10 月的某天，张春桥从北京来电，指示上海方面召开公审胡守钧大会。

10 月 20 日下午，上海市革命委员会在江湾体育场举行 40 万人"讨胡"大会，全市各大学、中学、电影院、剧场、音乐厅、俱乐部作分会场，上百万人听拉线实况广播……，一位公检法"代表"展开一方白纸，厉声宣布逮捕令。两个警察对胡守钧上了手铐、脚镣，将他拖上囚车。之后胡守钧被关进了上海第一看守所，长达 5 年。

1975 年 5 月，胡守钧以现行反革命罪，被判处 10 年徒刑，被关进上海市监狱。1976 年 1 月，胡守钧被押送安徽军天湖劳改农场。

1976 年 10 月，"四人帮"被打倒的消息一公开，胡守钧就呈送了一大袋申诉信。因胡案影响太大，复旦党委协同公安局和法院，联合调查了两年。直到 1978 年，上海市高级人民法院经过重新审理才确认："胡守钧纯属反对'四人帮'而遭受政治迫害。宣告无罪，恢复名誉，予以彻底平反。"被关押 8 年之久，九死一生的胡守钧又回到复旦校园工作。

2005 年，胡守钧对采访者回忆往事，说：在 1967 年的"一月风暴"中，我首先炮打张春桥，并不是什么先知先觉的圣人……

今日，我们评价"孙悟空"们的行动——他们造张春桥的"反"，只能说是红卫兵的政治冲动、无知与幼稚，某种程度也可能带有"英雄主义"。他们并不理解毛泽东发动"文革"的真正动机，也谈不上认清了政治投机人物张春桥的本性。

秦维宪在他的文章中写了这么一段文字：

"胡守钧反革命小集团"这一大冤案，涉及面之广，受牵连者之众令人吃惊。直接与"孙悟空"炮打张春桥有关者近千人；上海各行各业揪出的"胡守钧式的反革命""胡守钧式的反革命小集团"不下万人。复旦大学中文系教授、著名美学家蒋孔阳是突出的一例……，胡守钧平反后，大批受牵连者一一找到胡守钧，要他提供证明材料，供自己平反之用，胡守钧一时应接不暇……，胡守钧在武汉的全家成了大反革命家属。

今天我们看到这些带血的文字，将作如何的感叹？！

在百度上，报道过如此一条信息：

2021 年 7 月 15 日，复旦大学退休教职工工作处发布"优秀离退休教职工建议名单公示"：

……启动本年度推荐评选工作。经院系推荐，评审工作小组合议讨论，协商一致评选出建议名单，现予以公示：

个人奖（共 21 人，按拼音排序）：

……胡守钧，社会发展与公共政策学院……

公示时间为 2021 年 7 月 19 日至 23 日。如对公示有异议，请于公示期内以口头或书面形式与复旦大学老干部党委、老干部工作处、退休教职工工作处联系。

我为胡守钧教授晚年的幸福生活而高兴。

第二节　"文革"前夕的政治小浪花
——哪个皇帝骑在我头上拉屎

（写于 2015 年 6 月 8 日）

2015 年第五期《炎黄春秋》刊登了吴南生的文章《亲历经济特区的决策过程》，文章中有这么一段文字：

1961 年 3 月，毛泽东在广州主持召开中南局、西南局、华东局各省、市自治区负责人会议，讨论人民公社工作条例草案初稿，他让人打电话叫刘少奇到广州。北京回答：少奇同志正在主持西北、东北、华北各省、市自治区负责人工作会议，能不能晚两天来？毛听了大发脾气，写了一个条子给陶铸，让陶铸到北京把刘少奇叫来。我当时是省委办公厅主任。赶紧为陶铸准备专机，但是，这边专机刚准备好，北京的专机来了，刘少奇不请自来了。刘少奇被打倒后，我调出毛给陶铸的那个条子，只见上面写着："**是哪个皇帝骑在我头上拉屎，现任命陶铸为特命全权大使到北京接驾。**"可能是陶铸看到条子给邓小平打了电话，说主席生气了，让少奇同志赶快来吧。刘少奇就立即来到了广州，这张条子当时在中南局档案馆，后移存中央档案馆。

这段文字一映入我的眼帘，我的心情可用"触目惊心""百感交集"来形容。这不是不起眼的琐事，它充分说明毛泽东不可一世的"帝皇之风"——把自己驾凌于"群臣"之上。

毛不可能想到陶铸会息事宁人，通风报信给邓小平与刘少奇，更想不到陶铸看完条子后竟然没有销毁它，还会保存条子在中南局档案馆。

这一事情虽小，却完全反映了那个年代的政治气候，生态环境不亚于封建王朝。

同时请读者注意，事情发生在 1961 年 3 月，离开"文革"发动还有五年，它在某种程度已经反映了毛、刘之间的不正常、不平等的关系。后来人研究历史，应该重视这一类"琐事"：刘少奇被毛泽东抛弃与屠杀，只不过是时间的早与晚，冰冻三尺非一日之寒。

第三节　高华笔下的中国政治生态环境

（写于 2015 年 5 月 27 日）

南京大学历史系教授高华写的文章《北京政争与地方——释读〈江渭清回忆录〉》（载香港《二十一世纪》1998 年 4 月号），一针见血地指出了共产党组织内的政治生态环境以及毛泽东的工作作风，读来血泪斑斑。

1957 年 7 月上旬，毛泽东来到南京，亲自为抓右派找部分省、市委第一书记谈话。在这次谈话中，毛泽东对江渭清不在江苏省委常委内部抓右派大为不满。高华写道，据江渭清回忆：

毛主席问："你们江苏省委书记、常委里头，有没有右派？为甚么不反？"我回答说："主席啊！哪个人没有几句错话呢？您老人家说的嘛，十句话有九句讲对，就打 90 分；八句话讲对，就打 80 分……"

毛主席大概没料到我会这样回答，顿时生气起来。他拍着沙发边的茶几，说："你到底反不反右派！"

江渭清圆熟地避开毛泽东咄咄逼人的问话：

要反右可以，请您老人家下令把我调开，另外派人来。因为是我先"右"嘛！您先撤了我，让别人来反。

于是，毛泽东口气婉转地说：

那好嘛，你就不要反嘛……渭清啊！你是舍得一身剐，敢把皇帝拉下马。

江渭清回答说：

主席啊！我是舍得一身剐，要为您老人家护驾。

在江渭清回忆录中，所记录的"君臣"之间的一问一答，真实地反映了有意无意以"皇帝"自居的毛泽东的精神面貌，这些文字在历史的长河里显得特别珍贵，它充分反映了"领袖"的政治修养与品格，另一方面，这些文字为无数被打成"右派分子"、蒙受苦难的人发出嚎鸣，原来"右派分子"的政治生命在"领袖"的眼里轻若鸿毛，"右派帽子"信手可拈。究竟是毛泽东自己被阶级斗争理论迷惑，还是毛泽东的"政治"权术别出心裁？他究竟为什么要人为地把那么多人推入"敌人的阵营"？我不能不产生这样的问题：毛泽东究竟懂不懂政治？他在执政期间究竟搞的什么政治？

高华看了江渭清关于"反右斗争"的文字记录后，写下感触：

江苏省委内部的反右运动，最后以批评几个厅级领导干部的"右倾"而最终"过关"。在反右运动中，江苏省委常委和各地市县主要领导中没有抓一个右派，这全依仗江渭清的保护，这也说明，即使在党内高压气氛浓厚的年月里，省一级地方领导人在执行北京政策的过程中，仍有一定的弹性活动空间。对这个活动空间宽严尺度的掌握，往往取决于"第一把手"的个人意愿和态度。与江苏情况形成对照的是，由江华任第一书记的浙江省，把省长沙文汉和其妻陈修良（时任浙江省委宣传部长）双双打成右派；由曾希圣任第一书记的安徽省，把省委书记处书记李世农也打成了右派。

在这里我要指出，不是江华与曾希圣的"政治水平"一定比江渭清低，而是在那样的政治生态环境中，看谁更加有脊梁骨，更加高举骨头！

高华特别指出：

毛泽东在反右运动中开启了对地方工作直接干预的闸门，毛的干预的无序性和强制性，逐渐成为北京与地方关系中的显著特征，使得地方领导人对北京的依赖进一步加强，地方领导人与北京的关系更趋复杂。

我要接着高华的话题说，随着毛泽东执政时间的推移，他干预国家政治活动已经到了无以复加的程度，无序性和强制性完全随心所欲。

今天回顾共产党执政的历史，可以发现共产党内并不缺乏敢说敢为的人才，如果政治生态环境能够允许共产党干部在党内说话，人与人能够平等，那么党内完全能够出现阻止"文革"开展的领军人物，可惜当年的政治生态环境与社会土壤，让共产党成为没有民主氛围的"一盘散沙"。

我们再来看看高华描述政治生态环境的另外一段文字：

例如，1953 年，刘顺元调入江苏，任分管农业的书记，并曾担任过江苏省委常务书记。大跃进、人民公社化运动兴起后，刘顺元对浮夸风多有尖锐抨击，他曾公开批评时下尽多"三六九干部"和"风马牛"干部。"三六九"者，指嘴上高唱"三面红旗""六亿人民""九个指头"（即成绩为九个指头，缺点为一个指头，此为毛泽东所创的名言）；"风马牛"者，指顺风转舵、溜须拍马也。刘顺元这番切中时弊的"名言"不胫而走，竟传到毛泽东那里。毛在打倒彭、黄、张、周后，一不做，二不休，正待将所有敢于表示异议的干部一网收尽，于是，刘顺元成了撞上枪口的靶子。

1959 年 10 月后，江渭清与省长惠浴宇接到中共华东局第一书记柯庆施传来毛泽东的指示，其意是江苏还有一个"老右倾"刘顺元。究竟如何处理钦定的"老右倾"刘顺元，现在真正成为江渭清最棘手的难题。

中共党内在 1949 年后，毛的指示对于全党是绝对律令，凡被毛钦定为"坏人"的干部，在经过一定的组织程序后，重则削籍入狱，轻则贬谪基层，除此之外，似乎再难有甚么其它的结局。

考验江渭清与惠浴宇道德良知的关键时刻已经到来。据惠浴宇回忆（在《江渭清回忆录》中对下述细节略去），为了商讨如何应对来自毛泽东的直接压力，江渭清与惠浴宇相约，在南京市郊的高级招待所中山陵五号的草坪上，"搬两把藤椅，避开闲人，从早晨直谈到暮色苍茫"。在"全党上下噤若寒蝉"（惠浴宇语）的大气候下，江苏省两位主要领导的意见完全一致：向柯庆施求援，全力保护刘顺元。

经过江渭清的力保，柯庆施默认了江渭清的要求。此时已是 1960 年后，大灾荒已成为明摆的现实，毛泽东似乎已无兴致再抓"右倾份子"，刘顺元一事也就不了了之了。

这一段史实，值得历史铭记。

高华的春秋之笔，让我们看到了"文革"之前的政治生态环境，类似的实例举不胜举。共产党干部在这样的社会土壤中生存，只能扭曲自己的性格，掩盖自己的真实面目，掩藏自己的观点，被动的说话，被动的工作。

写上这些文字，是要让后来人理解血淋淋的事实：

"文革"的发动不是偶然的，势在必行！"文革"能够发动成功，也不是偶然的，是中国大地的生态环境、社会土壤异化了人，上演了各式各样的悲剧！

第四节　"右派"帽子满天飞的背景

（写于 2019 年 4 月 10 日）

柯庆施在 1965 年去世。他在生时，曾经是中央政治局委员、上海市委第一书记兼南京军区政治委员、华东局第一书记、国务院副总理，才五十几岁，在党内就被人尊称为"柯老"，连毛泽东也称他为"柯老"。

马达曾任上海总工会所属《劳动报》总编辑、社长。从 1963 年到 1965 年，他担任中共上海市委副秘书长。1966 年 5 月，马达被调到《解放日报》任党委书记兼总编辑，杂志《世纪》2011 年第 1 期刊登了马达的文章《我了解的柯庆施》，看了马达的这篇回忆文章，不能不让人对毛泽东的执政措施进行深刻的思考。现在把其中的一段文字原封不动地转录：

在此以前的反右派运动，柯庆施对毛泽东的"领导意图"也是心领神会的。

他和陈丕显一起，一面成天召开各界座谈会，按毛泽东的布置，"硬着头皮听"各界人士的鸣放意见，一面在内部排队摸底，算百分比，"引蛇出洞"。

1957 年 3 月 20 日，我听了毛泽东在上海友谊电影院向全市党员干部的讲话，至今记忆犹新。毛泽东在会上大讲特讲"不要怕"，"让人鸣放，天塌不下来"，还在主席台上大声对柯庆施说："你们放得不够”，“只有三十分，顶多五十分”，柯在一旁微笑，不住地点头。不久，一批又一批“出洞”的“右派”被拉进网里，毛泽东表扬上海执行中央指示“很坚决”。

当时上海不仅把文化界一大批知名人士打成右派，还把一些敢提不同意见的老同志，如同济大学党委书记兼校长薛尚实以及一批地下党老同志周克等都打成右派。

在市委书记处讨论到巴金时，柯庆施提出要把巴金打成右派，说他不仅是老牌无政府主义者，而且他在《解放日报》写的杂文（按：指《有啥吃啥》）有发泄对党对社会主义不满的情绪，陈丕显表示可打可不打，石西民则坚决不同意把巴金打成右派，说巴金在广大青年中影响很大，抗美援朝表现很好，不应该把他划进去，柯后来才作罢。柯庆施这时表现出来的是，凡是毛泽东讲的，提倡的，他在思想上一拍即合，赤着脚也要紧跟。

马达的这一段回忆，一针见血地指出了“反右斗争”中右派帽子满天飞的时代背景。

马达的这一段回忆，反映了最高统治者毛泽东的执政理念。由于毛对具有“思想”的知识分子完全采取不信任的态度，发展到在光天化日之下制造冤案，别出心裁地对几十万具有思想的人戴上“紧箍咒”，让许多人生不如死地活着，过着“另类人”的生活。

今日阅读这些文字，不得不让人产生如此判断：毛泽东在执政理念上，在“认知度”上出了巨大的问题。一个执政手段如此荒唐的人，难道他如此的“思想”还要被人传唱并且进行歌颂吗？

“毛泽东时代”早已经结束，但他作为执政者做过的许多荒唐可怕的灾难事，不能被历史遗忘。阅读马达这段回忆，不能不让人缅怀“共产党”中的大无畏勇士——胡耀邦，他把毛泽东时代制造的冤案彻底平反了。

让历史记住马达的这段带血的回忆，这是对荒唐、淫威的统治者的控诉。

第五节　毛泽东的"千秋大业"

（写于 2019 年 7 月 8 日）

署名"大海之声"的文章《毛泽东是如何找到文化大革命的突破口的？》，被收集在《华夏文摘增刊》第 1032 期中，该文对毛泽东与"文革"，有许多精辟的独到见解。梳理"大海之声"这篇文章的主要观点，可以帮助我们对毛泽东与"文革"作深入的思考，使我们在认识上，更上一层楼。

一、"文革"是对现有政治格局的重新洗牌

"大海之声"在他的文章中写了如下一段文字：

当毛泽东决意发动文化大革命时，他的本意是对现有的政治格局进行重新洗牌。那么，他最终想达到的政治目标是什么呢？

大海之声认为毛泽东有三个政治目标。第一个目标：

必须彻底结束自七大以来党的核心层业已形成的权力分配格局。

因此，在党的核心层彻底铲除刘少奇的势力，重新打造党内核心层内以毛泽东绝对权威为中心的政治平衡，已是当务之急。

那么，用什么政治力量来填补刘少奇及其追随者在党的核心层中留下的权力空白呢？有两支力量，一支，是近年来越来越紧地追随着他的林彪，另一支是他在意识形态、文化艺术领域内发动的一系列

批判运动中产生出来的新锐。

今日回首"文革"，清醒者不会再相信毛泽东发动"文革"的一套理论，"大海之声"清晰地揭露了毛发动"文革"的实质："文革"就是对政治力量重新洗牌。

毛蓄意培养两支力量。严酷的事实回答了毛，他两支队伍都没有培养成。

1971 年 9 月 13 日林彪夫妇与儿子林立果外飞内蒙古折戟沉沙，林立果无有理论水平的"大实话"——《五七一工程》，恰似"匕首"直刺毛的心脏，其意义不亚于历史上流传的故事"荆轲刺秦王"。这支队伍与毛泽东彻底分道扬镳，毛泽东料事如神的"神话"彻底破灭，给毛的精神世界致命一击。

毛寄于重望的"新锐"，在他谢幕时进了"监狱"。如果这几个"新锐"继承了他的衣钵，像他一样用"意识形态"来治国，那么中国彻底沦落为"封建专制极权社会"。

毛夺取政权"功名盖世"，执政只能说力不从心。表面的山呼万岁掩盖不了他执政的失误。由于封建文化在他的脑海中根深蒂固，也可能由于斯大林执政苏联的铁腕政治对他有一定的启发，使他对社会发展的认知度有一定的局限性，他没有全力以赴去建立一个法制的公民社会，他达不到一个全力以赴建设共和国体制的政治家水平，更没有宽大的胸襟来容纳与他在执政方法上有分歧的同僚。

"文革"明确地告诉我们：毛泽东执政的最大特色——用"意识形态"来治理社会，是社会与人民的灾难。

二、"文革"是在"大乱"中求"治"吗？

大海之声认为毛泽东的第二个目标是：

要对全国党、政、军内各级领导干部及其党、政、军各级组织的权力构成进行重新洗牌。……让这些人以他们的思维方式和行为方式把持党、政、军各级组织的大权，将对文化大革命产生巨大的阻力，甚至使他毛泽东寸步难行。要想彻底改变这些人的立场和思维方式，转而拥护他毛泽东的一切做法，是不可能的。但让他们在大规模的冲击中乖乖就范，不敢造次，那是完全可以做到的。与此同时，要对各级政府、军队和地方各级党组织内大量掺"沙子"，把文化大革命中大量涌现出来的政治积极分子送进各级政权组织，以改换成分，形成新的向心力，从而为党中央新的领导班子奠定牢靠的政权基础，这也是重中之重。

大海之声的分析有独到之处，他挖掘了毛泽东心灵深处的思维活动，不无道理。中国当时的现实是，把持党、政、军各级组织大权的领导人，在面上是不会有人站出来为正义发声的，他们没有魄力发出声音与毛泽东唱反调，他们或者明哲保身；或者没有脊梁骨，奴性、两面性主宰着他们的行动；或者助纣为虐，跟着毛泽东的指挥棒转。只有待毛泽东魂归西天后，他们中的一部分醒悟者才勇敢地说出了自己的心中话。

不能不说毛泽东的运筹帷幄做到了天衣无缝。他成功地发动了"文革"，在"文革"初期就不费吹灰之力，轻松地把刘少奇从高位上拿下，"文革"正式发动的一年，看到造反派油印的刘少奇的"检查"，看到《红卫兵战报》上登载说：刘少奇对亲人讲，只要国家稳定，愿意回老家务农……通过这些所谓的"小道消息"，就可明白毛泽东已经胜券在握。可形势的发展，让人分析不透，为什么毛仍然要进一步引导运动向纵深发展，利用红卫兵与造反派在全国掀起夺权运动，砸烂各级党与行政组织，使中国形成"政治大动乱"的局面。各个层次的当权派，被打成"走资本主义道路的当权派"，在"群众运动"面前显得束手无策、软弱低能，他们受到了残酷斗争与迫害。毛泽东为什么对手下人要如此绝情、冷酷呢？这里面，有没有是因为毛泽东判断失误这个因素？是不是毛泽东把刘少奇与各级领导看得过于过于强大，以为他们固若金汤？是不是他以发动群众来冲击各级领导，一箭双雕，既敲打各级领导，又在马克思主义发展史上，留下群众在"和平"环境中自下而上夺权的样板，让毛氏理论成为"绝唱"。

大海之声的话——让他们在大规模的冲击中乖乖就范，不敢造次，接受运动中涌现出来的新人进入各个层次的领导班子，这些话是不是比较完整的点破了毛泽东的如意算盘——让全国在政治上大乱？他相信自己完全有魄力，能够在亂中求"治"。

这第二个目标的产生与施行，是"文革"中最值得探讨的谜。大海之声的分析是不是到位了？本人没有这个理论水平，让后来人来进行深入的研究吧。

王年一的著作《大动乱的年代》（河南人民出版社 1988 年 12 月第 1 版）在前言中，第一段的标题是"毛泽东要创造一个'新世界'"，他写道（第 2 页）：

毛泽东发动"文化大革命"，是要惊天动地、改天换地的。

1966 年 7 月 8 日，毛泽东在致江青的信中说："天下大乱，达到天下大治。"他在姚文元发表于《红旗》杂志 1967 年第 1 期的一篇长文中加了一段话："无产阶级文化大革命是触及人们灵魂的大革命。它触动到人们的根本的政治立场，触动到人们世界观的最深处，触动到每个人走过的道路和将要走的道路，触动到整个中国革命的历史，这是人类历史从未经历过的最伟大的革命变革，它将锻炼出整整一代坚强的共产主义者。"这两段话充分说明，毛泽东要大破大立。

毛泽东去世，"文革"的"大破"告段落。"立"了什么呢？"治"了什么呢？

三、毛泽东理想中的千秋大业

十年"文革"，毛泽东除了洗牌，更有他梦寐以求的千秋大业—

—传承"意识形态"治国，让他的"精神"流芳百世。

"大海之声"对毛泽东发动"文革"的第三个目标——他心中的千秋大业，概括比较到位：

通过对全党、全军乃至全国人民大规模的"洗脑"运动，构建一个高度集中、独一无二、定于一尊的社会意识形态。其标志为：

1.将毛泽东本人关于社会主义过渡时期的思想路线、理论方针打造成一个完备的马克思主义理论体系，这个理论体系不仅要在全党的精神活动空间和社会实践空间永远占据核心地位，而且要在整个社会意识形态中长期占据核心地位，且神圣不可侵犯，永远不被颠覆。

2.建立一支在政治信仰上永远忠于毛泽东本人及其思想路线的干部队伍。

3.在社会上层建筑和意识形态的各个领域打造一支完整的、无产阶级的、从精神活动到政治立场都完全听命于中共、听命于毛泽东本人及其思想理论的知识分子队伍。

毛泽东没有坦率地说出他自己一生梦寐以求的"渴望与理想"，可纵观他一生的言行，纵观他在"文革"中的种种表现，"大海之声"对毛终极目标的归纳，比较到位。

毛走上执政舞台后的"法宝"，是用"意识形态"治国。他以为通过神圣不可侵犯的"理论"，就能控制人的思想，让人"纯"又"纯"，实现"众口如一"。"意识形态"治国被毛在中国试验了，如今的社会严重撕裂，人们并没有变得"纯"，充分说明这样的执政理念是与社会的进步背道而驰的。越是加强"意识形态"的控制，越是封人民大众与知识分子的口，越是"禁言"，社会就越是撕裂，人性就越是扭曲。一个民族的道德水平与精神内涵，垮在用"意识形态"控制人民大众思维的统治权术中。中国政治舞台上的后继执政者，只有极权者，才会东施效颦，欣赏毛的执政手段与统治方法。

越是强调"意识形态"治国，"个人崇拜"就越泛滥成灾，"党"就越来越被神化。当一个"党"被定于"一尊"时，这个"党"就失去作为政治家自由发声的"政治平台"作用，一个国家无异于封建极权王朝。

个人崇拜是政治腐败的集中表现，歌功颂德是个人崇拜能够形成的必要条件。"个人崇拜"与"歌功颂德"都是封建专制社会留下来的政治垃圾，这些与现代文明背道而驰的政治垃圾，必须彻底清扫。

在这里，还需要作一个补充，毛泽东在实现这三个目标的同时还应该有一个副产品——第四个目标：毛泽东要成为世界共产主义运动的领袖，他的理论要成为世界革命的指导书。

辛子陵在他写于 2012 年的文字中有这样的分析：

1958 年初，毛泽东提出不做下届国家主席，专做党的主席，一不是真心退隐，二不是出于谦逊，三不是身体不堪繁巨。他的真实动机是要"高升"一步，成为世界共产主义运动的领袖。

毛泽东为急于当世界革命领袖的野心所驱使，决心发起大跃进运动。

中国与苏联在二十世纪六十年代初的分道扬镳，意识形态上把苏联的执政者戴上修正主义的帽子，九评文章是反修批修的理论武器，这些都是毛泽东当世界革命领袖的具体步骤，"文革"中他依靠的第二支队伍，更是大张旗鼓向世界输出"革命"，发动舆论，高呼毛泽东思想是马克思主义发展的第三个里程碑。

四、毛泽东的谋略

"大海之声"的文章，对"文革"为何能够发动成功，作了归纳。毛泽东能够下决心与刘少奇"司令部"抗衡并有绝对把握稳操胜券，大海之声认为：

除了"君权至上""愚忠"狂热以及"暴民政治"尚有深厚的历史根基外，其它基本上都是超常规的、虚妄的、脱离社会政治实际的、缺乏社会经济和社会心理基础的主观愿望或荒唐梦想。

事实说明，"君权至上""愚忠"狂热以及"暴民政治"在"文革"发动期，充斥社会，横扫中国大地，成为毛泽东的杀手锏。

"愚民"是毛泽东在"文革"中使用的最有爆发力的武器。他借林彪之手，让全国人民学习他的语录与著作，用自己的"反修"理论来蛊惑人心。通过毛泽东在长江游泳，通过大型歌舞剧《东方红》歌颂毛泽东，通过毛泽东在天安门八次接见红卫兵，通过每天对毛泽东"早请示、晚汇报"宗教仪式，毛泽东在"神坛"上高耸入云。毛泽东"君权至上"的期望，在"文革"中得到充分实现，人民大众对他的"愚忠"深入了人心，"忠不忠，看行动"成为人们行动的座右铭。"横扫一切牛鬼蛇神"竟然成为社会的行动指南，让"暴民政治"蔚然成风。

运动群众、愚弄群众，是毛泽东的拿手好戏，是他能够发动"文革"成功的一大因素。

他借批判"资产阶级反动路线"来笼络与收买人心，让人民大众把火力喷向刘少奇，把各个层次的当权派推到风口浪尖上。他在天安门城楼上对红卫兵宋彬彬说"要武嘛"；他支持上海"工总司"血腥砸烂"上柴联司"，全国掀起了武斗之风，可他又冠冕堂皇地说"要文斗，不要武斗"……。他嘴上说"要光明正大"，实际上自己一直在玩弄阴谋诡计；嘴上说"要五湖四海"，实际自己始终在拉帮结派。他是一个靠谎话来蒙骗、愚弄广大干部群众的高手。

在"文革"发动期，毛泽东利用青年学生起来"造反"。1966 年8 月1 日亲自给清华大学附中红卫兵写信，对他们的行动"表示热烈的支持"。他别出心裁，多次在天安门接见来自全国各地的群众和红卫兵，掀起"个人崇拜"狂浪，让未见过世面而又富有一腔革命激情的红卫兵们去当"文革"的开路先锋，"扫四旧"、抄家、焚烧书籍与艺术作品、破坏文物、批斗教师及学校领导。在毛泽东的号令下，红卫兵运动如火如荼遍及全国，各条战线都出现了造反组织，创造了"全国大乱"的必要条件。在红卫兵完成历史任务后，毛泽东利用工人取代红卫兵，从工厂选派工人宣传队进驻上层建筑各个领域，提出"工人阶级领导一切"，让红卫兵"上山下乡"。当"造反组织"相互之间武斗、大打内战，各地出现混乱局面时，毛泽东又利用解放军的力量，组织"军宣队"，出来稳定局面。在各地夺权阶段，他又让一些干部出来工作，成立有解放军、被解放的干部和群众代表"三结合"的领导班子"革命委员会"。毛泽东不愧是搞政治平衡的高手

"大海之声"对毛的驾驭能力作了中肯的分析：

看看毛泽东是怎样汲取中国数千年皇权时代"宫廷"政治斗争的精髓和营养，在波澜起伏的权力纷争以及在和障碍物反复的碰撞、反弹中时而驾驭自如，胸有成竹，处变不惊，时而顾此失彼、左支右绌、心力交瘁的。

五、"文革"发动的突破口

"文革"的发动，毛泽东成功地设置"陷阱"——批判吴晗及其作品"京剧《海瑞罢官》"，"大海之声"作了十六个字的归纳：

幕后操纵，易地炮制，秘而不宣，突然袭击。

他对毛泽东的计谋作了无情的解剖：

《海瑞罢官》的作者是北京市副市长，批《海瑞罢官》，就等于批北京副市长，这必然惊动北京市委。而彭真一手操持下的北京市委早已是"刘氏一线领导"们开展工作的"桥头堡"。只要北京市委

出面保吴晗，为他的《海瑞罢官》辩护，就难免"犯错误"，就不愁找不到攻破这个桥头堡的突破口。

早在1964年中央书记处会议上，就根据毛泽东的提议成立了中央文化革命五人小组。这个小组的头就是彭真。而彭真不仅是北京市委第一书记、市长，而且是中央书记处常务书记，直通中央常委、中央书记处总书记邓小平和中央常委、党中央第一副主席刘少奇。姚氏批判文章一出笼，中央文化革命小组必然要表态，而彭真如何表态，必然要请示邓小平、刘少奇和在京中央常委。只要"刘氏一线领导成员"对姚氏批判文章作具体表态，就不难找到向其"腹地"进攻的路径和炮弹。可见，如果毛泽东事前真是如此缜密地设置陷阱的话，那么事态的发展正是按照毛泽东的预计一步步进行的。

对"文革"发动的"突破口"，"大海之声"作了入木三分的解剖。我的另外一部著作《"文革"拷问》的第一章《批判吴晗与京剧〈海瑞罢官〉——"文化大革命"拉开序幕》，根据公开的史料作了比较周密的梳理，请后来人耐心阅读，一定会对毛泽东的手段与"文革"的发展过程有个比较清晰的了解。

第六节　政治究竟是什么？

（写于2015年6月10日）

中国是一个最喜欢谈"政治"的国家。

政治挂帅、突出政治，在20世纪50至70年代，是中国最流行的口头语；评论一个人的品行，"政治表现"为第一，下评语"政治觉悟高""政治学习认真"是家常事。

“文革”让我成为“叛逆者”时，“政治究竟是什么”成为我思考最多的问题之一。现在我仍然要问：几十年来，在这个意识形态依然一统天下的中国，我们国家的人民与各级领导，究竟搞懂了“政治”没有？

当我沉浮在无边无际的历史资料中时，另外一个问题在脑海里挥之不去：毛泽东、刘少奇、周恩来、邓小平等“新中国”的“开国元勋”，从“反右斗争”到“文革”，他们的所作所为，能够说明他们是伟大的“现代政治家”吗？如果我们把“政治”是什么搞懂了，那么，风云一时的他们，真正懂“现代政治”了吗？

2006 年 1 月 17 日《中国青年报》发表的康劲文章《考研试题：政治就是民生民权》，某种程度上回答了“政治”是什么这个问题：

政治是什么？孙中山先生说：“政治就是管理众人之事”，对象是百姓，方式是管理。但是长期以来，我们对政治的理解存在误区，把对政治的理解等同于革命、斗争、镇压、暴力、国家机器等等，这种理解曾一度贯穿于社会生活的方方面面。……其结果，使政治不仅离百姓民生、民权越来越远，也不符合人类的文明发展趋势，成为一大堆空洞、教条的概念。……难怪有些人曾提出：研究生入学考试应该取消政治……

中共十六大提出了一个非常重要的概念：政治文明。什么是政治文明呢？这就是强调政治活动所追求的目的应该是文明的，最突出的特点就是要以人为本……政治的理念要进行转变，要从过去的阶级斗争转向现在的公共服务、公共管理。服务、管理的唯一目标就是百姓民生，**长远任务就是为了人的全面解放、全面发展、全面自由。**

讲政治就是讲民生、讲民权。正因如此，讲政治、讲政治文明，不是政府官员的专利，每个公民都有权利讲。

看了这篇文章，我不得不发问：现实的政治文明吗？我的心情是沉重的，因为匪夷所思的事情不断在周边发生。

在当今中国所有刊物中，《炎黄春秋》是相当出色的一份杂志，它刊登的许多文章回忆了从"新中国"成立到"文革"结束的历史，让人了解"国家大事"。可意识形态的强制性竟然产生这样情况：

《炎黄春秋》从创刊以来，主管主办单位一直是"中华炎黄文化研究会"。由于《炎黄春秋》的开明性、进步性，在某些领导人眼里，这个刊物已经成为呼吁"宪政"的一面旗帜，不能再听之任之。2015年，《炎黄春秋》在上级领导的干涉下，其主管主办单位终于被改为"中国艺术研究院"。这是为什么呢？中国大地之大，难道容不下一个刊物？生存空间之大，难道不能允许一个刊物发声？中国人民究竟有没有"出版自由"的权力？

按照《炎黄春秋》的常规，每年刊物举行一次"新春联谊会"，会上总有以"天下"为重任的仁人志士发言，然后在刊物上发表，启迪读者心智。2015年这个"新春联谊会"多灾多难，反反复复，最终还是没有得到有关部门批准。会没有开成，《炎黄春秋》的骨头可不软，它把原来应邀与会者的发言稿在2015年第5期上摘登了。意识形态部门害怕思想先驱者的心声竟然到了如此程度，这样的行为说明这些有权者懂政治了吗？

2008年3月13日《中国青年报》刘县书发表了文章《愿更多公民真懂"政治"》，提出了更高的愿望，值得当代人深入的思考：

今年两会上最热的议题是什么？涨价、环保、住房、反腐、机构改革、奥运？都是，也都不是。

要我说，最热的还是"政治"。因为人们已经开始认识到，"政治"是中国许多问题的根源，也是解决许多问题的钥匙；"政治"既关乎国家大计，也连着民生小事。

但不同的人对"政治"的理解是不同的，我要说，我们很多人其实还不真正懂"政治"……，懂"政治"，首先要真正懂政府的职能、懂政府与人民的关系。

……说某些人不懂"政治"，是因为我们理解的"政治"，不是代表委员向官员汇报、人民向党和政府感恩戴德的"政治"，不是暗箱操作、民可由之不可知之的"政治"……

政治的核心问题是如何分配权力、监督权力。新政治的前途不仅仅取决于官员、代表和委员，不仅仅是职业政治人的事，其实，每个中国人都将接受新旧政治变革的洗礼，或者说，是考试。每个人都会得到一个分数，表示你懂多少政治、懂了什么样的政治。

剑桥大学历史教授阿克顿说：**"政治生活不只是由阴谋诡计所构成，也由真理，由那些早已广为人知的真理所构成。"**

今年两会正逢改革开放30年大背景……我想贡献一个反思题目是：我们的经济头脑较之30年前，已恍如隔世，但我们的政治头脑呢？愿真正懂"政治"的公民越来越多！

刘县书的文章写得非常深刻，可现实社会却不能不让人发问：我们的社会允许公民懂政治吗？《炎黄春秋》组织一次座谈会的权力都没有，主管部门的目的无非是不让会议参加者发出声音扰乱"人心"！

政治并不深奥，"政治家"不是高不可攀，让"政治"属于人民，让"政治家"植根于人民，真正去意识形态化，让人都有脊梁骨、真诚地说话，只有这个时候，真正懂"政治"的公民才会越来越多！

"文革"的发动，正是由于当权者糟蹋"政治"、垄断"政治"话语权，不让中国人民懂"政治"，所以中国大地上才发生了各种各样的悲剧。

就是当前，"政治"仍然没有真正属于人民！

2015年6月3日，《解放军报》法人微博转载了中国社会科学院马克思主义研究院龚云的文章——《"起底"〈炎黄春秋〉》。该文章杀气腾腾地说：

2002年之后的《炎黄春秋》，虽然名义上仍是一份研究历史为主的综合性杂志，打着"秉笔直书"的幌子，但实际上变成了兜售历史虚无主义的大本营，其反对四项基本原则的政治倾向日益明显……

这一天，许多博客转载了龚云的文章，有的还加了批注，我们一起来欣赏一下：

……一份集中攻击共产党的杂志能长期在中国大陆存在，并能无阻传播，是何等不可思议。它以反对阶级斗争理论为突破口，以还原历史为幌子，或以点概全，或胡编乱造，长时间刊发毒害人们心灵的文章，成为诋毁共产党，毛泽东，社会主义制度人群的精神食粮，成为为西方"颜色革命"集聚力量的阵地……

《炎黄春秋》不愧是当今华夏大地最佳的反面教员之一。我们要高举马克思主义，旗帜鲜明地批判《炎黄春秋》此类刊物反社会主义的谬论，使马克思主义占领思想阵地，使社会主义红旗在中国天空高高飘扬。

我们再来看看针锋相对的声音。

"上海老顽童吴德余"发表了微博：

【揭开它的真面目！"起底"《炎黄春秋》】这篇由军报官微出面转载的长文充满了浓浓的火药味，赛过57年的《这是为什么？》、65年的姚文《评海瑞罢官》，清楚诏告天下：总攻开始了！

"看尽世上事"的微博：

歌颂的媒体有千千万，谈错误的仅《炎黄春秋》一份月刊，怎么就"给人印象尽是错误"呢？趁亲历者还没有死光，让他们写下一点儿亲历作为历史研究资料，也让后人引以为戒，这是利在当今功在千秋、对历史对人民负责的大事，难道只能把谎言留给后代吗？

"呆爸帅老头"的微博：

谢谢军报，让我知道世上还有值得一看的杂志。

"东海碰子"的微博：

《炎黄春秋》是目前中国大陆办得最好的一本杂志，有民主宪政的理念，敢于正视历史，直笔而言，启蒙人们的民主意识，何罪之有？开口马列，闭口专政的左棍们，到底意欲何为？

2015年6月6日，于泽远发表文章《批而不倒的炎黄春秋》：

代表中国军方立场的《解放军报》官方微博6月3日突然向《炎黄春秋》发炮，引发中外舆论的关注。有网民推测，这可能预示以"秉笔直书"为己任的《炎黄春秋》将遭官方整肃，该杂志命运堪忧。

这次《解放军报》官微批判《炎黄春秋》的火力十分猛烈。官微通过转发社科院学者的长篇文章，列出《炎黄春秋》的七大罪状，可谓刀刀见血。

不仅如此，文章更维护中共执政地位的高度得出如下结论：《炎黄春秋》是一份"集中攻击共产党的杂志"，"它抹黑毛泽东，抹黑英烈，虚无历史，实际上是把新中国的历史颠倒过去，为把中国拉回资本主义做舆论准备……"

于泽远下面一段文字，说出了实质问题

这篇《"起底"〈炎黄春秋〉》文章的作者龚云供职于社科院马克思主义研究院。应该说，文章真实地反映了坚持中共传统意识形态的官方学者对当今某些社会思潮的焦虑，因为这些思潮不仅和他们的意识形态有冲突，还可能让他们的研究价值大打折扣甚至没有意义。当然，这种焦虑不仅是研究马克思主义的学者，一些主管舆论宣传的官员也有同感。他们不能坐视有媒体公然挑战官方的意识形态和历史结论，《炎黄春秋》挨批也就不是什么新鲜事了。

　　龚云的文章不过是"文革思潮"的回光返照，是"权力文字"。
　　什么时候"政治"的春天真正来到，意识形态部门一统天下的局面被彻底打破，懂得政治的人才能雨后春笋般后浪推前浪。

后　记

一、“文革”前后我的心路历程

（写于 2004 年 9 月 9 日）

人是时代产物，“文化大革命”让我经历了思想上的“血色炼狱”。1964 年 7 月我大学毕业时，在《思想小结》中写了下述一段话：

首先让我衷心感谢党和人民对我的培养。在党和人民的培养下，我才能大学毕业。……我们每一个革命青年，都应当有远大理想，为实现共产主义而奋斗。我们要不断地提高自己的思想觉悟，要牢固地掌握“阶级分析”这个工具，努力工作和学习，使自己成为一个真正的无产阶级革命战士。……“学习雷锋”运动的开展，使我加强了对党、对人民、对祖国的热爱。我们应当坚决听党的话，坚决跟着党走，加强自己的思想改造。凡是有利于党的事业的事都应该去做，我们每一个人都应当成为一颗螺丝钉。……通过反对“修正主义”的政治学习，使我明白了国际上阶级斗争的尖锐性、严重性、复杂性。深深地认识到掌握阶级分析这个理论武器的重要性，苏联革命这么长时期，竟也产生了修正主义，可见思想革命的重要。……“反修运动”的开展，意义非常巨大，这是关系到我们国家要不要无产阶级专政、要不要把无产阶级革命进行到底的大问题。我们的党是多么英明、多么伟大！是真正的马列主义政党。我们的党为了捍卫马列主义而与修正主义展开坚决斗争，我们的党站在斗争的最前线。……资产阶级以各种方式腐蚀青年，所以我们应该加强自己的思想改造，随时提高警惕，防止资产阶级思想对我们青年人的腐蚀。……毛泽东思想是我们国家进行社会主义革命和建设的指针；是反帝、反修、反教条主义的强大思想武器。毛主席著作是我们青年革命化的最好的教科书，我们应该认真地学习毛主席著作，树立无产阶级人生观，投身到三大革命运动中去，和工农群众相结合，兴无灭资，走革命化的道路。……大学的生活结束了，我即将走上工作岗位，征途上会遇到各种各样的困难，但是我有决心战胜一切困难，把毕生的精力献给党的事业，成为一个出色的革命接班人。

当代人和后来人，看到这一段八股文字，一定会哈哈大笑：这么幼稚，这么天真，这么单纯，这么教条，字里行间充满着政治口号。但是，在那个年代，我们这些还没有踏上社会的青年学生，确实是这样想的。长期的政治熏陶和学校教育，形成了我们的信仰：

一切要听党的话，一切听从党安排，对一切事情都要进行阶级分析，知识分子一定要加强自己的思想改造。千万不能忘记阶级斗争。

那时候的我们，是一群没有自己思想的青年人。
请看我在 1965 年 5 月 23 日写的文字：

我们需要伟大的领袖吗？需要，万分需要！否则我们为什么要说毛泽东思想是不落的太阳呢？
毛主席的心胸是最开阔的，气魄是最宏伟的，他集中了我们民族的一切智慧，他具有无产阶级的一切美德。
我们的国家从那样一个烂摊子变成为今天这样一个强国，这固然与六亿神州的革命干劲分不开，与毛主席的领导也是分不开的。换一个领袖，我们未必有今天的成就。

今天读来，觉得这些文字是多么的幼稚可笑！

"文革"前夕，林彪题词的《毛主席语录》风云一时，我渴望能有这本小红书，于是，我就向别人借来《毛主席语录》，一页一页地抄写下来。同时，还认真地学习四卷《毛泽东选集》，有时还会写一些心得体会。

当 1966 年毛主席挥巨手，发动"文化大革命"的时候，我热血沸腾，欢呼"文革"运动的开展。我牢记毛泽东的教导——"反修防修"是国家的头等大事，阶级敌人可能就在我们的身旁，我们必须改造自己的非无产阶级思想，牢固地树立无产阶级世界观。我真诚地认为：

"文化大革命"是一场深刻的社会主义革命，是一场触及人们灵魂的大革命。

日记是人的心灵窗口，下面引用我当年的日记，它们展示了我在"文革"初期的思想动态：

1965 年 11 月 30 日：

下午办公室里大家议论起姚文元《评新编历史剧〈海瑞罢官〉》一文。

11 月 10 日《文汇报》刊登了姚文元的文章，批判了吴晗同志的观点、立场，认为京剧《海瑞罢官》是一株大毒草。昨天的《解放军报》转载了这篇文章，并且加了编者按，也认为《海瑞罢官》是一株大毒草，要每个战士很好地嗅一嗅。

对这篇文章的观点还很难下结论，我要好好地学习。

1965 年 12 月 1 日：

昨天（11 月 30 日）的《人民日报》对姚文元文章《评新编历史剧〈海瑞罢官〉》加了按语。今天《文汇报》又发表一篇反面文章并且加了按语。明天政治学习是学习《王杰日记》。

1965 年 12 月 6 日：

今天学习周扬的文章《哲学社会科学工作者的任务》。

1965 年 12 月 9 日：

下班前，同事和我一起讨论《海瑞罢官》等问题。很有启发，深感自己缺乏对问题的分析能力，不能一针见血地看问题，嗅觉不够灵敏，辨别是非的能力不够强，对一些问题还不能有自己的独立见解。但是我认为这不要紧，只要今后自己努力，在大风大浪中经受锻炼，多动脑筋，多实践，相信自己的能力会大大增强。

1965 年 12 月 12 日：

吃完早点后我看了《红旗》上戚本禹写的文章《用正确的态度对待历史》。

1965 年 12 月 21 日：

今天上午一个小时的政治学习是学习王杰座谈会。上个星期六下午我们去参观了王杰事迹展览会。

1965 年 12 月 27 日：

学习了毛主席的《实践论》和《在延安文艺座谈会上的讲话》。《实践论》也不知道看了多少次了。但是今天来看，仍然很有收获。毛主席说，生产活动是人类的最基本实践。现在想来，毛主席说的话非常有道理。人只有参加了社会的生产活动，才能对社会、对人与人之间的关系、对自然规律和社会规律有所认识。我要好好学习《实践论》，并且要多多联系实际来分析问题。

1966 年 1 月 6 日：

学习了方求的文章《这是一种什么社会思潮？》。

1966 年 1 月 8 日：

今天看了《文汇报》上刊登的一些大学历史系教授以及有关工作人员参加的座谈会（对报纸上发表的吴晗文章"关于《海瑞罢官》剧本的自我批评"进行座谈）的报道。还看了《光明日报》哲学版上刊登的文章《封建道德的继承问题》。

1966 年 1 月 16 日：

这一阶段开始学习艾思奇主编的著作《辩证唯物主义和历史唯物主义》。

1966 年 2 月 4 日：

今天上午看了昨天《文汇报》上李平心写的文章《评价"循吏""良吏""清官"的历史方法》。好文章，对文章中的观点我基本上同意，原来自己对一些问题的思考也就是这样，他说出了我的心里话。

1966 年 2 月 9 日：

上午再次看了姚文元的那篇文章，得益不少。然后又看了吴晗的自我批评文章。我要加强自己对事物的分析能力。

1966 年 5 月 10 日：

今天晚上 7 点到图书馆看报纸。昨天报纸上刊登了揭发"反党反社会主义分子"的材料，揭露《北京日报》《前线》杂志包庇邓拓。

文人历来习惯于借笔墨来发泄自己对社会、对现实的不满情绪。他们常常旁敲侧击、阳奉阴违、借古讽今、指桑骂槐，隐晦曲折地表达自己的观点或者发泄自己心中的怨气。

所以，任何一个朝代从来没有轻视过对"秀才"的"改造"。决不能忽视"秀才造反"，决不能忽视"犀笔"这把锋利的刀把子！

1966 年 5 月 14 日：

今天晚上看了一会儿报纸。报纸上许多材料揭发《北京日报》《前线》杂志扣压大量批判《燕山夜话》的稿件。这些牛鬼蛇神依仗着手里的权力，进行着各种龌龊的勾当，其手段极为卑鄙恶毒，他们对党对社会主义怀着刻骨仇恨。

一场轰轰烈烈的文化大革命已经揭开序幕，工农兵登上了政治舞台。他们挥舞"犀笔"，要横扫一切牛鬼蛇神。马列主义、毛泽东思想一旦被群众掌握，就会化成巨大的物质力量！

1966 年 6 月 4 日：

今天报纸报道，中共中央宣布北京市委进行改组，第一、第二书记都换了人。并且派了工作组到北京大学，北京大学党委正、副书记（校长）都撤职。

1966 年 6 月 10 日：

近来文化大革命势如潮涌，以雷霆万钧之力、排山倒海之势，一泻千里，向前发展，使一切牛鬼蛇神迅雷不及掩耳！

文化大革命是一场深刻的社会主义革命，是一场触及人们灵魂的大革命，将对我们国家目前的一切和国家的未来、世界的未来产生深远的影响。

近几天报上又登消息：上海音乐学院揪出反社会主义分子贺绿汀；《万水千山》的编剧陈其通也有问题（支持《抓壮丁》的演出）。

1966 年 6 月 11 日：

　　上海的文化大革命波澜壮阔、汹涌澎湃，以高屋建瓴之势，向一切牛鬼蛇神开火。每个单位都在写大字报，在继声讨邓拓之后，各单位都将矛头转向本单位，要揪出形形色色、大大小小的牛鬼蛇神。阶级斗争是尖锐的。为了使江山永不变色、永葆红色，必须对一切牛鬼蛇神实行无产阶级专政。

　　1966 年 6 月 19 日：

　　今天从报上看到：国务院决定改革高考招生制度，彻底打垮旧制度。

　　1966 年 6 月 26 日：

　　听说党内已经传达，彭真主要罪行是抵制毛泽东思想，罗瑞卿为彭德怀辩护，陆定一也有问题。

　　彭真可谓一条名副其实的老狐狸。他表面上拥护毛泽东思想，暗底里却干着反对毛主席的行为。今年年初北京市委号召干部学习毛主席著作，可背后他却诋毁毛泽东思想。他阳奉阴违、用心险恶。这个反党大"将帅"不揪出来，祖国的命运将会不堪设想，这种人会变成赫鲁晓夫第二。

　　小妹妹读书的中学有部分学生打老师，甚至叫一些老师跪在操场上。出现这种现象是不对的，需要学校的领导很好地加以引导。

　　1966 年 7 月 2 日：

　　今天下午从昨天的《解放日报》上看到，中央宣传部副部周扬是文艺黑线的"祖师爷"，一切坏作品的产生，根子都在他那儿。

　　1966 年 7 月 5 日：

　　今天上午学习文件，接着党团员与战斗小组一起，分析 B 写的活报剧与相声。这两篇东西是他在 1962 年年底创作的。

1966 年 8 月 13 日：

今天下午听了八届十一中全会公报，心里万分激动。革命形势大好，我们党中央及时召开全会，对这几年的客观形势作了客观分析，指出新的任务、新的方向，犹如下了一场及时雨，给全国人民以莫大的鼓舞。

1966 年 8 月 27 日：

这几天红旗林立、锣鼓声喧天，到处都有造反队、红卫兵在游行，横扫"四旧"。你是"奶油包头"，红卫兵就要把你的头发剪掉或者往你的头上抹浆糊；你穿小裤脚管、火箭皮鞋，红卫兵就要把你的小裤脚管剪破、把你脚上穿的火箭皮鞋脱下来一刀切断。一些贪污分子、四类分子被红卫兵戴上高帽子进行游街。红卫兵们雷厉风行，组织起来，到一些大资本家、四类分子等有问题的人家里抄家。

工会把过去演古装戏用的服装都烧光了！

革命不是请客吃饭。在革命风暴席卷、革命群众斗志昂扬的时候，各种情况都会发生。

中国人民（由革命小将当先锋）要亲手把旧社会遗留下来的毒害劳动人民的精神枷锁彻底砸烂！封建主义、资产阶级的"四旧"要一扫而光，无产阶级的革命精神要大大发扬！这一切是史无前例的革命创举！

1966 年 9 月 4 日：

今天下午与弟妹们一起到南京路外滩去看大字报。这场文化大革命是一场深刻的革命，振撼了旧世界，给暗藏在每个角落的老寄生虫、吸血鬼以猛烈的抨击！通过这场运动，中国人民的政治觉悟将大大提高，中国将会出现一个飞跃！

1966 年 9 月 18 日：

今天一天都与弟妹们上马路看宣传传单、大字报去了，实实足足走了一整天。离开国庆节还有 12 天，但是整个上海市似乎像在过节一般。马路上是一片红色，成为"红海洋"，到处都刷上了毛主席语录。

马路上张贴的传单非常多：有周恩来讲话、陶铸讲话、张平化讲话……；有揭穿"谈建华日记"画皮的传单，有"林枫迫害艾思奇"的传单，有"乌兰夫罢官"的传单，有文艺界黑帮名单，有京剧界黑帮名单……总的说来，革命浪潮一浪高一浪！

这是"乱"吗？不！只有这样的"乱"，才能乱出一个新世界，才能乱出一个新中国来！我们说这样的"乱"好得很！好得很！

看来，党中央是经过改组了，这也是一番斗争啊！

1966 年 10 月 19 日：

同事把清华大学的《日柬》给我看。看完之后，感到阶级斗争真是尖锐。革命与反革命的生死搏斗，非常曲折。革命小将敢作敢为，无所畏惧，"舍得一身剐，敢把皇帝拉下马。"日柬中说，刘少奇坚持了资产阶级反动路线，走错了路线，王光美也是这样。

1966 年 10 月 26 日：

今天看了一份周总理的讲话和王光美的检查。

1966 年 11 月 13 日：

这两个星期好像形势变化很多，火药味道很浓。有的高校（复旦大学、交通大学等）分成好几派，发生抢档案情况。11 月 9 日在人民广场斗争了曹获秋。

1966 年 11 月 14 日：

小将今天占领了广播站，晚上在大礼堂开大会，造党委的反。有的人说："这都是大学生来煽风点火的结果。"

1966 年 11 月 15 日：

我对单位里"人整人"中出现的一些不正常现象，感到不理解。这些现象违背"党的政策"。我决定就单位里的现象给上海市文革小组写一封信，反映我们单位开展文化大革命运动的情况。信明后天发出。

1966 年 11 月 18 日：

这一阶段各个单位开展了对资产阶级反动路线的批判。

1966 年 11 月 20 日：

风雷滚滚，战鼓隆隆。当前，单位门口、宣传栏旁，大字报不断地出现，向资产阶级反动路线展开尖锐的批判。形势好得很！

资产阶级反动路线与无产阶级革命路线最根本的区别，就是对待群众的态度。

1966 年 11 月 23 日：

看电影《毛主席第三次接见红卫兵》。

1966 年 11 月 24 日：

今天清晨我把马路上宣传栏旁边贴的大字报《蒯大富写给叶林的五封信》从头到尾读了一边。一边读，一边眼泪就不断地流下来。

蒯大富真是一位硬骨头的革命战士。一个小小的青年人，一个默默无闻的大学生，竟敢向堂堂的最高学府的工作队队长叶林提意见，竟敢向国家主席夫人王光美提意见，这不是天下第一奇闻吗！以毛泽东思想武装起来的新中国青年，天不怕、地不怕，敢于斗争、善于斗争！不是反革命，为什么要接受"权威"送给的"反革命"帽子呢？蒯大富在那样孤立的处境中，身受重重包围、打击，但是他能够挺得住，他不愧是一个无产阶级的革命英雄！

1966 年 11 月 24 日：

今天《反到底》战斗队在活动室召开招待会，南京大学的一位学生讲了一个小时的话。这次文化大革命对青年人真是一次很大的锻炼。革命小将在这次运动中成了先锋，他们到处煽风点火，煽起无产阶级革命之火，把社会的革命运动推向前进！

今天的发行的《解放日报》都被夹了"上海红卫兵总司令部"出版的《革命造反报》。报道上海红卫兵向执行资产阶级反动路线的上海市委猛烈开火。22 日，聂元梓在文化广场大会上发言，她亲自率领北京大学一部分红卫兵到上海揪大叛徒常溪萍。他们要火烧曹荻秋，揪出杨西光，罢免杨永直，打倒常溪萍。

1966 年 11 月 27 日：

上海市委办公厅秘书室来了回信，要求我把单位地址告诉他们。

1966 年 12 月 1 日：

今天下午有六个战斗队批判工作队执行资产阶级反动路线。

1966 年 12 月 4 日：

今天下午，"捍卫毛泽东思想总部"召开"揭发控诉 H 罪行大会"。

通过这些摘录的枯燥无味的日记文字，可以看到，在 1965、1966 年，我的心情相当平静，思想十分单纯，我充满着革命豪情，真诚地拥护毛泽东发动的"文革"，没有对这场运动的开展产生过丝毫的怀疑。

当"文革"的号角吹响，《人民日报》社论《横扫一切牛鬼蛇神》与"全国第一张马列主义大字报"发表以后，中国社会出现一片打倒声。今天这个被揪出，明天那个被斗争，大大小小的"领导"、形形色色称为"××家"的人、一切有"历史问题"和"思想问题"的人，随时随地都有可能成为"牛鬼蛇神"而被挂牌示众。那时，我深深地相信党中央，对毛主席亲自发动"文革"的意义深信不疑。我写给上海市文革小组的那封信，对我单位"整人"的情况提出了我的一些疑问，这是因为我是一个比较纯真、正直、朴实的年轻人，不习惯单位里以"莫须有"罪名来整人。但是，在发这封信时，我心中还是有点害怕的，害怕被人说成"阶级立场"不稳。所以写这封信的时候，我没有向上海市文革小组领导说明我工作的具体单位，而只写上了家庭通讯地址。

1966 年 11 月上海市委办公厅秘书室给我复了一封信，要求我告诉具体工作单位。我很高兴收到这封回信，但是我没有回复，害怕信会转到工作单位给自己带来麻烦。

哲学说得好，"存在决定意识"。我无论如何也没有想到，1967 年 1 月我到北京"串联"观光，我的思想竟会逐渐发生变化，思想开始走上了不归之路。

1967 年 1 月 22 日的日记：

7 日中午乘上火车，9 日到北京。下了火车，我决定步行到住宿地方，这样，一路上也可以看些大字报。

11 日下午我去中宣部看了大字报。12 日仍然去中宣部看大字报。13 日上午去军事博物馆看展览会，下午去文化部看大字报。15 日去北京大学、清华大学看大字报，16 日就回工作单位了。

1967 年 2 月 4 日的日记：

这次去北京，没有参加什么大的活动，比较值得的是看了一些大字报。的确，现在我的思想犹如长江怒涛，一浪赶一浪，想的问题可谓深沉矣！**有些问题，我百思不解，百思不解啊！可说现在的思想混乱极矣！**但是，我现在不想把它写下来，让日月来下结论吧！

1967 年 3 月 30 日的日记：

恍恍惚惚的，日月在不知不觉的流去。我不知道应该在日记中写些什么东西？但是，实际上我最清楚在日记中应当写上什么，可笔儿现在一碰上这日记，思想就似乎凝滞了，正像我的心一样凝滞，凝滞！冻结，冻结！但你说我的心完全凝滞、冻结了吗？又不是那么样！近一阶段想得非常多，对一些事物完全有自己的看法，如果要写，又觉得头绪纷沓，不知道从何写起！可是，我知道我应当把自己想的东西都写下来，以作来年的历史见证。

1967 年 1 月我到北京去了以后，为什么思想会渐渐发生变化呢？

在北京，我看到了"文革"的"副产品"。在马路上，在一些政府机关与文化部门里，我看到了铺天盖地的大字报景象。我在各大学收集了形形式式的资料，在马路上购买了各类造反报，通过对这些大字报与资料的浏览，我的思想突然莫名其妙地开了无轨电车。

我到北京的时候，正是"打倒中国最大的保皇派陶铸"口号声甚嚣尘上的时候。马路上到处可以看到"打倒陶铸"的巨幅标语和批判他的大字报。于时，我的脑海里出现了一系列的问号：陶铸从地方提拔到中央成为国家领导第四把手才半年多，且是中央文革小组的顾问，他对在刘少奇、邓小平所犯错误的定性上与别人有不同的看法，为什么不可以？现在因为他和中央文革小组在某些问题看法上发生分歧，中央文革小组在接见红卫兵组织时就煽风点火，说“陶铸是中国最大的保皇派，保刘少奇、保邓小平”，把陶铸端出来示众，这符合不符合党的纪律？为什么陶铸一有问题，他从中南局带上来的干部王任重、张平化等就都有了问题？我对权倾中华的中央文革小组产生了对立情绪。我为陶铸鸣不平！

在北京，我收集到了红卫兵画的漫画《百丑图》，中央领导的极大部分人都上了《百丑图》，成为“走资本主义道路的当权派”需要打倒。我不免产生疑问，难道我们国家领导的大多数人都有问题吗？朱德和毛主席一起闹“革命”，为什么现在成了“黑司令”？贺龙为什么成了“大土匪”？我想不通。

“群丑图”让我产生对立情绪：毛泽东与众多高级干部朝夕相处，怎么别人都有问题而他能够独善其身？油印的小报上报道说彭德怀离开北京前夕，毛泽东还“推心置腹”地与彭交流，可彭到了成都后，姚文元为什么又公开批判彭德怀？

从北京回来以后，我就开始了对“文革”的思考，想的问题越来越多，越来越深刻。1967 年成为我对“文革”进行思考的一年，是我人生中心情最苦闷、最压抑的一年。

当时红卫兵和革命造反派组织出的战报满天飞，我就到处收集这些起了各种名称的战报。这些战报有手刻油印的，有排版铅印的，内容有中央领导在各种场合的讲话、被打倒对象的“黑话”和他们“反党反社会主义反毛泽东思想”的罪行……。这些“小道消息”成为我知道国家大事的信息渠道，成为我思考“文革”中发生的各种问题的最好养料。休息天我在上海到处看大字报，认为有价值的东西我就手抄下来。想不到一个 26 岁的青年人，竟会对政治发生浓厚兴趣，竟会对祖国的命运感到深深的忧虑。

这一年里，大大小小的问题在我的脑海里逐渐进行过滤：

毛泽东和中央文革小组所批判的资产阶级反动路线，和广大人民群众所要批判的资产阶级反动路线，是不是同一回事？人民群众所要批判的资产阶级反动路线是不是刘少奇、邓小平提出来的？人民群众所要批判的资产阶级反动路线，是在什么时候开始存在的？为什么"四清运动"中派工作队是对的，而在"文革"中派工作队是错误的？全国大张旗鼓地批判刘少奇的"黑六论"（指"阶级斗争熄灭论""驯服工具论""入党做官论""党内和平论""群众落后论""公私融合论"。"公私融合论"即"吃小亏占大便宜"），这"黑六论"究竟是不是刘少奇提出来的？《共产党员修养》我看过多边，给我印象最深刻的是"一个人在工作中应该受得起委屈"，现在怎么成为大毒草呢？为什么国家大事完全是毛泽东和中央文革小组说了算呢？

1967 年 3 月 31 日的日记：

今天早上中央人民广播电台广播了《人民日报》发表的对清华大学工作队的调查报告，并批判了刘少奇的著作《共产党员修养》。戚本禹发表一篇《批判〈清宫秘史〉》文章。

1967 年 6 月 18 日的日记：

最近，看了电影《清宫秘史》。

戚本禹在他发表的文章《爱国主义还是卖国主义？——评反动影片〈清宫秘史〉》中，杀气腾腾地向刘少奇问了八个问题，可是究竟有多少说服力呢？后来我在"小道消息"中看到了刘少奇的检查，他回答了戚本禹的八个问题，我认为刘少奇这一会儿似乎有点醒悟过来，开始认识到自己执行"资产阶级反动路线"是别人设下的"罪名"，自己并不是始作俑者。这个时候我认为刘少奇有点儿骨气了。在我看了电影《清宫秘史》后，我更加不明白为什么对一部电影要如此大开杀戒？

后来，在各种《战报》中，我看到刘少奇对自己的子女和王光美的谈话："我不做国家主席也可以，让我回到老家去种田。只是不要再对国家的一大批干部这样斗争了。"我就想，刘少奇现在清醒了，可是为时已晚了。刘少奇为什么要这样想与这样说呢？毛泽东和刘少奇究竟发生了什么矛盾？

1967 年上半年，我所在的单位发生戏剧性的变化：3 月上旬驻我们单位的解放军取缔了造反组织；下旬，驻军宣布军事管制我们单位；5 月上旬又为该造反组织平反。这一切就好似雾里看花，莫名其妙。

1967 年 10 月 12 日的日记：

这几个月来，祖国发生了翻天覆地的变化，形势发展得非常快。在这样激烈动荡的岁月中，人的思想变化自然是深邃的了！量变到质变，在这一年中，我的思想逐渐起着变化，到今天可以说已经完成了一个飞跃！这个飞跃连我自己都想不到。每当我翻开这个日记本拿起笔的时候，我的心情是沉重的。犹如千斤石头压在胸头，闷沉异常，简直透不过气来。

按理，日记可以无话不写。但是，就在这本日记上，这四个月来，我没有写下自己应该写的一些话。有的是因为出于心情，当时不愿意写它；有的是想写，但是不能写，只能让它们藏在脑子里；有的是写了一半，还有一半真实的思想只能把它们放在一边……

当我今天拿起笔时，要写些什么呢？……那种悲愤的心情又开始袭击我的心头，使我不时停下笔来……

思绪的纷乱、心情的沉重，叫我写不出东西来。我知道，我应当抛弃这种沉重悲凉的心情，应该为真理而战斗！

文化大革命武斗风遍及全国，惨烈程度叫人难以形容……

面对这样群众斗群众的景象，叫人痛心！死，死的谁？伤，伤的又是谁？苦，苦的又是谁？群众斗群众，固然有其历史、社会根源，但群众是无罪的，应该归于资产阶级反动路线。所以，看到这种现象，令人痛心！我认为，群众之间应该大联合。打击一方，支持一方，是极端错误的，对群众组织就是要和稀泥。不过，要做到这一点是非常困难的，**因为这条资产阶级反动路线不可能被彻底批判透，它的反动实质目前还不能被广大人民群众所理解。**

在上面这篇日记里可以看到，我已经对资产阶级反动路线有自己的独立见解。

我甚至产生如此看法：

毛泽东离开北京，让刘少奇派工作队进入学校，然后扣上刘少奇执行资产阶级反动路线的罪名，这是一个大圈套。而在我们的现实生活中，确实存在一条资产阶级反动路线。

1967 年下半年，我的心情变得非常差，痛苦得难以自拔。

通过造反派的"战报"，我了解到姚文元写的《评〈海瑞罢官〉》文章，是江青、张春桥在上海组织搞的，经过毛主席审阅。毛主席说："给周恩来同志看一看。"江青说："不要了，给他看了，那么刘少奇也要看了！"当我看到这一段"小道消息"时，我心里什么样的滋味都有：这不是在搞阴谋诡计吗？我对"文革"产生了疑问。

我又从"小道消息"里看到：罗瑞卿在没有打倒以前，从内部消息中知道"姚文元写的《评〈海瑞罢官〉》文章是经过毛主席审阅的"，于是，他马上打电话给《解放军报》，要他们立即转载《文汇报》刊登的姚文元文章，并要求加上编者按语："《海瑞罢官》是一株大毒害草。"看到这一段消息，我有点瞧不起罗瑞卿，难道为了向毛主席表明自己站稳阶级立场，就可以不问青红皂白吗？罗的人格到那儿去了呢？我不由叹息：大是大非难道就可以这样草率吗？

从造反派油印的《战报》材料中，我看到了罗瑞卿被打倒时的定案材料。不看不知道，看了以后我悲愤难禁，怒火中烧：这材料难道就是反党反社会主义反毛泽东思想的罪行？罗瑞卿说"毛泽东思想不是顶峰"，这有什么不对？难道这就是我们国家上层领导的政治生活？在讨论罗瑞卿罪行时，中央领导难道没有一个人有一点正义感？难道所有参加会议者都糊涂地举起双手表示同意？我为罗瑞卿感到悲哀！他成了权力斗争的牺牲品。

我看到的“战报”和大字报越多，思考的问题就越多，我给自己背上了沉重的精神枷锁。在这半年多的时间里，我一边对“文革”发生的种种问题进行思考，一边开始在一个专用的本子里写下了自己对“文革”的个人看法。

写啊写，我写下了许多与官方背道而驰的观点和见解。写下了我对个人崇拜的厌恶，写下了对毛泽东、林彪、江青、姚文元的看法；写下了对资产阶级反动路线的看法。我甚至分析了毛泽东发动“文革”的战略步骤：打倒的官员是文武交替。他发动“文革”是早有准备，他不断地搞个人崇拜并逐步升级。1964 年放的电影《东方红》就是为他歌功颂德；他畅游长江就是向全国人民表明自己不怕大风大浪，在全国人民的心目中进一步树立起新的威望。他设下圈套“请君入瓮”，给刘少奇、邓小平扣上了“提出、推行资产阶级反动路线”的罪名。我认为中央发生了不流血的“政变”，因为向人民夺取权力就是“政变”，为什么一定要墨守中国传统的“正统”观念、向“皇帝”夺权才是“政变”呢？

写啊写，我让自己的思想遨游，让自己忧国忧民的心情一泻千里地发泄在笔墨底下。**“苟利国家生死以，岂因祸福避趋之。”**林则徐的诗一直在鼓励着我。我内心的痛苦非笔墨能够描述，我为祖国的命运担忧，我们国家怎么会走到这种地步？啊，想不到，我的思想竟会和社会舆论、“文革”的“大好形势”格格不入！我竟会对国家的最高权威毛泽东、林彪和江青的所作所为产生看法！我不由感到害怕，自己怎么会产生那么多的“反动思想”呢？我难道是一个潜在的“思想反动分子”？

我是一个长期接受党教育的年轻人，怎么现在竟然会和党的声音唱反调？可我无法控制自己的思想驰骋。我接受了党的政治熏陶，可我也从文学著作、电影、戏剧、连环画等等传统文化中吸取了精神养料。我有牢固的信念：一个人必须真诚、一个人必须说真话！所以，我不想做一个人云亦云、没有思想灵魂的人。我感到彷徨，我毕竟是一个弱者，外面的世界高唱着对毛泽东和"文革"的赞歌，而我的思想观点却与之对立。我又不能和别人谈论我对毛泽东、林彪和"文革"的看法，如果那样，只要有一个人去告密，那么我这个"思想反动分子"立刻就暴露在光天化日之下，铁牢将等待着我。

我在那些"战报"和"大字报"中漫游，我的思想在不断地深化。忧国忧民的心情整日折磨着我，我整日长吁短叹、忧心如焚，不知道如何从苦闷、迷惑的困境中走出来？在这里，应当感谢我的弟妹们，他们看到我整天愁眉苦脸，就经常陪我打扑克消磨日子。

1967年9月8日《人民日报》发表姚文元的"重型炮弹"《评陶铸的两本书》，我看了文章之后义愤难禁、怒火中烧，姚是毛泽东钦定的革命"左派"，可我却认为姚是在搞文字狱。于是，我把愤怒凝聚在笔端，写了长篇文章《评姚文元的〈评陶铸的两本书〉》，批判了姚文元玩弄"文字狱"的卑劣伎俩，我认为是姚文元对陶铸采取了"欲加之罪，何患无词"的做法。事情发生在光天化日之下，姚文元信口雌黄的文字与罪恶行径，神人共愤！陶铸的耿耿丹心，剖胸也难明啊！"天若有情天也老"，老天都应该为陶铸洒下同情之泪。文章写完后，我常常会拿出来自我欣赏，释放郁闷的心情，根本没有考虑到社会是不能容忍此篇文章的，统治者凭这篇文章就可以判我死刑。我成为一个孤独的愤世嫉俗者，若是问我思考的勇气从哪里来？应该是受传统文化的影响，加上母亲正直、真诚、热情的性格影响了我。我认为，人必须活得得真诚，不欺骗人，不被人蒙蔽。

11月底或者12月初的某一天，我正在全神贯注浏览这篇文章的时候，我的母亲正好上楼来，我听到了她快到房门口的脚步声时，就赶紧把写有这篇文章的笔记本往床单下一塞。我的行动显得有一点鬼鬼祟祟，母亲肯定心中打了一个问号。这为我12月12日去桂林旅游后，父母抄我的物品而烧掉我的文字笔记本埋下伏笔！

我那时凄凉又困惑的心情现在的人可能很难理解，也可能会有人笑我是一个傻瓜蛋，就是现在，我都有点惋惜自己那时候太"作茧自缚"了！

1967 年 11 月 30 日的日记：

前几天我到北京去了。参观了红卫兵造反成绩展览会。

心也碎，思也碎，笔也碎！

心也苦闷，思想也苦闷，笔儿也苦闷！

愁人愁思愁文章，只怕把笔儿提起！

1967 年 11 月，我第二次到北京，回来后我的心情变得更加低沉。在北京我看到了《三审王光美》的材料，我看到照片上王光美头戴破草帽、颈挂乒乓球串成的"项链"、身着旗袍，我感到痛心疾首：堂堂的国家主席夫人竟遭到如此摧残，这不是对我们国家最大的污蔑吗？我悲愤难禁，为王光美洒下同情之泪！（不考虑她在清华大学执行了什么路线！）但是我更为王光美感到骄傲，她作为一个女性，在这样的群众斗争场合中，显得如此从容不迫、临危不惧，她回答问题时，铿锵有力，镇定和沉着远远胜过一些须眉在挨斗时的困相。回到上海我就在小本子中写下了我的感想。

在这一阶段写了三首诗，第一首为："妖娆文痞做官梦，人格尊严脑后送。石榴裙下双肩耸，笔下生花起恶讼。是非黑白戏作弄，浑水摸鱼图恩宠。果若文章长骗众，要这文字有啥用！"

这首诗是针对姚文元的文章《评陶铸的两本书》而写的，我愤怒地发出心声："如果这样的文章能够永远欺骗老百姓，那么我们创造的文字又有什么用？"第二、三首诗完全表露了那个时期我忧国忧民的心情："千秋功罪谁评说？"我相信真理是颠扑不破的，一小撮野心家"螳臂当车，自不量力"，胜利一定会属于人民。但是这个黑白颠倒而使人感到渺茫的时期什么时候能够结束呢？谁也不能预料！

我是一个不会写古诗的人，对于平仄声没有研究，但这三首诗是我当时真实的心情。因为我这类诗写得不多，所以我把这三首诗背了出来。

1967 年 12 月 28 日的日记：

我于 12 日去桂林玩。22 日回到家。

这次旅行，我不慎把一个笔记本丢失，再也找不到了，叫人十分痛心！

1968 年 1 月 8 日的日记：

新的一年已经开始。现在，我再也不能像过去的岁月那样，在每年的年初给自己提出一些奋斗的目标。现今，我的心灵复杂、思想多变、感叹万千！而那本日记呢？似乎已经死亡，我怕看见它，更怕写它！就让它死亡吧！

当我从桂林回来以后，我想看看专门记录我对"文革"思考的笔记本，重温我写的批判姚文元的文章，并准备继续写一些东西，但是翻箱倒柜就是找不到它们。我猜想可能是我的父母亲把它们藏起来了。于是，我就向我的父亲索讨我的东西。我对父亲大发脾气、甚至掀翻桌子，一定要父亲把我写的东西交出来。可是父亲无论如何也不肯拿出我写的东西，并且也不肯回答这些东西究竟给放到什么地方去了。后来我终于从妹妹那儿知道父母亲已经把它们烧掉了。当时我真是"五内如焚""寸心如割""丧魂落魄"，心爱的文字就此一去不复返了！要知道那是我的精神寄托，那是我忧国血泪的结晶，我和它们相依为伴，我怎么能够失去它们？我整整在床上躺了几天，神思恍惚，不知所措。一个年青人就这样自己折磨着自己：为我深深地热爱的祖国的命运担忧，为中国广袤大地上发生的颠倒事情愤怒和忧愁。现在回忆往事，我的笔无法描写出我那个时候的悲凉心情。但是，烧去的东西是再也回不来了，我总得继续生活下去。我不能折磨我的父母，他们是如此的爱我，怎么能够让他们为我牵肠挂肚？我应该逐渐从痛苦中摆脱出来。1968年2月，我到单位上班的时候，同事们都说我怎么一下子变得这么老？鼻子两边都出现了皱纹。

事实情况是，在我去了桂林以后，父母搜查我的物品。他们看到我写的东西这么反动，当时的心情一定是胆战心惊、害怕之极。在当时的形势下，这可是弥天大罪！只要偶一疏忽，我必死无疑，并且要连累整个家庭和我的弟妹。烧掉它们是家庭的唯一出路！当然，这些文字如果能够放到现在，那一定是非常有价值的了！文字是感情的产物，"书生意气，挥斥方遒"，现在我写不出当时那么真诚、那么尖锐、那么有思想的文字！

岁月已经过去快近四十年了，花甲之年我开始来写这一段回忆，似乎仍然一切历历在目。事过境迁、星移斗转，祖国发生了翻天覆地的变化，回忆当初，我仍然有些淡淡的悲哀。我应当感谢我的父母和我的弟妹，是他们深沉的爱，使我度过那一段艰难的岁月！可怜天下父母心，当时我是不应该向生我养我、如此关心我的父母亲发脾气的。父母亲作为善良的劳动人民，他们怎么能够想到"文革"是一场不流血的"政变"呢？他们怎么能够想到"文革"要给中国人民带来灾难呢？他们只需要家庭的平安啊！

1968年8月19日的日记：

今天我在单位把250份《红卫兵战报》卖掉了（原价，我不是为了赚钱而是一片热情），以宣传政策。

1968年8月21日的日记：

半年前，我曾经陷入非常痛苦的情景之中，以至使自己的身体十分消瘦。2月份上班后，我决心从这痛苦中自拔出来。我买了月琴、笛子，做了一个逍遥派。就这样，度过了一天又一天。但是，人是不会停止思维的。人无时无刻不在思维和思考，所以，从这个意义上来说，这半年仍然是有收获的。

从父母烧了我对"文革"的批判文稿后的几年里，我再没有写过这方面的文字。我从小知悉"国家兴亡，匹夫有责"的格言，可是，我一个小小的书生，再忧国忧民，也无济于事，因为这个社会，绝对不允许有与最高权威不同的声音发出，我怎么能够公开批判最高权威呢？如果我天真地向社会发出我的心声而试图去唤醒民众，这无异是"飞蛾扑火，自取灭亡！"我不应该再作茧自缚了，我应该从自己设置的牢笼中解放出来。小小百姓，救不了国家，我决定摆脱自我折磨的困境。**"风声，雨声，读书声，声声入耳；国事，家事，天下事，事事关心。"**我可以关心国家大事，但是我不能糟蹋自己，我应该善待自己的生命。于是，我一个不喜欢音乐的人，特地去买了月琴、笛子，下班以后，我开始弹弹月琴、吹吹笛子，虽然我的水平是那样的差！

在那个时候，我逐渐产生了这样一个朦胧的愿望：我将来应该写一本"文革"的书，要写下我对"文革"的思考，要写下我们这一代人的苦难，要揭露这个社会存在的弊病和人斗人的残酷，要分析产生社会不合理现象的根源。虽然"文革"什么时候结束是一个未知数，但是我坚信"白色恐怖"总会有结束的时候。从此以后，我有了另外一种动力，我不再苦闷和彷徨，我开始冷眼向洋看世界：我要看看统治者有多少戏剧性的表演？要看看封建独裁统治能有多长时间？为此，我就到处收集"文革"的各类"战报"和相关资料，我更关心那些在"文革"中搏击长空的雄鹰，将来我应该热情歌颂他们可歌可泣的史诗。我就这样开始了几十年"收集和积累文化大革命资料、书籍"的工作。我终于从作茧自缚的困境中走出来。

1970 年 3 月 30 日的日记：

昨天星期日上午我去了复旦大学看大字报。这次复旦大学（3 月初）揪出以胡守钧为首的"反革命集团"。据说有 28 个半人，有 66、67、68、69、70 届的大学生，也有中学生。

看到复旦大学整理的批判胡守钧为首的"反革命集团"的材料，

原来也有那么多的青年人在关心国家大事、在探讨社会问题，我并不是孤立的。

我异想天开地希望在我将来的"作品"中，把胡守钧为首的"反革命集团"也描写一番。胡守钧在"文革"结束后被彻底平反，现在是复旦大学教授，有时在报纸、杂志上可以看到他的文章。

知识青年"上山下乡"，冲击了无数个家庭，"上山下乡"运动如火如荼地在全国铺开，"插队落户"成为当时红卫兵造反以后的归宿。毛泽东一声号令，谁又能违背他的圣旨呢？同时他的号召又似乎那么有理论说服力！从此，多少个家庭开始了碎人肺腑的磨难！多少个知识青年开始了遥遥无期、斗天斗地、战山战水、遥望星空等待命运转变的漫漫之路！

1971 年 9 月 13 日林彪副主席"自我爆炸"。在中央文件没有正式传达以前，我的同事已经悄悄地告诉了我。"文革"初期，广大人民不明白"文革"的真正目的，以钟馗作大旗的林彪威信如日中天。由于他对毛泽东的个人崇拜搞得太过分，吹捧毛泽东的话说得太肉麻，加上"文革"给中国人民带来的苦难，人民群众渐渐对他产生了逆反心理。他与妻子、儿子的粉身碎骨，中国人民似乎没有任何惋惜之心而是拍手叫好！但是，《571 工程》又让他在中国人民心中留下了一个百思不解的谜！

林彪出事后，毛泽东让传达《571 工程》，他想当然地认为全国人民群众会通过《571 工程》的传达加深对林彪的仇恨，可是效果却适得其反。《571 工程》对毛泽东的一些评价说出了老百姓没有想或者不敢想的话。从此，毛泽东的威信一落千丈并每况愈下。虽然目前《571 工程》仍然作为林彪"死党"的"反革命罪行"而载入史册，但是《571 工程》对唤起中国人民对毛泽东法西斯专制统治的认识，功不可没！《571 工程》没有理论，完全是对毛泽东反人民的法西斯统治的感性认识，可它却是中国的一声春雷！《571 工程》在中国的历史上将会写下应有的一页！

　　从 1968 年下半年我开始摆脱心灵自我摧残的困境以后，就开始读书。我从我的同事、朋友、亲戚、邻居那儿借书来看。那时候，能够在"文革""破四旧"运动中，把书保存下来的人，需要有胆量。这时候什么样的书我都看：哲学、历史、中外文学名著。最有价值的是我看了整套线装《资治通鉴》，它使我获得了许多历史知识，对封建社会有了进一步的了解和认识，同时还写了一些心得体会。最使我难忘的是《第三帝国的兴亡》这一套书，它使我了解了希特勒在那个疯狂的年代怎样愚弄德国人民，怎样摧残文化，怎样推行个人崇拜，怎样侵略别国的？我思想的开阔，很得益于此书。

　　1970 年 4 月 15 日的日记：

　　看完《胡风反革命集团的一些材料》一书。

　　1972 年 3 月 16 日：

　　这星期开始阅读《资治通鉴》。在历史的海洋里寻找自己的思想方法。

　　看了《胡风反革命集团的一些材料》一书，我发现，这些"反革命分子"的罪行有些是从他们相互通信中摘录出来的。这些文人中，有人为了表示"觉悟"，表示自己站稳了阶级立场而进行告密，把胡风和他们相互之间的私信献了出来，希望减轻自己的"罪行"而得到解脱。这些信件的内容经过摘编成为《材料》，毛泽东加了编者按并上纲上线，胡风和他的朋友们从此在劫难逃，成为十恶不赦的"反革命分子"。不知道为什么，我看了这些信件材料后，不但没有增加我对这些毛泽东和权威们铁定的"反革命分子"的仇恨，反而产生了一系列的问号：人与人之间的通信为什么不可以？对某一个领导有意见难道就是反"党"？单位的一个领导就可以代表"党"？那时，心里感到害怕，我的思想观点怎么老会和毛泽东的"最高指示"唱反调？

　　同时，我又看到了一些 1957 年"右派分子"的材料，使我想不通的是，看不出这些人的思想反动在哪里？有些话我还和他们发生了共鸣！我忽然想到：给这些思想"反动"的人戴上"右派"的帽子，不正像《白蛇传》里法海给白素贞罩上"金钵儿"吗？这不过是一种统治手段。但是毛泽东和中央领导为什么要采用这种摧残人精神世界的手段呢？

　　啊，那时候不知道我为什么会想得这么多，竟会对众多政治问题来个独立思考！在这样舆论的环境中，我有时感到害怕：难道我真的是一个"思想反动分子"？

　　记得 1976 年上半年的某一天，我曾对一位朋友说过："要改变文化大革命现状，只有等待中央领导里面出现英明的人物。但是，这些人物什么时候出现，那可是个未知数了！"我清晰地认识到：这是一个权力高度集中、管理严密的国家，并有现代化的武器和英勇善战的解放军，要像 49 年以前毛泽东推翻蒋介石政权那样，来一场彻底的革命是完全不可能了！只能等待"和平演变"使中国人民得到一次新的解放！

　　邓小平的复出，给中国社会带来春风。他是一个伟大的勇士，雷厉风行、气壮如牛，摧枯拉朽地向"文革"的所谓"成果"开炮！我钦佩他、赞扬他，他搞的一系列"整顿"得到全国人民的拥护，他的一系列报告如春风沐浴大地、温暖了中国人民的心房！1975 年是各条战线全面整顿的一年，我们欢呼中国的经济得到复苏并开始蒸蒸日上。上班的时候，我们同事之间喜欢聊天，对邓小平的每一个胜利我们都感到兴奋。谁从北京出差回来，大家就要他介绍听到的"小道消息"和中央内部斗争的有关情况。1975 年七、八、九月关于江青、张春桥、姚文元的"政治谣言"非常多，大家津津乐道。"政治谣言"使我们个个欣喜若狂，江青之流虽然"英名扬中华"，但是，他们在中国人民的心中已经是一堆"行尸走肉"，他们的政治生命事实上在人们的心中已经结束！邓小平的战友万里、周荣鑫的一系列讲话也给人耳目一新。教育部长周荣鑫说：

教育战线形而上学很猖狂。"最、最、最"产生了两方面的结果：一是两面派，一是随便整人。动不动就整人，是剥削阶级统治人民的办法，我们是工人阶级，不用这个办法。文化革命以来，教育革命总是没有解决好。

他的讲话一针见血，说出了许多老百姓心中想说而不敢说的话。受这些站在"整顿"第一线中央领导同志讲话的影响，在 1975 年，我的心情相当振奋！

从 1972 年到 1976 年，我又开始拿起笔写文章。从 1973 年 5 月开始，当夜深人静时，我一个人在办公室写东西。现在看起来，我那时的笔头太懒，文章写得太少。

1975 年 12 月"教育革命大辩论"开始揭开"反击右倾翻案风运动"的序幕。风云突变，毛泽东又要打倒邓小平了！周荣鑫首当其冲，邓小平成为"还乡团"的头子！令人扼腕叹息的是，周荣鑫终于惨死在运动中！

1976 年 1 月 8 日，灾难降到中国人民头上。最受全国人民信任和爱戴的周总理与世长辞！当周总理逝世的噩耗在中国广袤的大地上传播时，中国人民悲痛欲绝，哀深如海。中国人民哭总理，哭国家的命运，事实上就是在哭自己的命运！中国人民的灾难太深沉！中国人民到了忍无可忍的地步！残酷的现实，使中国人民深切地怀念周总理，悲哀空前绝后！

目睹"文革"十年山河离乱，目睹一幕一幕悲喜剧的不断演出，中国人民已经是一头醒狮，中国人民已经对"文革"有了自己的认识，中国人民已经对"个人崇拜"这座大山民怨沸腾！可是，毛泽东仍然沉湎在"自我欣赏"中，他为了不让有人翻他发动的"文革"的案，他一定要把"反击右倾翻案风运动"进行到底，一定要再次把邓小平打翻在地！他破釜沉舟、倒行逆施，他走上了与中国广大人民为敌的不归路！

1976 年 2、3 月"小道消息"相当多。人们不能公开反对毛泽东的所作所为，所以人们热衷于传播"小道消息"来表明自己的爱和憎，认为这是合法斗争。

那时，我和我的同事热衷于油印这些"小道消息"传单。我们把《周总理遗言》《毛主席对华国锋、王洪文、张春桥、江青等七个人的讲话》《胡耀邦的讲话》等"政治小道消息"先刻成蜡纸，然后再油印几百份并广为散发。

这封《周总理遗言》并不长，我们不知道这白纸黑字的《遗言》是真是假，但《遗言》的言外之意群众心领神会。《遗言》为邓小平说了好话，人们就愿意把它看为周总理的真心话而当作真的《遗言》。这一《遗言》在群众中广为流传。全国人民群众手无寸铁，只能以这张半合法的《周总理遗言》，与貌似强大的社会舆论唱对台戏。

《胡耀邦的讲话》给我留下了极其深刻和美好的印象。他说："人要高举骨头、高举马列！"对他这句名言我终身难忘！他大义凛然、临危不惧的革命气节，在那时我就开始佩服他！在这篇讲话中，他还谈了对右派的看法，我看了之后，就认为他在一些人被打成右派的问题上有自己的独特的见解，我就更尊敬他！果然，数年后，在他登上政治舞台后，他为那么多人平反、雪冤！他将在中国历史上留下光辉的一页！

老百姓看了《毛主席对华国锋、王洪文、张春桥、江青等七个人的讲话》后，对"最高指示"议论纷纷。中国人民无论如何也想不到，毛泽东在对这七位首长的言谈中会流露出如此悲凉凄愁的情绪！

1976 年 3 月下旬，南京群众自发地送了一个悼念周总理的花圈到雨花台。接着，南京的一部分工农兵大学生上街游行悼念周总理，高喊口号"腥风血雨何所惧，誓将青春献人民"，并在南京街头刷出大幅标语："谁反对周总理，就砸烂谁的狗头。""打倒中国的赫鲁晓夫！"同时在南北向的火车上，这些大学生都用沥青在车身上刷上同样的标语。飞驰的火车把这些标语带到北京和上海，震动了铁路沿线的人民群众。

从中华人民共和国建国以来，政治运动基本上就没有间断过。反右斗争、反右倾运动等等，挨整的人都是因为太勇敢、思想太活跃、太爱国。对于那么多的人被打成"右派"或者"反革命分子"，人们应该是记忆犹新的。但是，"文革"初期那么多人忘记了"引蛇出洞"的教训，仍然响应毛泽东的号召跳出来造反，于是，又有那么多的人被扣上各种"帽子"。现在，1976年的3月和4月上旬竟会有成千上万的人卷入伟大的"花圈运动"，又有许多人被打成各种"分子"或者坐牢。难道人们是这么健忘吗？不！前车之鉴，人们永远不会忘！**就因为民心是永远不会死的**！就因为人们有着强烈的爱和憎！就因为人们永远热爱自己的祖国！就因为人们热爱真理！就因为人的本能是"思考""发声"与活动！就因为人要表露自己的感情！啊，狂飚一曲从天落，我为我们伟大的中华民族感到骄傲！感到自豪！

民怨沸腾！民怨终于化为燎原烈火！1976年4月5日"天安门四五花圈运动"，终于向封建法西斯统治者发出最强烈的抗议！"民不畏死，奈何以死惧之？"毛泽东错误地估计了当时的形势，他过高地估计了自己的威信和号召力，他过低地估计人民的政治水平和此时邓小平在人民心目中的地位！

"天安门事件"以后，就在全国开展"追查运动"。每个单位要清查做花圈的发起者，每个人要讲清楚自己手中的油印"政治谣言"的来源与散发的对象，各个单位要搞清楚本单位"政治谣言"的来龙去脉，并且再把"来源"追查出去。中央决心要把《周总理遗言》的制作者追查出来。

轰轰烈烈的"追查运动"就在我们单位开展了。科室里和我一起油印"政治谣言"传单的同事有好几个，为了不让他们有什么精神负担，我就对他们说，传单是我一个人油印的，花圈是我发起做的。于是，我成为科里追查的重点，我必须写检查，承认做花圈和油印"政治谣言"传单是错误的。我的检查写了好几次，始终通不过。后来同事告诉我，上面有精神，像我这样的人，必须承认自己是"客观上参与了反革命活动"。为了让自己的检查早日通过，我只得违心地在检查中承认自己"客观上参与了反革命活动"。我的检查终于被通过了，工厂领导认为我算解脱了。我虽然承认自己"客观上参与了反革命活动"，但是在日后的工作中，我一点也没有背上什么思想包袱，我仍然热情地工作、仍然关心国家大事。当"天安门事件"平反以后，领导找我，要把我写的检查当我的面烧毁，我说："留给我作记念吧！"但是领导没有答应，火柴一点，我的检查就化为片片蝴蝶了！但是，这些检查我还是留下了底稿，作为"文革"留给我的"记念品"！

毛泽东终于在无奈和遗憾中告别了人生。我自然必须参加单位里举行的对伟大领袖的追悼会，但是，我可以非常坦率地说，我在这个追悼会的心情，和我参加周总理追悼会的心情是完全两样的。毛泽东的死，对中国人民来说是一种解放！他的时代终于结束了！

1976 年 10 月，华国锋一举粉碎"四人帮"，中国人民获得了第二次解放！中国人民热烈欢呼、普天同庆"新胜利"！"文革"就此结束！

华国锋的功绩是不能被遗忘的。他是一个忠厚的人，他所提倡的"两个凡是"，是那个社会的产物，他的水平只能如此。在那时，能够有多少人会破除对毛泽东的迷信？如果不是他领导和组织了粉碎"四人帮"的行动，那么一旦让"四人帮"巩固了政权，可能就要演出许多现代悲剧！

我很同意余杰先生写的文章《拒绝谎言的信念与勇气》中所说的一些话：

我逐渐认识到：对于今天的中国来说，最迫切需要的也许并不是神圣的学术和崇高的文学，而是**对常识的传播，对专制的批判，对民众的启蒙和对历史真相的恢复。**

在政治专制、文化僵化、道德沦丧和信仰缺乏的社会大氛围下，即便是百年一遇的天才，也不可能写出第一流的学术著作和第一流的文学作品来。

在今天的中国，最大的犯罪团体就是权力阶层。贪婪已经变得无法制止，掠夺已经变得明目张胆。

正义在哪里？良知在哪里？同情在哪里？悲悯又在哪里？在我们的日常生活中，流氓人格和犬儒精神泛滥成灾，人类公认的伦理和道德底线形同虚设。在这样的背景下，梁启超和陈独秀没有过时，他们的文字、他们的声音更加显得弥足珍贵。

如今，我再也不会像 1967 年和 1968 年上半年那样自己折磨自己，整天为国家的命运忧愁叹息，但是我还是深深地希望，我们国家能够在政治上让人民大众来一个彻底解放，逐步进行政治改革，杜绝"绝对的权力，绝对的腐败"现象，使国家成为一个政治上真正文明的社会。

写书，成为我晚年的主要生活内容。写作确实很辛苦，但是也感到很快乐，使生活非常充实。我没有任何框框，我大胆地说出我心中想说的话，我只想写"真"的东西，我要抛弃世俗的一切偏见、破除一切条条框框，写出"文革"的悲剧和中国人民的命运！我的书可能不能被当前国内的统治者和社会所接纳，我的书未必能够和社会见面。在当前"社会舆论"一统的条件下，我要写一本与众不同、说出真话的书，仍然需要非凡的勇气！

读者如果看完本书，一定会思考许多国家大事，会拷问许多社会问题。下面这篇文章是我的另一本著作《"文革"拷问》中的前言，我把此文放在了这里，盼望大家一起来读懂"文革"，一起来拷问"文革"。

二、"文化大革命"给了我们什么

（写于 2015 年 11 月至 2016 年 4 月）

毁灭文化、摧残人性的"文化大革命"，对当代青年人来说，已经是陌生与遥远的事情，他们无法理解"文革"这场政治运动对中华民族造成的深沉灾难，甚至有些糊涂人还认为那是一个值得歌颂而廉洁的民主时代。我们这代经历过那段动荡岁月的老人，沉痛的记忆永远不会抹去与冲淡，那是一个可怕、荒唐、疯狂、血腥、恐怖、残酷、困惑而又愚昧、耻辱的年代，同时，我们更深刻地认识到，正是在这个举国上下疯狂的年代，国家体制上存在的严重问题与文化的变异暴露无遗。

2016 年 1 月 8 日，我在博客上看到了张言的文章《"文革"五十周年　必须再来一次反"文革"》，对"文革"作了如此的概括：

五十年后，在 21 世纪的今天再看"文革"，只要稍有一点人道情怀，只要有起码的文明观念，只要有一般的是非判断能力，都不会对"文革"反人性反人道的性质持异议。面对千百万亡魂，任何为"文革"辩护的强词夺理都不值一驳。……任何对"文革"冠冕堂皇的美化都是狗血。在中国和世界历史上，乃至在人类历史上，在和平时期发生如此巨大的灾难，"文革"是绝无仅有。"文革"的罪恶罄竹难书，

“文革”十年是人类史上最血腥历史之一。

2016 年 1 月 1 日，我在博客中看到了蒋祖权的文章《“文革”对中国灾难性的影响》，他如此描述“文革”：

50 年前，中国内地一场持续十年的“文化大革命”，绝不仅仅是因为一个人发了疯。

我认为：“文革”开启了中国的全民互害模式……

1949 年以后，随着各种人造运动的不断发明更新，随着各类阶级斗争的不断发展扩大，人们开始相互揭发，相互批斗，公开诬陷，大量编造各种无端罪名，人们主动如痴如醉，丧失人格于无形之中，扭曲人性到灵魂深处。最后终于升级成为疯狂的“文革”……

1967 年，“文革”发动才一年，我还是一个 26 岁的年青人，可已经大逆不道，脑海里竟然跳出“毛泽东发动‘文革’是在搞‘政变’”这个想法，我害怕之极，自己怎么会这么“反动”？思想的天马行空，让我走上了独立思考的不归之路。

当时，我为什么认为毛泽东发动“文革”是“政变”呢？因为“文革”发动一年以后，不断思考的我，逐渐形成了这样的观点：在现代社会，国家属于人民，政权来自人民，一些人虽然贵为“国家领导”，但与普通百姓一样，他们不过是在社会上得到了一个“谋生”的职业，既然是“职业”，所以从社会层面上来看，“国家领导”与普通百姓应该是平等的，至于“国家领导”之间，自然更应该是平等的，无论任何人，都不应该超然于社会之上，让人顶礼膜拜。可毛泽东发动“文革”，让自己登上了“神坛”呼风唤雨、糟蹋国家、摧残文化、异化“党”，把国家各级领导打得落花流水，这是从人民手中夺取政权，把国家变成为自己一个人的天下，其所作所为无异就是与人民为敌。于是，我打破中国社会的正统观念，下了这样的结论——毛在发动“政变”。

作家冯骥才在他的作品《100 个人的 10 年》新版序言中这样描述 10 年“文革”：

在这 10 年中，雄厚的古老文明奇迹般地消失，人间演出原始蒙昧时代的互相残杀；善与美转入地下，丑与恶肆意宣泄；千千万万家庭被轰毁，千千万万生命被吞噬。无论压在这狂浪下边的还是掀动这狂浪的，都是它的牺牲品。……人性、人道、人权、人的尊严、人的价值，所有含有人的最高贵的成分，都是它公开践踏的内容。虽然这不是大动干戈的战争，再惨烈的战争也难以达到如此残酷——灵魂的虐杀。……尽管灾难已经过去，谁对这些无辜的受难者负责？无论活人还是死者，对他们最好的偿还方式，莫过于深究这场灾难根由，铲除培植灾难的土壤。一代人付出如此惨重的代价，理应换取不再重蹈覆辙的真正保证。这保证首先来自透彻的认识。

张言在他的博客中说：

“文革”唯一的正面意义，是在客观上让遭受深沉磨难的中国人觉醒，认清专政制度的本质。但是要真正走出迷局，摆脱思想桎梏，还有很长的路要走。不彻底否定“文革”，不全面正确评价毛，中国就不能实现真正的自由民主，就无法建立起真正繁荣富强的国家，中华民族就不能以文明的正面形象屹立于世界。

与冯骥才、张言共鸣的人，在当今社会，应该不會是少数人了吧！“深究这场灾难的根由，铲除与改造培植灾难的土壤”，应该逐渐成为社会的共识！

毛泽东发动“文革”的宗旨究竟是什么？“文革”为什么能够发动成功？“文革”推动社会进步了吗？“文革”披露了什么？“文革”让我们看到、明白了什么？……这些问题，我从青年时代起，就一直在脑海里翻滚。中华民族要进步，这些问题必须让整个社会有个基本透彻的认识。可这些当代最重大的问题，由于方方面面的原因，如今根本就没有被深入地展开，"文革"中悲剧人物付出的代价付诸东流，这才是国家最大的悲剧。也正是这个悲剧，才是在当今"改革开放"年代产生一系列社会问题的根源。

毛泽东在这十年，充分表现了自己搞阴谋诡计的邪恶天才。光天化日之下他可以把是非颠倒，给"阴谋"披上华丽外衣，让众多官员臣服，演出"指鹿为马"的荒诞剧。毛在"文革"中的罪行是赤裸裸的，今日罗列他的罪行，已经不仅仅是为了控诉；谴责与审判毛，已经不是我们唯一的宗旨。我们要问的是这个国家制度为什么能够让他横行天下无敌手？为什么他能够掌控"党"？为什么他能够随心所欲地制造舆论、控制舆论，让中国正义的声音转入地下？我们不能不对天呐喊：一个被独裁者控制的党，一个"党"内都没有民主的"党"，这个"党"对国家还具有什么意义？这与封建王朝、极权专制社会又有什么区别？

现在我写上面这段文字的日期是 2016 年 4 月，让我们一起来看看现实生活中的官方舆论吧。

2015 年 12 月 17 日《环球时报》发表社评《围绕"文革"网上争论是泡沫化的》，社评写道：

《关于建国以来党的若干历史问题的决议》（注：1981 年 6 月中共十一届六中全会一致通过）对"文革"有清晰明确的结论，即它是"一场由领导者错误发动，被反革命集团利用，给党、国家和各族人民带来严重灾难的内乱"。它还有一个简单的描述：十年浩劫。

中国共产党以"党"的名义对"文革"下了上述结论，我们不禁要问，这是经历过"文革"的所有共产党员的共识吗？在下这个结论的时候党内有没有充分发扬了民主？还是这样的结论仅仅是个别统治者凭借权力封了大家的口？进一步说，即使党内统一了认识，难道中国人民就一定要接受这个认识吗？中国人民有没有权利对"文革"的反思进行自己的判断？

社评说：

近年来一些人批评国家"拒绝反思文革"，这严重违背历史事实。还有一些人搞对"文革"的"再发现"，强调它的一些"客观正面效果"，这不符合中国社会的主流认识。舆论场上经常上演的其实就是这两种比较偏的认识打架，而主流社会对"文革"的看法基本是稳定的。

中国人民再也不是 1966 年那时候的水平，民智已开，势不可挡；知识分子中敢于发出心声的人已经不是凤毛麟角，同时他们对国家社会问题的思考已经胜过"文革"时代的知识分子。"文革"根本就没有深入解剖过，这是从 1976 年 10 月以来的客观事实。"文革"发动的来龙去脉、"文革"为什么能够发动成功、"文革"为什么失败、"文革"造成哪些灾难，都还是一笔糊涂账。《环球时报》说"主流社会对'文革'的看法基本是稳定的"，完全是弥天大谎。

如果深入解剖"文革"，中国社会就应该进行循序渐进的"政治改革"，必须成为让人说真话的社会。首先党内就必须实行民主，用一个人的认知度、一个人的执政手段来治理国家的时代，应该彻底结束。至于那些强调"文革"的一些"客观正面效果"的人，相信他们在全面了解在祖国大地上曾经发生的悲剧时，一定会尊重事实。

《环球时报》的社评又说：

有关"文革"话题的敏感，往往是一些人出于现实政治目的争论它，把这种争论作为政治影射或者用于现实泄愤时才出现的。

希望人们别被网上表面的"文革热"忽悠，以为它真的是一个导致了重大思想冲突的话题，甚至以为社会真的在因为对它的不同认识而"分裂"。真实情况哪是这样的，国家和主流社会对"文革"的认识恰恰是高度一致的。

宣称国家"拒绝反思文革"的人与要求重新发现文革"积极面"

的人不断互相把对方逼向极端，那是他们之间的游戏和恩怨。

这一段文字应该深刻的铭记在历史中。社评的发表不是偶然的，高层领导试图借"社评"来平息"社会思潮"，统一"舆论"，这只是小学生的游戏，其作用微乎其微。同时，社评的出现也告诉我们，中国社会的政治仍然被寡头垄断！一些领导人仍然希望中国人民不会思索与发声。

写本书的目的，是让青年人认识"文革"，把"文革"作为教科书，让青年人通过"文革"的展示，来认识社会，来认识生活：

人究竟应该怎么样生活在社会中？人、生活、社会这三者究竟是什么关系？或者换一种说法，公民、国家、统治者、党之间究竟应该是什么关系？

2004 年我开始写此书时，曾经有雄心壮志打算写十年"文革"史，现在发现自己已经没有精力与能力来完成这个心愿，只能在"文革"发动初期，选择一些典型的悲剧人物，通过他们的遭遇，让后来人对"文革"的发动进行拷问：

"文革"为什么能够发动成功？让"文革"发动成功的社会土壤，如何扭曲了从大人物到小人物的人性？我们究竟应该如何彻底改造社会政治土壤？

在本书中出现的人物吴晗、邓拓，为什么在"文革"发动时就被祭旗？毛泽东的秘书田家英为什么会在中南海中自杀？他们冤屈的形成说明了什么问题？难道最高统治者在光天化日之下可以大兴"文字狱"、指鹿为马、为所欲为？难道"领袖"为了达到自己不可告人的目的，就可以牺牲别人的"政治生命"而逼人走上绝路？

彭真、罗瑞卿、陆定一、杨尚昆，为什么能够被毛泽东一个一个顺利地抛出，在高级领导中为什么没有一个人敢站出来发表不同的意见？毛还恬不知耻地曰是"剥笋"策略，最终请国家主席刘少奇这个"君"入瓮。彭、罗、陆、杨四个人的遭遇，从某一方面显示了当时舞台上掌握权力的"政治家"们的水平与素质，后来人不能不为当年这些举手同意定案的“政治家”们感到汗颜。“文革”结束后，彭、罗、陆、杨四个人对“文革”的反思，认识是不在一个档次的。通过各自的遭遇来反思“文革”、发现国家制度上存在的严重问题，这才是在他们身上发生的悲剧对社会的贡献，可惜由于种种局限，他们无法为国家的政治改革发出最大的光和热。

　　国家总理周恩来在“文革”中的悲剧，在现代史上将永远见仁见智、争论不休。他勤勤恳恳地为领袖做“管家”，一心一意想保持“晚节”，相信他的心，在“文革”十年中一直在滴血！谁像他活得如此窝囊、如此委曲求全？毛抛出“彭罗陆杨反党集团”，周恩来在台上对“彭罗陆杨反党集团”义愤填膺时，内心难道就没有兔死狐悲的哀伤？他的“忠”于领袖，害人害己，在他向死神报到的时候，彻底醒悟了吗？悔恨交加了吗？多么想听听他的自我解剖啊！当他得知林彪出逃蒙古摔死在温都尔汗的消息时，他放声痛哭，这是为什么？为国家的命运？为个人的忍辱负重、被人曲解？为政治风险？为林彪的悲剧？为毛泽东失去英名？没有文字能够深刻剖析这“血泪痛哭”的真正内涵！周恩来在毛泽东的手下写过多少次检查？他写不同检查时的深层次背景，应该引起人们的重视与研究。毛对周每次写检查，持什么态度？难道历史不应该披露真相吗？在周得到绝症时，1973 年 11 月 21 日至 12 月初，毛铁石心肠地布置召开政治局扩大会议，让周作检查。作为一个国家的总理，竟然受到毛如此残酷的待遇，周围一些工作人员也像避开瘟神一样回避周，与周计清界线。抬头问苍天，中南海里为什么出现如此残忍的景象？尽管人们对周可以有对立的不同评价，但周恩来自有他的闪光点。周恩来最大的闪光点是什么？不是他在“文革”中的忍辱负重与委曲求全，而是他在生命快要结束时，为国家安排了一着好棋——在人事上布局成功：你毛泽东高明吗？但是我恩来破了你的局，谁笑到最后，谁才是真正的赢家！现在有人说周恩来大奸似忠，对毛泽东奴颜婢膝；毛发动“文革”能够成功，周助纣为虐是原因之一。对周恩来，如今否定他的一些作为不可避免，但把他归入彻底否定的人物，那是太委屈周了吧！应该更多的是哀其生不逢时，使他的才华如水流失。在毛一统天下的时代，在寡头政治的时代，人人都情不自禁地做着两面派。做两面派的痛苦，后来人无法理解，希望后来人还是多去探讨这样一个问题：中国社会为什么会让大大小小的人物，都戴着面具痛苦地活着？

刘少奇是毛泽东发动"文革"的主要打倒对象。当年作为国家主席的他，在"文革"中的遭遇，令人唏嘘不已。一个在"七大"举起"毛泽东思想"大旗的政治家，在1966年、1967年上半年，为什么在毛泽东面前那么束手无策呢？打罗瑞卿，你为什么不站出来呢？打彭真，你为什么不撞个鱼死网破呢？唇亡齿寒，这个历史规律你不懂吗？在你眼睁睁看毛屠杀"彭罗陆杨"四个人的时候，你就为自己唱响了挽歌。你为什么要让自己的妻子走上政治舞台呢？"四清运动"中让她到处给各级领导作报告，介绍所谓的"桃园经验"；"文革"风云初起，又让她去清华大学镇压学生，把知识分子推到对立面。不能不问，如果你不被毛打倒，你心中的"文革"究竟如何开展？你的"阶级斗争大旗"是不是比毛举得还要高！为了不与毛破裂，为了显示自己的能力，你亦步亦趋，跟着毛走，好让你在毛面前显示自己的"无产阶级革命立场"是站得最坚定的。这是你虚荣心在作怪呢？还是你真正被"阶级斗争的理论"迷惑了呢？政治家不是那么好当的，只有忘却个人名利的人才能真正为社会作出贡献。"文革"是你的悲剧，"文革"也显示了你的弱点与短处。

林彪在"文革"初期大红大紫，他对毛的吹捧到了无以复加的地步而令人作呕，可他的出逃恰如春雷响彻穹宇，让人们深刻地认识到，中国的社会制度逼迫人做"两面派"。他本来可以做功成名就的"逍遥派"，"文革"的发动，是毛不让林清闲。林一旦上了毛的船，终于身不由己，既充分表现了自己，又毁了自己，还让儿子葬身火海客死异国。可历史是公平的，林彪父子将会在历史上永远占有一页。李德与舒云编纂的《林彪日记》（明镜出版社2009年9月版），是描述林彪内心活动的最好教科书，对"文革"的生态环境的如何剖析在历史上留下一笔宝贵财富。研究毛与"文革"，《林彪日记》这本书必须好好读一读。

《林彪日记》是描述两面人内心活动的最好教科书，让"文革"的生态环境在历史上留下一笔宝贵财富。研究毛与"文革"，《林彪日记》必须好好读一读。

用当代的名言来说："文革"那个年代，国家领导层中"竟无一人是男儿"，没有一个人能够站出来揭露毛发动"文革"的真谛，个个对毛泽东俯首贴耳，或者先是充当打手，然后被打入另册，走马灯似的在政治舞台上"表演"。古人欣赏"宁为玉碎不为瓦全"的高尚气节，可惜生活在"共产党"组织中的政治家们被"组织性""纪律性"这些紧箍咒套住，舍弃自己的独立人格而取"组织"操守，让无数共产党人在"文革"中演出了各种各样的悲剧。

当年，毛泽东在天安门城楼上对红卫兵大手一挥——"你们要关心国家大事，要把无产阶级文化大革命进行到底！"千千万万的中国人民居然忘记了 1949 年以来各场政治运动带来的灾难，忘记了"反右斗争"的切肤之痛，竟然都相信毛泽东，起来造刘少奇、邓小平推行的"资产阶级反动路线"的反，于是，"造反派"称呼让人陶醉，"老保"成为让人害怕的帽子，人人都卷入了热火朝天的"文革"。可后来铁的事实只能说明，毛批判的"资产阶级反动路线"，与人民群众所要批判的"资产阶级反动路线"，是有区别的。"造反派"起来批判当权派执行的"资产阶级反动路线"，那是毛对"造反派"发的"糖衣炮弹"，当"造反派"完成使命后，"造反派"仍然成为毛铁蹄下的羔羊。那时，我得到这样一个结论：

人的本能就是表现自己。"造反派"在"文革"中响应毛的号召起来造"资产阶级反动路线"的反，某种程度上是"表现自己"的本能。"造反派"没有读懂"反右斗争"这本书，而毛却对"造反派"

了如指掌，达到了天下大乱的目的。

一代青少年在"文革"中成为"红卫兵"，他们为毛的"文革"冲锋陷阵、推波助澜，批判"走资本主义道路的当权派"与"黑五类"（"文革"中对政治身份为地主、富农、反革命、坏分子、右派等五类人的统称），"破四旧"、抄家、毁文物。政治上完全没有成熟的红卫兵，"造反"让他们兴奋与自豪；毛泽东的《湖南农民运动考察报告》成为他们造反的指导书，"革命"让他们变得狂热而没有判断力。当这批青少年完成自己的历史任务的时候，毛泽东又举手一挥，"知识青年到农村去！"轰轰烈烈地开展了知识青年"上山下乡"运动。这些青少年到农村接触了社会的最底层，才真正理智地开始了对社会的认真思考。

知识分子在"文革"中被称为臭老九。作家老舍跳"太平湖"自尽、翻译家傅雷宁折不弯、历史学家翦伯赞含怨离世、音乐家马思聪出逃异国他乡、北京师范大学附属女子中学副校长卞仲耘被学生殴打至死、郭沫若在公开场合表态说他的书应该全部烧毁，各条战线上的学术人纷纷被打入"牛鬼蛇神"另册，挂牌、戴高帽、关"牛棚"，迫害之残酷可创吉尼斯世界纪录。

十年"文革"就是这样一部血泪史："反革命分子"的帽子在中国上空飞旋，随时随地可以戴到人的头上，被批斗、被监禁。

有人说，"文革"在中国是一个"集体无意识"的时代，这话正确、全面吗？中国是不缺思想先驱者的，在白色恐怖中，在民间仍然有不少先驱者不畏强暴，视死如归！张志新、王容芬、遇罗克、王佩英、王申酉，都是中国人的骄傲！中华民族不是失声的民族！

中华民族不会永久沉默，不会心甘情愿成为任人宰割的奴隶，"文革"多变的风云，终于让中国大地这座活火山喷发。

1976 年发生的"四五花圈运动"，将在中华民族的历史上写上灿烂的一页。人民大众忍无可忍，终于对一再倒行逆施的最高执政者发出最强烈的怒吼声。民不畏死奈何以死惧之？"四五花圈运动"充分反映了中国人民地动山摇的觉醒力量。

随着岁月的流逝，对“文革”究竟应该作如何的拷问？这个问题一直在我的脑海里盘旋。我不得不提出这样一个严峻、痛心又残酷的问题：几十年来，我们究竟读懂了“文革”这部“教科书”没有？下面让我抛掉意识形态的紧箍咒，谈谈自己的肤浅思考。

第一、十年“文革”的整个过程，充分暴露了中国社会对“党”这个“政治平台”在认识与理解上的错误。毛泽东执政后，不断地把“党”神化。由于他在执政过程中对社会发展规律认知度的局限性，一再把“党”引入歧途。

历史在一页一页翻转，“党”作为一个组织，必须对执政后的历史作深刻的反思、作全面的总结。然后对以往的历史进行切割，开始进行稳妥的、彻底的政治改革，让“党”获得新生。

首先我们要正确认识下面这个最普通最基本的问题：现代社会的发展，为什么会产生了“党”？现代社会的治理，为什么需要“党”？

正视现实，我不得不痛心地说：这个最重大的社会发展问题，至今并没有被包括知识分子在内的中国人民正确的认识和深刻的理解。

封建社会过渡到现代社会，皇权制过渡到共和制，最大的进步是出现了“党”这样一个“政治平台”，即“政治组织”。通俗地说，“党”是让“政治家”发表“治国策”的平台，是一种力量聚合后的“共同体”，“党”运用良好、严密、周到的手段为社会推出国家最优秀的执政者。

如果对“党”的内涵如此来理解，那么，在“党”内，对执政理念与执政措施，自然应该实行该民主讨论。

在“党”内，如果没有言论的自由，一切都是“党”的最高执政者一个人说了算，政治变化为“寡头政治”，那么这个“政治平台”失去了它存在的根本意义。党员不能评议最高执政者的执政措施，一旦发表与最高执政者不同的声音，就会被认为犯了"妄议"罪，至于"党"外人民大众，自然更不允许发声，那么，我们不得不提出如下强烈的质疑与抗议：这样的社会治理，还有什么现代文明？不就无异于封建社会的皇权统治了吗？"党"作为现代意义的"政治家发声的政治平台"，完全被釜底抽薪，失去这个组织应该有的内涵。

从 1949 年起，共产党在成为执政党后，毛泽东就把"党"异化成自己的统治工具，利用权力制造的舆论，把"党"与他本人一起送上了"神坛"。谁敢与毛意见相左，"反党分子"帽子就戴到谁的头上。

"文革"能够发动成功，就在于"党"成为毛一个人的"党"。"文革"发动的整个过程明确地告诉我们，高层领导中已经无有"男子汉"，谁也不敢对毛的行动发表异议，无法与毛泽东的倒行逆施进行抗衡。"文革"十年，"党"内完全没有民主，一切毛说了算，社会完全成为极权专制社会，社会土壤完全扭曲了大人物与小人物的人性。

"个人崇拜""歌功颂德"泛滥成灾，"冤案"成千上万，这是毛在执政过程中，**在政治腐败上最充分的表现**。

今日回望十年"文革"，不得不承认"苦果"的产生，是由于最高执政者的"执政理念"违背社会发展规律，毛对社会发展的"认知度"存在巨大的问题。

解剖"文革"这场灾难，我们认识到了个人崇拜是"文革"发动成功的助推器，可是却忽略在伴随"个人崇拜"的同时，把"党"送上"神坛"也是"文革"发动成功的助推器，"文革"中的"党"，失去了"共产党"诞生时的政治意义，成为禁锢这个组织成员思想的"牢笼"。

冲破习惯成自然的思想牢笼，让"共产党"回归一个党的真正内涵，成为真正的"政治平台"，正确摆正"党"与国家之间的关系，这是中国获得新生的首要条件。这需要"党"内的改革派，带领党内队伍进行彻底的"政治改革"。

面临习惯成自然的社会体制，保守势力十分强大、十分顽固！什么听"党"的话，什么不能"吃党的饭，砸党的锅"，什么不能"妄议党中央"，这些带有封建色彩的偏激之语如雷灌耳，荡漾在中国上空，束缚人的思想与行动，分裂整个社会。

当代中国社会，需要一个轰轰烈烈、扎扎实实的启蒙运动，把"党"从"神坛"上请下，让"党"真正体现它的价值。

不是要推翻"党"，不是要打倒"党"，而是语重心长地对"党"说："党"必须带领人民进行彻底的"政治改革"，不是要一步登天，不是要一蹴而就。"民智"已开的人民大众，希望舆论不要再对"党"歌功颂德，不要再用"主义"洗人民大众的脑。

让"主义"逐渐淡化吧。"主义"在中国大地上已经试验过了，人们已经对"主义"有充分的认识，告别"主义"才能让社会真正的进步。

第二、对最高执政者与党，要区别对待。

"文革"十年告诉我们，最高执政者并不是圣人。毛泽东在完成他改朝换代的历史作用以后，他对现代社会发展认知度的缺陷就逐渐暴露出来。

共产党内有许多优秀的思想先驱者、人格高尚者；在中国知识分子群中同样也有许多优秀的思想先驱者、人格高尚者。由于毛泽东的执政手段，对思想者采取"封口""禁言"，千方百计地让人失去脊梁骨。正由于他的执政方法方式是"独裁"，他建立的国家体制是"党国"，所以官僚系统是两支队伍、两个系统，目的是控制人们的思想，搞政治平衡。这样的执政方法并不能提高官僚队伍的效率与纯洁性，反而易产生经济腐败与政治腐败。"文革"结束后，"共产党"体制内有无数"两头真"的思想先驱者（"两头真"指：投奔延安参加革命、相信共产主义是一头真；"文革"结束后，晚年认识到"党"必须作彻底的政治改革，是另一头真），盼望"党"作深刻反思，改造社会政治土壤。至于不在体制内的知识分子，思想彻底解放，盼望政治改革的先驱者更是数不胜数。

当"党"内首先实行言论自由时，人们可以充分认识到，自由的思想与独立的人格，是多么的弥足珍贵。人们一定能够认识到：毛泽东所犯的错误与罪行，是不能归结到整个"党"的头上的。

翻开历史，我们有权评论每个朝代皇帝的功与过，难道说，毛在执政过程中采用"帝王术"时所犯的错误与罪行，要整个"党"来承担吗？

恳切地希望后来人把最高执政者与"党"区别开来。"党"的成员应该充分认识到：一个"党"对现代社会的治理理念与执政手段，不能够由一个最高执政者来决定。

第三、"文革"告诉我们，一个公正的社会，必须让人活得有尊严，人人说真话，人人有脊梁骨。

"文革"结束后，胡耀邦为在各次运动中受到迫害的各个阶层的人彻底平反，他在 1976 年有一句名言"高举骨头"，呐喊出了中国人民的心声。

人不能做奴隶，人不能做奴才，人不能做两面派，人必须有尊严，人必须活得真诚。扭曲人性的社会土壤必须彻底改造。

执政者以为通过控制意识形态，加强所谓的"政治学习"，就能统一人的思想，这是最可笑的执政手段。

在"文革"批林批孔"评法批儒"运动中，自上而下，组织了一支支政治理论辅导员队伍，给群众宣讲所谓的法家思想。这样的形式主义学习，起到统一人的思想的作用了吗？事实告诉执政者，这样人为的"政治学习"，不过是形式主义，只会不让人说真心话，只能扭曲人性，只能使社会后退。

第四、"文革"充分说明"舆论"对社会的作用。知识分子是社会进步的助推器，法治社会应该允许知识分子发声。

从 1949 年开始，"党""社会主义""革命""马克思主义""毛泽东思想"都成为神圣的名词，而几十年的实践却一再说明，神化"党"与"主义"，桎梏了整个民族与知识分子的思考。

"文革"十年中，左右社会的"舆论"，不是真正的"舆论"，它完全由最高统治者随心所欲地运用权力来制造，是"权力舆论""强人舆论""伪舆论"。

1949 年以来，人们不断的在思考：究竟什么是"社会主义""共产主义"？连执政的统治者自己都搞不清楚，却非要把讲不清楚的"实现共产主义理想社会"的目标，强加在全国人民以及孩子们（要他们做共产主义的接班人）的头上，反过来，又控制"文化与舆论"，把"资本主义"描述得无比的狰狞。

"马克思主义"在中国的几十年实践，让我们不得不思考：马克思的著作究竟应该回归到学术领域，还是让统治者继续把它用来作为治国的一面"旗帜"，不惜花费巨大的人力、物力、财力为这面旗帜摇旗呐喊？

社会制度不应该由"权力舆论"来美化。希望国家有这样的一天：对社会的定性不要再在前面冠上什么"中国特色"。我们需要的就是建立一个公平正义的法治社会，那也是无数仁人志士（包括为推翻"蒋氏王朝"而奋斗的千万共产党员）抛头颅洒热血所追求的理想。

深切的希望：马克思、毛泽东与其继承者们创造的一系列理论都回归学术领域，让中国大地清净。到那时候，中国的"文化"与"教育"才能浴火重生，无效的"政治教育"才能真正退出社会各个领域，包括教育阵地。在文化与教育领域，实现"无为而治"，文化才能焕然一新，教育才能欣欣向荣，中国人民才能真诚地生活而不再需要戴着面具说话，那时候科学的春天才是真正的到来，幸福的阳光才能沐浴中国大地。

第五、"文革"让我们充分认识到,"个人崇拜"是社会政治腐败产生的毒瘤,更让我们认识到,被崇拜的个人,实际上在历史的长河里是得不到他想要的"流芳百世"。"文革"血的教训,不能不让我们思考这样一个问题:

执政者应该怎么样产生?统治者应该怎么样执政?

"文革"中,个人崇拜达到登峰造极的程度,毛泽东生前充分享受了"个人崇拜",但是他犯了致命的弱点——缺乏历史学家的眼光:历史是要让人民来评论的,一手遮天的生命力是短暂的。

物极必反,"个人崇拜"只会让执政者在施政过程中对国家起破坏作用,统治者应该牢牢记这个血的教训。

"文革"这本"教科书",让人们充分认识到,"个人崇拜""歌功颂德"是应该彻底被人们抛弃的"政治垃圾"。

由于社会土壤的原因,人民大众中的一部分人,习惯成自然地喜欢、接受、热衷于个人崇拜,对政治腐败的严重危害认识不足,对思想先驱者却进行咒骂、围剿与围攻,造成社会严重撕裂,贻害无穷。这样的社会土壤,必须进行彻底的改造!

如何产生执政者?如何健全选举制度,是政治改革的重中之重。

第六、"文革"让我们认识到,愚民政策只能给统治者带来一时的快乐与满足,但肮脏的政治一定会在光天化日之下受到历史的审判。

"文革"能够发动成功,就是因为毛对人民大众施行愚民政策,让"权力文化"与"党文化"的力量充分发挥,使各个阶层的人员的人性被扭曲,失去思考权、话语权与独立人格。

这样一种社会现象在"文革"中泛滥成灾:有人(包括各级官员)不但自己心甘情愿做奴才、做奴隶,还把别人拉来一起做奴才、做奴隶。

当前,这种现象仍然弥漫在中国的上空。歌功颂德、阿谀奉承的现象，后患无穷。所以，思想启蒙对中华民族来说，是一个长期的艰巨任务！

第七、"文革"让我们充分认识到，中国社会的最大弊病是"党"的意识形态一统天下。

"党文化"与公权力制造的一统天下意识形态，已经成为社会前进的拦路虎与致命伤，束缚官员与人民，让中国人民分裂，让知识分子分裂，无休止地在"左"与"右"的舆论斗争中挣扎并消耗社会资源。

长期的意识形态浸淫，使一些人习惯成自然，失去思考与判断力，又使一些人害怕意识形态的紧箍咒，失去脊梁骨，不说真话而成为"两面派"。

当前社会严重撕裂，意识形态成为人民的精神枷锁是最重要的原因之一。

在网络时代，力图封锁外部信息已经变得越来越困难，即使执政者设下重重"屏障"，可难禁"民主""自由""公正"的理念深入人心。

思想解放的洪流是不能拦截的，与其拦截，不如疏导。

只有让人民说话，只有让历史真实面貌呈现在人民面前，社会的撕裂才会逐渐消除，伤痕才会缝合。说得重一点，那时才是中国人民的真正解放！

社会需要稳定，社会不能动荡。可稳定不等于不进行"政治改革"。几十年了，人民大众希望"共产党"内的思想先驱者，能够站出来说话，从"根本"上循序渐进地改变毛泽东建立的"执政体制"。

残酷的事实是，一波又一波的执政者，喜欢毛泽东的"一言堂"，喜欢毛"封口""禁言"的统治伎俩，"文革"中的政治垃圾改头换面后，重新被包装。

2016 年 2 月，马铃在网络上发表文章《难以回避的社会撕裂和焦虑》，文章的一些观点对社会现象作了最好的诠释：

……透过对今年春晚的吐槽和官方的应对，可以看出社会已经撕裂到了何种程度、对立到了何种程度，这才是最令人忧虑的。……有人把它归纳为"一种集体性的焦虑"，认为中国进入到"政治焦虑、经济焦虑、信仰焦虑、生存焦虑等等全面焦虑期，上至政治人物、中至各类精英，下至贫民百姓，大家都缺乏安全感……

……中国要真正处理好"撕裂"和"焦虑"的问题，唯一的手段就是改革，是真正触及权贵的制度改革……让社会走入公平公正是对付左右之争的一把钥匙……

第八、十年"文革"展现的人斗人，不得不让我们提出这这样一个问题：在中国为什么"爱国者""先驱者"与"反党者""反革命分子""阶级敌人""寻衅滋事者""国外反华势力在国内的代言人"是一步之遥？

为什么说出"皇帝没有穿新衣"的人，会轻易地被推到人民"敌人"的位置？

"共产党"从成立起，就赞扬"革命"与"造反"，为什么一旦成为执政党时就叶公好龙，一直充当屠杀思想先驱者的刽子手？

禁言不能换来社会的进步，最高执政者能否真正从十年"文革"的惨烈教训中，懂得如何建设现代化的文明国家？

希望最高执政者真正读懂"文革"这本书，开出"治国药方"。

希望统治者接受这样一个简单的道理：与当局执政理念不合的人，不是社会的"敌人"。

希望执政者接受这样一个起码的理念：创造一个让人有话语权的宽松的政治生态环境！

希望执政者认识这样一个简单的常识：让中国人民真正站起来，让知识分子成为有脊梁骨的人，中国才能成为真正的强国。带有千疮百孔的经济强国，"政治、文化与教育"仍然被执政者一个人的理念所禁锢，这样的国家不是强国。

用下面的文字来结束这篇前言：历史在这里沉思，历史在这里悲哀，历史千万不能忘记。

"文革"在中国大地的席卷，是中国社会的耻辱，更是中国共产党庞大组织的耻辱。只有让中国人民无情地解剖"文革"，深刻地研究"文革"发生的社会土壤，去伪存真地总结"文革"的历史教训，"文革"才能成为最好的教科书。

只有中华民族读懂了"文革"这本书，只有思想先驱者与人民一起读懂了"文革"这本书，只有最高统治者与人民一样读懂了"文革"这本书，彻底抛弃用"意识形态"治国的手段，真正实现"依法治国"，社会的文化与教育的面貌才能够焕然一新，中国人民才能够真正有脊梁骨，才不再具有双重人格。

统治者们，让中国人民真诚地生活吧！